U0668828

千载之后藐视群雄

我塑关公，不怒自威

桃园三结义

夜读《春秋》

文武赤壁

我 60 岁生日高娃姐、姐夫到场祝贺

我演的老汉陕北味十足

一部《大话西游》让我和吴孟达成了好友

《汉武大帝》让我理解了飞将军李广的悲怆

《大刀记》让我这一把胡须派上了用场

初出茅庐的我在《情场战场市场》中过了把当兵的瘾

我的全家福

这个轩辕黄帝有点帅

大爱无疆

与哥哥陆树惠同贺、同奠关帝像落成

人的一生有走不完的路（梁长波 摄）

到雅典取回奥运火种

我遇关公

陆树铭 著

人民东方出版传媒
People's Oriental Publishing & Media
东方出版社
The Oriental Press

用关公精神践行人生价值观

扫码解锁

☆作者创作谈
☆角色光影展
☆忠义关云长
☆三国风云史

这个关公五十年不会再有

王扶林

在树铭 60 岁生日之际，恰逢他的新书出版，可谓双喜临门，值得祝贺。

1990 年，拍摄 84 集电视剧《三国演义》时，我和陆树铭在剧组中相处了三年之久，拍摄中的点点滴滴，至今难忘。

电视剧《三国演义》片尾有首歌曲叫《历史的天空》，王建女士在歌词中写道："暗淡了刀光剑影，远去了鼓角争鸣，眼前飞扬着一个个鲜活的面容。……岁月啊，你带不走那一串串熟悉的姓名。……历史的天空闪烁几颗星，人间一股英雄气在驰骋纵横。"电视剧和观众见面已二十多年了，可罗贯中笔下的几个"鲜活的面容""一串串熟悉的姓名""人间一股英雄气"，至今萦绕脑际。陆树铭成功塑造了关羽这个人物，不仅受到了观众的一致好评，也同样给我们留下深刻的记忆。

本文不成为"序"，只讲剧组的几个花絮。

树铭非常幸运地被选为关羽的扮演者。

在关羽的人选上，选演员组可谓煞费苦心。当诸葛亮、曹操、刘备、张飞等扮演者一一落实时，唯独空缺关羽的扮演者。关羽的艺术形象早已在观众心目中约定俗成，人们首先要求扮演者必须形似，同时具有影视表演经验。选演员小组走了许多省市，最后，"踏破铁鞋无觅处，得来全不费工夫"，终于在西安市话剧院找到了青年演员陆树铭。

他幸运进组，却不一帆风顺。

我一见他面，就冲他大发雷霆。

电视剧《三国演义》学习班开班前夕，仍未见陆树铭来剧组报到。直到隆重的开班典礼快结束时，他才进入会场。我立刻火冒三丈，他如此无组织无纪律，把这么好的机遇当儿戏，还谈何艺术创作？这不给剧组良好的开头添堵吗？我顿时火不打一处来，对他大发脾气。只见他脸红一阵白一阵，很下不来台，十分尴尬。老实说，我当时也是想通过陆树铭这件事警示众人。拍名著，剧组庞大难管理，如不严格组织纪律，难以保证作品的高质量。事后才知道，陆树铭是有特殊情况才延误报到的。是啊，我为什么不问清情况后再批评呢？为什么非要当众暴跳如雷，毫不给他留情面呢？这件事，得向树铭道歉。事后，他却未将此事放在心上，并尊敬地称我为"恩师"。

树铭演关羽，险些被换人。

让一位青年演员担当如此重要角色，还是有一定风险的。树铭虽形似关羽，但身体过重，导演组要求他减肥。"三英战吕布"那段，刘、关、张围战吕布的武打，树铭体重近二百斤，马上舞刀弄枪，围战吕布来回转圈厮杀，不仅树铭累得直喘，连马竟然都被他压趴下了。可刘备和张飞不也同样战吕布吗？为什么唯独关羽的赤兔马趴下了呢？不言而喻，他体重超标。这事成了剧组茶余饭后的笑谈。后来剧组有人又反映他的表演不理想，台词功力不够等，既为他着急，也担心他拖了全组的后腿，希望导演组换人。导演组非常慎重，考虑再三，认为陆树铭毕竟是青年演员，创造如此重量级的角色，确实难度大、压力大，但他各方面都很有潜力，只是不得入其门。他年轻，和老演员比，更须加倍努力才行。但导演组相信他只要勤奋，定能成功。经过导演组对他的启发和引导，增强了树铭的信心，他说："王导，我一定从头开始，好好演，其他话我也不说，请你们看我下面的戏，我一定要有突破！"

奋发的树铭说到做到，他的行动立竿见影，得到了各位导演和剧组其他人员的称赞。我到陆树铭住的房间，只见床旁四壁贴满了关羽的台词，同屋的演员孙彦军和李靖飞介绍说他除了三顿饭出屋，其他时间都面对墙壁，跪在床上，或在屋里踱步，念念有词，双手比划，不时扭动肢体，半夜也不停歇，坚持在被窝里默念台词。他说睡不着，角色在召唤他，感动着他。

他的刻苦努力，使得他在塑造关羽这个人物上大有进步。

关羽这一艺术形象早就深入人心，尤其是戏曲中的关羽那些典型的身段和动作，历历在目，好像不这样表演，就不是关羽。戏曲的程式表演，影视演员应该借鉴，但绝对不能硬搬。照猫画虎，空有虚架，同样的动作，同样的表演，为什么名演员能获得掌声，而照猫画虎的表演，就没有人买票呢？演员塑造的是"人"，不是"神"，树铭认真地把导演组的要求逐条消化后，再看他的表演，有了明显的进步，得到了全剧组人员的好评。

由于两个摄制组同时异地拍摄，主要演员两地赶拍非常辛苦。剧组经费有限，生活条件极其艰苦，像唐国强说的"连2.5元的床位都住了"，可见条件之差。演员有时在A组深夜拍摄结束，又马不停蹄赶赴异地次日清晨接戏，遇到这种情况，只能在旅途小睡片刻。这次树铭由外地赶回北京拍戏，听说他的表演又上了一个台阶，为表扬他辛勤的付出和艺术创作上可喜的突破，我代表导演组特地买了慰问品清晨赶赴宾馆慰问他，以鼓励他再接再厉。

功夫不负有心人，他的表演终于从形似到神似。比如剧中关羽怒视曹操"圆眼捋须""仰天长啸""灯下读书"等重要片段真实地表现了关羽的内涵。他塑造的关羽形象得到了剧组和观众的认可，并深深地留在人们的脑海里。

这就是艺术创作的成功，这就是艺术的魅力。

拍摄结束，临别时，他说："开始拍戏，我没有投入，一直处于游离状态。从1992年下半年'千里走单骑'开始，往后越来越从形似做到神似，也更自如了。我忘不了王导和各位导演，忘不了前辈演员和我的桃园两兄弟，忘不了剧组全体人员！你们都为我演艺的进步而高兴，可我最想说的一句话是'多么希望再拍一回'。"

树铭不仅是一位好的影视演员，他还有副好嗓子，在声乐上也颇有造诣。剧组开联欢会，他学唱的陕北民歌，是必不可少的节目之一。2014年在央视的《回声嘹亮》栏目，树铭拥着母亲，声泪俱下，深情演唱了他自己创作的《一壶老酒》，现场和电视机前的观众都被他的演唱感动得热泪盈眶，一曲难忘！

树铭不愧为一位多才多艺的好演员。

2015年7月20日
于北京

做戏与做人

苏叔阳

在表演艺术界，历来重视做人与做戏的关系。即使是在旧戏班子里，所谓"祖师爷"是不是"给饭吃"，即做演员的条件也是两大类：一是生理条件，二是道德、心理条件。"老老实实做人，规规矩矩做戏"，是中国演艺界千年流传的祖训，也是表演艺术"高台教化"功能的具体化之一。中国无可数量的杰出表演艺术家，无不以高超的艺术和高尚的艺德而被后世效法。这是值得今天的演员继承的优秀传统。

中国优秀文艺作品，自古以来就张扬民族优秀人物而臧否丑类。关羽就是全民族共同认可的英雄。按照历史上约定俗成的英雄条件是"立功、立德、立言"，有开国或扶大厦之将倾的大功勋者、有睿智和至理名言成为民族智慧之代表者、或民族优秀道德品质之楷模者，这样的人物才被千载仰视，而万古流芳。中国穿越无法形容的历史之汹涌波涛依旧昂首挺立的圣人孔子，在立功立德立言上，穿越古今，为民族立标，当得起万世师表（据今天最精确的计算，孔子的身高为今日之 2.21 米，比 2.26 米的姚明仅矮 5 厘米，其身高也为人仰视）。

而在立功、立言两项上，均少盖世之杰出表现的关羽，却在唐、宋两代以"武圣"之赫赫盛名滥觞于民间，而传之历代皇朝，已仅次于孔子（或与孔子平等）的地位站在历史上。究其根本原因，盖以关羽之德成为中华民族的楷模所使然。孟子曾为伟丈夫立下标准，曰："贫贱不能移，富贵不能淫，威武不能屈。"此言一出竟然应在 500 年后的关羽身上。又悠悠过了将近八九百年后，竟然出现了一个中华民族全民拥戴关羽的现象，连藏族、蒙古族兄弟的史诗英雄，都被一些学者认为有关羽的影子。关羽的历史地位越来越高，被中华民族各支系认为是武圣人。关羽崇拜早已冲破"迷信"雾霾，成为一种民族道德楷模的象征。关羽的忠义信勇令全民族敬仰。"关羽学"已经成为一种中华优秀传统伦理价值观的一部分而值得认真研究、继承，为我今日所用。

　　所以，"三国戏"、《三国演义》再度热火，扮演关公，又成为男演员们所心仪的目标。至今荧屏上为人广泛认可的关公扮演者，就是本书的作者。他说：他遇到关公，是他的幸福。确乎如此，他因扮演关公，而有所成就，而改变人生，而踏上艺术大道。真的，他是幸福的。他因巧遇"关公"而细细体味历史上的关羽怎样为民间所崇奉，懂得了年少时的任性怎样与所扮演的角色之间的差距，为了这难得的机遇，为了一改人生的道路他悉心钻研，终于有大收获。他的这本书，对于今天所有的演艺者，今日、明日的明星们都会有所教益：艺术之路曲折漫长，有许多沟坎，也有无数才人躺倒在路上。《我遇关公》值得一读，更值得深长而思。谨为序。

2015 年 8 月 10 日

于京华寓斋

他为关公而生

斯琴高娃

在陆树铭新作《我遇关公》即将面世之际，作为他的朋友、同行，为他的书写序纯属甘心情愿。在我看来，这本书既亲切又神秘！亲切的是，陆树铭毫不保留地讲述他的人生所感所闻；神秘的是，书中分明表达了对关老爷的崇拜和五体投地！

也许，陆树铭天生就带着饰演关公的使命而来，所以他为我们完成了有血有肉活生生的关老爷。你看他无论凤目还是五尺身躯都活脱脱关公扮相，加上导演及化装师给添加上几缕长髯，你无法不赞叹他是一个十足有味的关老爷！

演员这一行，完成一部戏、一个角色，天生的条件是一方面，更重要的是靠巨作、靠导演、靠化装师、靠合作的其他种种因素，否则无的放矢，你就难以驾驭！大陆运气好，赶上改革开放的好时光，遇上名著《三国演义》这部大作，再有导演及高人指教，自身奋进努力，孜孜不倦，用心钻研，刻苦努力，才得以成功完成了我们大家认可并赞赏的关老爷！

陆树铭多才多艺，故后续又成功完成了《孙武》中的伍子胥。这让我们夫妻俩感叹有嘉，为他拍案叫好！

我认识已近30年之久，直到今天，我们到了人生两鬓染霜的季节，但情意依然如故，似一壶老酒，越来越醇，越来越牢固……也许是挥不去的关公形象，也许是关公精神在影响着我们！是的，我们作为朋友、作为艺人，若不讲诚信，不关注忠、义、仁、勇，那便无路可择，甚至寸步难行！尤其面对如此纷乱的人世间，再不提关老爷，天地不容！

大陆兄弟撰此书鞭策自己，无非希望用此书影响世人，向我们的后代子孙大声疾呼关公精神！

此书深刻、生动，有其教育的意义所在，相信大家会读懂、读透！

2015 年 7 月 19 日

于北京

一壶浊酒喜相逢

杨洪基

　　岁月无痕，转眼之间电视剧《三国演义》播出已经 20 多年了，在这部戏里我与陆树铭有幸相识，他所扮演的关公惟妙惟肖、形神兼备，很让我欣赏。与他因唱三国、演三国而结成一段奇妙的缘分，此外，他也是个爱唱歌的人，且唱功颇佳，在影视演员中这样的多才多艺者实属少见。

　　大陆的新书《我遇关公》从他的草根生涯开始说起，虽处逆境却不屈不挠，自有一番宝贵的人生感悟。他第一次将扮演 1994 版《三国演义》关羽一角的种种领悟付诸笔下，将一个千百年来坐在神坛上被百姓膜拜的偶像，活生生地演绎出来背后的故事，供广大读者去品味。他回忆了三年演戏过程中与诸多导演、表演艺术家交往的趣事，还有苦恼与艰辛。正如他所说，他从三国走来。20 多年来，他始终坚守演关公、学关公、做关公的信念，努力以关公精神去要求自己。在当今这样浮躁的环境中，推广关公精神极具现实意义，对青少年尤有裨益，我很为他高兴。

　　大陆是个憨厚朴实的山东汉子，从我认识他起，他的直爽性格与为人仗义就被人们所称道，他对母亲的孝道在同行中更是有口皆碑。我祝福这个好兄弟！希望他在今后的艺术道路上有更好的发展，继续为弘扬关公文化，为社会做出更多、更大的贡献。

2015 年 7 月 18 日

于北京

岁月与回眸

郭达

时间就像是一队思归的大雁，不吃不喝不肯歇脚，一股脑地往前飞……

转眼与大陆相识已 35 个年头了，当年二十五六岁的毛头小伙儿，如今已成为耳顺之年的老汉。

上世纪 80 年代初，我所在的西安话剧院面向社会招生，作为演员队副队长的我，在考场外围做一些迎来送往兼叫号之类的辅助工作。某日，我看见一个男孩趴在窗户上正向考场里张望，我拍了他一下，他转过身来，我顿觉眼前一亮。呵！这小伙儿！一米八六的大个儿，身材魁梧，相貌堂堂，眉宇间透着一股英气，音色也浑实厚重，不由心中暗喜，职业的敏感告诉我这家伙可能是块儿料。"你是来考试的吗？"我问道。他指指场内的一个女孩儿说："不，我是陪表妹来的。""你为什么不考？"他腼腆一笑："我行吗？""我看你行！"于是我便转身与招考老师打好招呼，加塞儿为他做了安排。

后来此君成了我的同事，他就是陆树铭，大伙儿眼中的大陆，日后观众心目中的"关老爷"。

我虽与大陆年龄相近，由于他是学员，我是老师，在行里差着辈分，加之又分属两个队，因此他进院后我们接触并不多。但他留给我的印象挺好，人很正气，也很豪爽侠义。

大陆学员班毕业后，缘于西安话剧院演员阵容强大，各行业人马齐全且正值盛年，能留给年轻人演戏的机会本来就不多，加上大陆人高马大，不好搭戏，舞台实践的可能便更加渺茫。此情此景，我看大陆虽有失落，倒没有过多的抱怨，更多的只能是无奈。那时候一拨一拨都这样，大家心里都明镜似的，慢慢熬呗。

不甘寂寞的大陆随后接拍了一些电视剧，诸如《湘西剿匪记》《古今大战秦俑情》之类，虽说是跑大龙套，可毕竟有了实践机会。

1988 年大陆时来运转，西安话剧院新排话剧《苍凉青春》。"久伏"的大陆"媳妇熬成婆"，得到启用，担任男主角二万子，我在其中扮演生产队长。印象中大陆在排练期间异常认真，看得出他很在意，也十分珍惜这迟来的机遇。记得正式汇演那天，大陆在舞台侧幕候场，紧张得隔着他宽大的服装，都看得见他大腿在猛烈地哆嗦。我在旁边看到这一切心里很伤感，大陆原来是可以不遭这份儿罪的，他曾有一份很体面的工作，当我们大多数人还未曾坐过飞机时，人家就天天在飞机上——他曾是专业航拍员。可八年前我把他拉进文艺圈，同龄人皆已进入享受舞台表演的阶段，这位贤弟却还停留在舞台紧张状态，想到这儿我甚至觉得有些愧对他。于是我悄悄走到他身后，轻声说道："你不是天天渴望能站在舞台上，期盼演一回主角吗？而今机会来了，你紧张什么呀？不怕！放开演！"在接下来不断的演出实践中，大陆的表演愈来愈自信，也越演越好，他塑造的二万子也得到了专家和观众的一致好评。

1990 年的一天，武汉电视台一位曾经与我合作过的朋友急匆匆找我推荐一位能扮演关云长的演员。关云长！——关羽！！——关公！！！这可是中国家喻户晓的"忠义之神"啊，这件事非同小可，太重要了！我立刻开始搜肠刮肚盘算着圈里朋友中有谁合适这个角色。说老实话，一开始我并没有想到大陆，事情就是这样，身边太熟悉的人反倒视而不见，忽略了，眼睛老往外看，以为"外来的和尚好念经"。突然我的爱人吴芳在旁边冒出一句："我觉得大陆可以啊！"她在关键时刻提醒了我，对呀，我怎么就没想到呢！大陆形象活脱儿一个关公啊！这不是"骑驴找马"瞎忙活嘛！这才是应了那句老话，"踏破铁鞋无觅处，得来全不费工夫"。

从此，随着电视剧《三国演义》的热播，伴着"滚滚长江东逝水"的熟悉音乐，大陆扮演的关公走进千家万户，他的知名度也风生水起，红遍全国。关公成就了陆树铭，他的艺术人生也因为这个角色而盘活。

事实告诉我们，成名不在早晚，也不在你刻苦与否，而在于合适的时间，碰到合适的角色，加上阴差阳错的机缘，人神共助，这壶水它自然而然就开了。

前不久，与大陆共同去外地参加活动，中途为解旅途沉闷，他拿出一个唱盘交给司机播放，里面是他自己创作的歌。当音乐响起时，我鸡皮疙瘩顿时布满全身，仿佛一股清凉泉水流入干涸的心田，我这个不谙音乐的人不由坐直了身子，音乐走向天马行空，无拘无束，跌宕起伏，风生水起。

我知道，大陆后半生除了演戏，还有着更广阔的疆域可以去发展，他的艺术天赋和才华必将使他更上一层楼。望着35年前被我意外拉进圈里，而今两鬓斑白、吃尽甘苦的小老弟，我内心深处轻轻地往外长吐了一口气。

2015年7月28日

于北京芳苑50号

无悔的选择

严彬

1987 年我从中央戏剧学院 1984 级导演专修班毕业，回到了西安话剧院担任导演。我导演的第一个戏是根据白描先生的小说改编，描写北京知青插队的陕北话剧《苍凉青春》，这个戏写的是本地青年二万子与女知青王晓华俩人从同情、帮助到相知相恋而不被当时社会环境所容的悲情故事。我一直在思量由谁来提纲男主角，大陆一米八六的个子，扮相英俊，嗓子条件好，扎上白肚子手巾还真是标准的陕北后生形象。但是他入院八年来，一部话剧还都没演过，没有舞台经验，艺委会的同仁们都持反对意见。

我也是演员，也是从农村苦地方出来的穷孩子，我懂得一个热爱话剧事业的年轻人的心，也深知导演应该是一个爱才的人，为一部话剧挑选到合适的演员是导演的职责所在。为此我多次给剧院当时其他几位领导同事说，哪个人一辈子不犯错误，也许他的这次沉痛教训会给他以后的演艺生涯带来极大的帮助。最后，我下定决心给大陆这个机会，让他有机会冲出阴霾。

大陆没有经过系统的表演训练，在塑造人物上有些吃力，我急他也束手无策，时常发懵。如何找到通道让大陆尽快进入角色，全面提升塑造人物的能力呢？有场戏二万子坐着编柳条筐，望眼欲穿地盼着女知青的归来。我突然想起可以让二万子边编筐边唱信天游："羊肚肚手巾三道道蓝，咱们见面面容易拉话话难……"歌声一起大陆的形体瞬间放松了，人物的感觉马上顺了，后面也就顺理成章地完成了这个角色，大获好评。

我导的第二部戏是学习剧目《大潮中的漩涡》，大陆扮演从老山前线受伤下来的转业军人，已在单位身为处级干部，经不起妻子慕红（杨蕾扮演）的埋怨教唆，最终陷入腐败的泥淖。

戏中有一场人物受到刺激，恍惚中又回到了战场，看见了牺牲的战友，后悔不已。大陆在台上连滚带爬，怎么也找不到感觉。作为导演我除了着急外，就在考虑如何帮助大陆进入角色。大陆是山东人，我灵光一闪，说："大陆，这个人物你说山东话……"大陆面前的表演之门打开了，他一下子自如了，人物表演得也活泛起来，在排练场得到我们的老院长万一老先生的首肯，认为大陆的表演自然生动，给这个人物注入了新鲜血液。这部戏在巡回演出时一天演四场，演男一号大陆的嗓子都哑了，但没听他叫过一声苦。

对大陆的认识，最让我印象深刻的是我刚当院长时，大陆因跳贴面舞而受到波及（当时极左思潮严重），回剧院后有一次他正在扫地，看到我后拿把大扫帚挡住我说："院长，让我回演员队吧，我想演戏。你帮帮我，你不能眼看着我这样下去，那会毁了我的一生的。"我板着脸："回头再说！"我在剧场排戏，他在锅炉房边上大声唱《智取威虎山》李勇奇的选段："早也盼，晚也盼，望穿双眼……"声音一阵阵传到排练场，我朝剧务喊道："先让他闭嘴！"

后来中央电视台选中他进入《三国演义》剧组，正好是当时我们正在排练另一部话剧，虽然影响我们剧院话剧的演出，但我还是毅然决然地同意他去，让他去展翅高飞吧！饰演完关公，全国观众都说像，我也为他高兴！1996 年他来西安找过我，说想调到北京某个部队文工团，我气得不打一处来，指着他的鼻子说："你个没良心的东西，西安话剧院刚刚把你培养出来，你就想走！你的良心跑哪里去了？"一句话骂得他满脸愧色，以后再也没找我说过这话。我后悔为什么不让他去，那时我已是西安文化局的领导，只是想到剧院培养一个演员不容易，其实我还可以大度些的，现在想来有点对不住他。

再后来我让他演了我们剧院有史以来最大的一部戏《轩辕黄帝》，并参加了全国建国五十周年汇演。

大陆这个小子，为人忠厚热情，在他身上最大的特点就是对朋友讲义气。转眼之间，大陆也到了耳顺之年，不留情的是岁月，有情的是真情。我为当年自己的第一部话剧选中他，曾经纠结但从未后悔过，我为他如今在影视表演的道路上，还有他喜欢的音乐事业上的进步，而感到由衷地高兴。大陆也是个孝敬的孩子，他为母亲写的原创歌曲《一壶老酒》也响彻了他成长的地方。他的这本书《我遇关公》也一定会令读者们喜爱的！

严彬

2015 年 11 月 3 日于西安

CONTENTS

目 录

第一章

半个月亮爬上来

1. 阳光灿烂的日子

第一次看姜文《阳光灿烂的日子》，有种似曾相识的感觉。年轻时的我像极了马小军，荷尔蒙过剩。

小时候的我，是个调皮蛋。我和哥哥、姐姐、两个妹妹生活在一个大工厂里，本应循规蹈矩的生活却让我过出了花样。我是厂子里出了名的孩子王，身边永远跟着一群"志同道合"的小伙伴。上房揭瓦、堵烟囱、偷苹果、结伴翻墙，每天"忙活"得不亦乐乎。我和小伙伴们每个人有一把木枪，喜欢玩抓特务，十来个人抹成黑脸当特务，在野地上一下子散开，跑得满头大汗，连饭都忘了吃。我们还去偷过养蚕人的桑叶，被农民追得满河道跑；拿着长竹竿去捅别人家的鸽子窝，烤熟了大快朵颐。我在家里排行老四，脏活累活全都轮不到我，淘气的我总是心安理得地当一只懒虫。有时滑雪弄湿了裤子，就躲在被窝里等衣服干。

大姐夫是浙江大学的高材生，他亲眼目睹我的"劣迹"斑斑，不无担心地对姐姐说："你们家树铭怎么能这样，你这个弟弟要好好教育一下了，他太调皮了，这样下去要出大事的。"姐姐听了，也深以为然，却拿我这个弟弟毫无办法。

有一次，妈妈给哥哥做了一条卡其布的裤子，却给我做了一条劳动布的，我一看，不高兴了，立刻闹了起来，一整天不吃不喝，趴在床上使劲哼哼。妈妈耐心地对我解释："树铭，你太调皮，经常往口袋里装石子，劳动布的裤子耐磨。"但我依旧不依不饶，哥哥看不过去了，就罚我站到墙根。直到爸爸下班进门，我还在反抗。正在气头上的妈妈恨恨地对爸爸说："你今天如果不收拾你这个小儿，我就跟你离婚，气死我了，我这胃疼死了！"向来喜欢我的爸爸，知道了事情的原委，就象征性地在我的头上拍了一下："你怎么能那么气你妈！"我一看爸爸动手了，心想这是多吓人的事，眉头一皱，计上心来，直挺挺躺在床上口吐白沫。我爸一看傻了，使劲摇晃我："树铭，树铭，醒醒，你醒醒！你以后再不要气你妈了，好不好，你妈还得上班，还得给你们做饭，你为什么要气她，听见没有？"听到爸爸商量的口气，我眯着眼睛看了看爸爸，心里得意极了，我装模作样地点点头，这才把一件小事有了个了结。从那以后我爸再没打过我。到现在家里人还常笑我："哎呀，你还真能吐出沫来，早就知道你是个演员，从小就会演戏！"

一个人，一个家庭，都不可能脱离其所处的时代。每个人的命运恰似一朵长河里的浪花，无论是他的欢唱，还是他的低吟，都会被时代的洪流所包裹。

1966 年，为了响应国家号召，支援三线，我们举家从青岛迁到陕西渭南。没有了红瓦绿树、碧海蓝天，到处是尘土飞扬。住的是土房子土炕，穿的是补丁衣服，每天我们还要走很远的路去上学，经常被大我几岁的当地的同学堵在校门口，放狗咬我，滋事挑衅，无事生非。初来乍到，我倒无所谓，但大人们都分外想念青岛。身在异乡，面对一家子的大事小情，一贯坚强的母亲也常常发愁，她烦闷时就打开匣子听样板戏，没想到我天生有点音乐细胞，也喜欢跟着听，听过几遍就耳不忘，没事时，来上几嗓子，让院子里的邻居们惊讶不已。

虽然哥哥会"教训"我，可我很崇拜他，他学习好，还是灌篮高手，一直打到了兰州军区。在他的影响下，我也喜欢打篮球，从渭南地区青少年篮球队打到了陕西省青年篮球队。1976 年，阎良第八研究院成立篮球队，我被调到630 研究所工作，成为中国唯一试飞基地一名正式的航空摄影师。这可是个铁饭碗，既体面，又有保证，一个月 40 元钱，除了自己吃饭和抽烟，还能多每月给家里补贴 20 元。

我每天与飞机打交道，在全国飞来飞去做测试，甚至去过甘肃酒泉的原子弹发射基地做飞机座椅弹射实验。我拿着照相机，装上一尺多宽的胶卷，对着飞机从不同的角度"咔嚓、咔嚓"拍摄，感觉棒极了。之后我再将胶卷取出来涂制显光板，冲洗出来供科研人员研究。我的工作更多是在飞机上，记得刚参加工作时，一次做对飞机上螺旋桨发动机停车试验，我初生牛犊不怕虎，代替师傅从广州到

遥望星空，哪颗星星属于我？

沈阳再到哈尔滨的飞行途中担任摄影，这次实验是要考察飞机在空中飞行中停车时螺旋桨出现结冰，利用蒸汽把结冰融化的全过程，这个程序是要用高速摄影机完成的，飞行员一见我就说："你这小子胆真大，我们是飞行员没有办法，你怎么才来就上这种试验？"后来我才知道这种试验极其危险没人愿意干，可我这一干就是一两个月，坐在飞机的发动机上停车的感觉现在还印象深刻。

还有一次到沧州十一航校做螺旋试飞，即飞机在正常飞行下突遇稳流而失速进入螺旋下坠状态时，飞行员如何用平、中、顺三个动作改变飞机脱离出螺旋状态。所谓平，就是操纵杆要持平，中是操纵杆改到中间部位，顺是将舵顺着螺旋进入方向踩到底。这项工作的危险可想而知，当时我把摄影机架在摄影枪的位置拍摄，拍摄进入螺旋状态下大地与天空的情景，我还突发奇想把摄影机调转方向，对着飞行员拍摄他在受压情况下面部的表情。那时的摄影机最近离人的面孔清晰拍摄距离为 1 米，我转变方向后距离飞行员只有 80 公分，机舱内达不到这个要求，我请求飞行员把座椅向后推 20 公分，这位飞行员非常痛快地答应了。这无疑增加了他的操作难度，而且在一万米的高空下机舱内有压力，要拍面部表情就要求飞行员把面罩取下，但飞行员配合我完成了这一创举，事后航空部曾对我的这次拍摄给予了奖励。我还记得奖金是 25 元，回到所里师傅与领导也表扬我有想法。我所从事的第一份职业完成了父亲的心愿，他一直希望我能成为一名科研人员，除了本职工作，我还成了研究所的文艺骨干，既是宣传队长，又是篮球队队长，在所里小有名气。只要有文体活动，我总是绝对主力，同事们都亲切地叫我"小陆"。

可一切自有天意。1980 年，爱唱爱跳的表妹从《西安晚报》上看到一则招考广告，姑妈让我陪她一起去应考。熟悉西安的我欣然答应，带上表妹就直奔考场。时间一分分过去，在走廊等候的我忍不住趴到玻璃窗上向里望去，只见评委们正襟危坐，表妹正在手风琴伴奏下唱歌。突然，有人在背后拍了一下我的肩膀，我回头一看，一个浓眉大眼、脑门宽阔的人和蔼地对我说："你是考生吗？"我如实回答："不是。我表妹在里面考试。"他反问我："你形象这么好，为啥不报名呢？你多大了？"我回答说："24 岁。"他说："你进来试试吧。"不由分说就拉着我往屋里走。这个人就是郭达。

"刘院长，你们看看这个孩子怎么样？"郭达大声说。

坐在一旁的张弛老师问我："你报名了没有？"

我装作一副满不在乎的样子说："我没报名。"

"你喜欢不喜欢艺术？"

"喜欢啊。在单位里我唱歌、跳舞、说快板，都没问题。"

"你没报名没关系，咱们聊聊天。"这位老师耐心地说。

"你们先考我妹妹，我带我表妹来的。"

"你妹妹是你妹妹的事儿，你是你的事儿。"

评委们先让我来段绕口令。我脱口而出："三山撑四水，四水绕三山，三山四水春常在，四水三山四时春。"

刘法鲁院长听我说话还带着山东人的大舌头，说："这小子太好玩儿了。会唱歌吗？"我选了首湖南民歌，一开嗓就让评委们纷纷点头："呀，这个小子嗓子不错。"

接下来，他们要我随着音乐完成一段表演。手风琴一起，我二话不说，随着音乐的节奏表演起做菜来。现场的评委老师都看傻了，张弛老师说："你受过训练、学过表演吗？"

"没学过。我看过《红色娘子军》，这段音乐是里面的片段。"

"你看过，就会表演吗？"张弛老师纳闷地问。

我放出大话："这是个啥事嘛。"

"臭小子，是个演员的坯子！"张弛老师夸赞我。

其实我14岁的时候就报考过京剧团，还给父亲跪了整整一夜，但他坚决不同意我去演戏。因为在父亲的观念里，搞文艺的都是戏子。意外的面试经历让我的心不安分起来，回去后我报考了西安电影制片厂。能唱能跳的我让一位姓王的女老师青睐有加。她晚上回家高兴地对爱人说："我今天碰到一个好苗子，个子一米八六，小伙子长得帅，感觉不错。哎呀，我终于招到了个好学生。"她爱人一听，问："姓什么啊？"

"姓陆，是阎良机场的。"

"这个臭小子又跑你们那去面试了啊，你们不能收啊！"原来王老师的爱人就是西安话剧院面试过我的张弛老师。真是无巧不成书。

第二天一早，张弛老师跑到文化局借了辆车，直奔阎良机场找我。

我正在篮球场打球，突然看到一辆吉普车停在球场外，听到有人喊我。一个老头走下车来，叼个烟卷，手里还提了一个缸子。一上来他就先发制人："听说你还到西影厂考试去了？"

我反问："你怎么知道？"

"没有不透风的墙，西影厂负责招生的老师就是我老婆。"

我一听傻了眼。

"我都跟她说了，不准他们收你。孩子，你不要想那么多了，老师今天跟你说，你想拍电影没问题，你把话剧演好了，照样可以演电影。你看看现在有很多优秀的电影演员，都是话剧演员出身，像你这身材、声音、形象，如果跟着我学两年，把你的山东口音调整一下，你就会是西安话剧院的台柱子。"

"啥叫台柱子？"我不知天高地厚地问。

"台柱子就是房顶的大梁！"张弛老师语重心长地说："孩子，做航空摄影师，在100个人里头，我可以找出60个人从事这份工作，但是想成为西安话剧院的台柱子，成为一名优秀的演员，100个人可能只能找出一个两个，甚至一个都找不出来。虽然不能和制造原子弹的科学家、伟大的文学家比，但适合做艺术的人，真是百里挑一啊。我觉得你有这个天分，现在你就好比一张白纸，稍受训练，应该是个不错的演员。"

听了张弛老师的一番话，我被打动了。我将自己的顾虑讲给他听。张弛老师说："依我看啊，那个时候你父亲不让你去，是因为你还是孩子，还要上学学习，现在你是成年人了，24岁正当年，可以自主选择自己的路了。你记住老师的话，你这一辈子不会后悔。"

张弛老师的一席话说得我热血沸腾。容不得我再想，他干脆地说："不用犹豫了，我们今天就把你的档案拿走了！"说完他就直奔我们单位的档案室，拿着省里的招生文件，直接调走了我的档案。

就这样，我撞进了西安话剧院。人生就是由这么多想不到组成。张弛老师教我的台词技巧也让我在《三国演义》的表演中得心应手，得师如此，夫复何求！

2. 我的七年之痛

那个可以任意挥霍的年纪，人们叫它"青春"。年轻的我在慢慢成长，刚来到一个新环境，一切都那么新鲜。

我发现演员培训班里很多同龄或年龄比我小的同学，要么下乡回城，要么高中毕业，唯独我是有单位的，再加上不管是练声、形体，还是表演小品，我的成绩都还不错，老师们的肯定，让我不禁飘飘然了。

　　剧院里有很多女孩子对我有好感，其中一个女孩经常来我的宿舍替我洗衣服，渐渐地我们在一起了。训练班里明文规定，学员间不允许谈恋爱，剧院领导知道后，找我谈话。尽管女孩反复强调是你情我愿，但是在那样一个思想保守的年代，加上我认错态度不好，最终我被勒令离开剧院，离开演员队，去剧场劳动。当时家人还以为我在阎良机场工作得很好，我借着酒胆如实告诉了父亲，他失望、失落的背影让我产生了深深的愧疚感。我的 24 岁，忽然一下子从天堂到地狱。

当年我也是个"小鲜肉"

　　追忆似水年华，我每天只与扫院子、烧锅炉的工作为伴。我的职责就是把剧院里的糖纸、瓜子皮打扫干净，配合师傅用三轮车把锅炉里的煤渣掏走。到了晚上我倍感失落，一个人走到大街上，从一个地方走到另一个地方，内心一片茫然。有时下着雨，我连伞都不拿，从一个电影院到另一个电影院，用看电影消解烦闷。最让我难受的是，演员们来剧场演戏，男男女女们有说有笑地看着坐在三轮车上的我，虽然他们并无恶意，可是他们的眼神和举动让我心里特别不舒服，就大声唱样板戏《智取威虎山》："早也盼，晚也盼，望穿双眼……"办公室主任训斥我："你还看电影《走向深渊》，我看你就快走向深渊了。"

日子虽然难过，但我并不想离开剧院。我曾在心里默默立下誓言，一定努力工作让父亲为我骄傲和自豪。更重要的是，我喜欢表演，我渴望有一天登上我眷恋的舞台。

出于对新生事物的好奇和对艺术不断探讨的动因，我接触了一些文艺界的朋友。有时工作完了，晚上他们就带着我去家里玩，打打麻将，跳跳舞。让我意想不到的是，当80年代初"精神污染"成为最流行的字眼，文艺界成为被清除的首要领域。当时坊间流行一句顺口溜：精神污染是个筐，什么都往里面装。《马克思传》内页因有马克思夫人燕妮袒露肩膀和颈胸的传统欧洲装束的照片，而被视作"黄色书籍"没收；《瞭望》周刊封面，因刊登获得世界冠军的女子体操运动员在高低杠上的动作，而被某些地方当作"黄色照片"加以收缴；有的地方查出一岁小孩不穿衣服的照片，也被定性为"淫秽照片"。在全国严打期间，因为一个朋友出事了，而我前后去过他家里八次，连带我也被列进了黑名单。

1983年8月15日，我的27岁生日当晚，在渭南与家人吃过晚饭已是9点多钟了，我执意要回西安。那真是个不知天高地厚的年龄，我不是小孩子了可还玩心极大，父亲见拦阻不住也无可奈何。其实我是与女友约好一起庆祝生日的，刚到剧院，看门的大爷告诉我，有几个公安局的人来找我。我边纳闷，边往房间里走。不一会儿，只听见一阵砰砰砰的敲门声，有人问："谁是陆铭？外号大陆的？"

我打开门，虽然来人连名字都说错了，但我依然承认："我就是。""跟我们走一趟，市局三处，把被子拿上，值钱的东西先放下。"我问："什么事儿？""去了就知道了，如果谈好了，今天晚上就回来了。"

夏季还算清凉的风夹着霏霏的细雨打到人身上，本该是件惬意的事，可迎接我的却是呼啸的警车，上车一看，都是和我平时在一起聚会、一起玩的朋友。原来我们的舞会被认定为流氓舞会，我是成员之一，被一起请进了西安市公安局三处位于三爻村的收容所，一进门我们全被剃成了阴阳头，单薄的被子也被一同关押在那里的真正的犯罪分子与社会闲人一抢而光。当晚的雨越下越大，我们200多人被关在一起，上下铺挤满了人。我觉得我没违法，只要把问题说清楚就可以出去了，但没想到这一待就是7个月，既没人来问我，也没人提审我。糊里糊涂地到了公安局，剧院不知道我去哪里了，家里也不知道我的去向。

第一次小妹妹来看我时，已经是初冬时分了，家人与单位都以为我这个人从人间蒸发了，纪元姐夫带着小妹妹，拿着棉被、棉袄，打听了好几处地方才找到收容所，赶到时已是傍晚，她在花名册上看到我的名字大叫着："这是我哥，这是我哥，求求你们要我进去吧，天冷了我给他送几件衣服，不然他会冻死的。"后来小妹妹每周来看一次，给我带点吃的，虽然只是大蒜之类的东西，可这对我来说已是天赐了。所里每餐一个黑馍、一块咸菜加一碗凉水，当时我的体重只剩下了160斤，经常饿得头晕眼花，实在没办法时就吃大蒜充饥，辣得两眼流泪胃里灼痛也不舍得放下。后来二姐夫叫小妹带来不少中外名著，还叫写点阅读心得，这段日子应该说是我的人间炼狱。后来公安局的工作人员见我们是文化人，工作单位均来自京剧院、晚报社、雕塑工作室等文化单位，我又没什么事，就分配我们看管死刑犯。这份网开一面的差事可以吃点土豆之类的东西，周末时还能吃上点肉。死刑犯分成已判决有上诉期的和没判决的两部分，但那时也没那么准确的时间，一次最多时在我面前走有40多人。

我仿佛跌进了万丈深渊，想要向上爬，却什么都抓不住。我沮丧透了，在绝望中我见到了比我更绝望的人——死刑犯罪分子。我帮他们喂饭、洗澡、洗衣服、上厕所，偶尔帮他们修改上诉书。听了他们的故事，我感慨不已，一个偶然的原因人的一生就走上了绝路，再也没有任何希望。通常傍晚时馆长来告诉我明天行刑，我不能睡觉，墙上挂着一个马蹄表咔咔地响着，我一歪头，看到了三点，再逐个去看这几个人。他们都还在睡梦中，根本不知道明天要发生的事，可能在酣睡中才能缓解他们对死亡的恐惧，亦或许在梦中他们正与妻儿团聚，更或许在梦中期盼着醒来能撤回原判重审。四点整，牢门突然大开，这几个人猛然全都跳起来，看来他们也根本不曾睡熟，几个武警拉起他们不由分说就往外走，几个人跪在我面前，哭着说："兄弟，陆哥啊，我们走了，你是好人，20年后再报答你！"短暂的相处让我不忍心送别，直到现在，我都不说"上路"这个词。

印象最深的是一例冲动犯罪。一个男子因公出差，到了火车站才发现忘记带身份证，就急急忙忙赶回家取。没想到，在短短的一个小时里他的妻子把情人叫到了家里。他一进门，目睹妻子和别的男人在床上打得火热，怒火中烧，拎起炉子上的一壶热水就朝他们的头上浇过去，随后他转身跳楼自尽，结果命还在，腿被摔断了。夫妻两个人被送到了医院，一个治腿，一个治脸伤，禁不住抱头痛哭。这名男子一审被判15年有期徒刑，因为严打，改判死刑。我心里替他惋惜不已，后来有一段时间我经常做噩梦，醒来后想到的都是他泪流满面的样子。他们这些人的眼中有的是恐惧，有的是悔恨，也有些人视死如归，不管他们曾经做过什么，但从我的内心与人性来讲，这段经历都在我的心灵上刷上浓浓的一笔，一直在后来的生活中影响着我，这一笔也写出我对人生的渴望，表达了我要做一个对社会有用的人，做个有抱负的人，让父母家人放心的人，就像伟人毛泽东主席的词：人间正道是沧桑。

　　我想起在阎良机场惬意、美好的时光，而在西安话剧院因恋爱的事情一步走错步步错的日子让我尝尽了蹉跎复蹉跎的悔恨。我除了看管好死刑犯，就是漫长的等待。一年多的时间过去了，有一天，死刑犯的土豆没吃完我觉得可惜，放风时就把三号门敲了一下，那里面有我一个西安市歌舞剧院的兄弟，我擅自做主把土豆递给了他，正给他时管理员回来了。这在监狱里是很大的过错，我被带到办公室，狱警用电棍在我的脖子上激了两下，这是入狱以来头一回挨打。也许是我这张还算正直的脸帮忙，或者是有些大义凛然的气质使然，管理员说如果我主动汇报说土豆没吃完，他也会把东西分给其他号里的人吃的，但我的行为坚决不可以，所以我又被放回原来的号里去了。我不后悔这么做，后来他逢人就说这段故事，说对不起我，我一笑而过。其实管理员也挺人性化的，有时他会拿个鸡蛋悄悄叫我吃，我就连皮都一起吞下肚子里，噎到不行也不敢说，这些经历我一辈子也忘不掉。这个管理员是个陕北人，后来还借过我的摩托车回老家。1984年10月，我的事情终于有了结论，我与同案的齐光一起被宣布释放免于起诉，按政策补发工资。没想到，本该第二天出去又突然没了消息，出了什么情况也不得而知每天我就看着太阳东升西落，巴望着黄昏前有人开门叫我：陆树铭下册。下册的意思就是从花名册上把名字消去了。我忘记了吃饭与睡觉，半个月时间里真正体会到什么叫作"度日如年"。我的哥哥从青岛部队专程回来给我买了烧鸡看我，可我连个鸡爪子也没见到；早上刷牙时我把牙膏挤到了牙刷背上，一直就这么心不在焉的。我充分体会了人在油锅上熬煎的感觉，后来才知道那时日本青年代表团来西安访问，我们才延迟出狱的。

　　出狱那天我见到齐光相视苦笑，相约一个月后到陕西省歌舞剧院门口见，当狱门徐徐拉开时我们同时流下了热泪，这眼泪滴在自由的土地上，自由真好。马路对面我的大姐、二姐在等我，我不顾一切扑过去，扑倒在亲人的怀里，他们摸着我的脸我的手，把我拉到街边一个小饭馆去吃饭，早有个华叔准备了酒菜在等我，四大碗啤酒我一饮而尽，狼吞虎咽地吃光了一桌子菜。我拎着行李回到家中。从火车站出来，远远看见父亲在几百米外等我。我跑过去，一下子搂住父亲，父亲沉重地说："孩子，回来就好，我们这个家差点儿让你给毁了。"我解释说："爸，我真的啥事都没干。"父亲说："一年多了，回家吧。"

过了几天，我回到单位，但一连四天没有进去西安话剧院的大门，只能等待党支部和话剧院的处理。马昆和程文宽老师看到了我，拍着我的肩膀，语重心长地跟我说了很多鼓励的话，让我一辈子也难以忘记。组织上找我谈话，对我做出严肃处理，勒令我调离演出队告别舞台。"你离开吧，剧院是国家的剧院，你走到这一步，就不可能站到台上去教育引导群众。"这一席话如同一记重锤砸到了我的心窝里，绞痛了我内心最柔软的部分，我不忍离去，不能离去，不肯离去。因为舞台是我创造爱、付出爱、表达爱的神圣殿堂，我要与它共生。我真诚地说："我犯的错误，是因为年轻，我只是参加了社会上的几次舞会，并没有刻意地去做伤害他人的事情，是错，不是罪，档案里都是可以调查的。"我恳请话剧院领导能接受我留在单位劳动改造，只要能时刻感受到身边的舞台，我就满足了。魏晓海、丁茂森、桑渔樵在关键时候伸出了温暖的手，和剧院申请让我去他们承包的太平洋贸易公司做业务员，剧院领导反复思量，终于同意将我安排到三产工作。我十分感激他们，在我人生最危急的关头，语重心长地和我讲做人的道理，鼓励我承受住当下的艰难，这好似天降甘霖抚慰了我即将枯萎的心。为了回报他们，我努力做出成绩。我负责推销一批从南京外贸出口转内销的一批挂毯，这些挂毯在新疆少数民族地区销售得很好，于是我就一个人到新疆做这些业务。我每天租一辆出租公司的尼桑轿车，把后备箱装满了各种款式、尺寸的样品，冰天雪地里跑到石化公司、皮革总公司，乌鲁木齐的羊绒制造工厂等单位推销。每次都能将挂毯销售一空。去过新疆的人都知道,那里的冬季总是白雪茫茫,冰天雪地,寒冷的冬天夹杂着我那一颗复杂纠结苦痛的心,我该何去何从?我犹如一条没有方向的狼,在四处奔波着。

魏晓海曾是福州军区的演员,虽然比我小一岁,但他也是太平洋贸易公司的老板。他是一个非常严谨、敬业的人,做什么事都会坚持到底。那个年月我们一起出差,常常我一觉醒来,他还在写剧本。他也喜欢打篮球,也曾在专业篮球队训练,认识我的哥哥。这让我们之间的感情越来越深。记得有一年,我们两个拉了两个皮箱的伊斯兰挂毯样品去包头推销。下了火车,我们拉着皮箱赶路。越走越黑,看到前面一个亮光,赶紧过去,问有没有住的地方?老板说有,进来看,两块钱一位。我俩进去一看,哪是什么旅馆,就是个大车店,睡觉的地方是麦草铺在地上,上面的被子和枕头都是油乎乎的,哎呀,简直没法住!老板说:"住不住?俩人四块。"我俩对视一看,不住也得住,那一晚,真是让我太难忘了,基本没睡成。第二天是我的生日,我一直提不起什么精神,魏晓海问我怎么了,我说有点想家,他二话没说拉起我去小酒馆。我们两个人喝了八扎啤酒,算是给我过了生日,弥补了我未在家的遗憾。

幸运的是,国家落实政策,要求对"精神污染"的涉案人员以教育为主,并允许重新返回岗位。苦恼的是,因为在监狱里帮助教官管教过社会上犯了重罪的人,从监狱中放出来的他们隔三差五就来剧院找我的麻烦,有的人甚至背上插着砍刀。我躲起来不敢面对,多亏京剧团的王保华站出来为我解释,并到一个小饭馆去和解。他们还经常杜撰一些新闻,比如我故意推倒自行车并踹上几脚,我撞了某某人的亲戚,我去社会上打群架等等,我第一次感到社会的残酷。

我在贸易公司一干就是三年多(1984年到1987年),那是一段漫长的日子,除了参加剧院贸易公司的正常业务外,我的脑海里更多的是割舍不掉的演员梦,有过那一番刻骨铭心的经历,我无时无刻不在检讨自己,也无时无刻不在反思自己曾经走过的人生道路。

如果说我曾经年轻过，曾经迷茫过，或者说自己的意志、觉悟曾经是那样的脆弱与不坚定，那么一个人的生命到底有多长，价值到底在哪里？我深深地觉得是奋起直追与重塑自我的时候了。想到，父母殷切的眼光与期待，想到我当时来到剧院想干一番事业的初衷，又想一想姊妹们对我的期待与充满泪水的双眼，多少个夜晚不能入睡，心不由自主地长长地一阵阵地痛。我拿起了笔，给剧院给组织写我的思想汇报与内心的感受，写一张撕一张，写个开头又撕了，满地都是我撕掉没完成的纸片，错综复杂的情绪让我不知如何表达自己的心声，叫我不知道如何注解我内心真实的那份撼动。我递给领导一份思想汇报，但并没有打动领导，于是我就一周一次持续了整整一年。我写道：我还年轻，给我一条生路吧。通过这两年的劳动，我愧对剧院对我的教育、家人对我的期待，甚至对不起自己，从那么好的工作条件，人人羡慕的工作环境来到剧院，就是想在舞台上展现自己的才华，结果稀里糊涂走到今天，这种不甘心希望剧院能理解我，同时我也不是做生意的材料，也不是做生意的人，虽然做生意比较轻松地赚到一点钱，但我心里的梦想却破灭了。

3. 蹉跎复蹉跎

多少次，我都想到过破罐破摔。这个念头曾经千百次地徘徊在我的脑海里，跌进深渊的感觉无时无刻地缠绕着我。我渴望被领导、同事们认可，渴望做一个堂堂正正的好人。在长达七年的时间里，意想不到的事情接连发生。我饱受非议与冷眼，尝尽了世间的人情世故。灰心的时候，真想就这样下去，可又心有不甘。

山东人骨子里与生俱来的忠厚耿直，和父母多年含辛茹苦的养育教导，让我在灰心失意时一遍遍告诉自己，路就在脚下，我无力改变终点，但能决定脚踏出的方向。每人心中都应有两盏灯光，一盏是希望的灯光，一盏是勇气的灯光。有了这两盏灯光，我们就不会惧怕海上的黑暗和风涛的险恶。我决不愿意再回头走那样一条路。我必须坚强起来，常常心中默念：天降大任于斯人也，必先苦其心志，劳其筋骨，饿其体肤，空乏其身……我一定要重新回到我热爱的舞台上。

蹉跎复蹉跎，路在何方？（魏晓海　摄）

尽管不在演员队，但我仍然坚持每天早晨去练声，努力不让业务荒废。记得有一次，一大清早我吊嗓没多久，猛地瞅见一个披头散发的女人吊死在公园的树林子里，吓得我惊魂未卜，张开的嘴半天才回到原位。

工作闲暇的时候我发奋苦读，从《西游记》《三国演义》《红楼梦》到《红与黑》《高老头》《钢铁是怎样炼成的》等中外名著都一一涉猎，我隐隐觉得这些知识迟早能用得上。

1986年，潇湘电影制片厂为拍摄影片《湘西剿匪记》来西安话剧院选演员。副导演常晓林找了一圈没有发现合适的人选，偶然看见穿着工作服拿一把铁锹铲煤灰的我，他觉得我块头大，很适合演片中的机枪手刘大柱。他问办公室主任，这个烧锅炉的小伙子看起来不像是做这个工作的，办公室主任回复他，陆树铭是犯过错误的人，正在剧场锅炉房改造，演不了戏。常导坚持他的眼光，中肯地说："我们只看他在艺术上的表现，只要他不反党、不反社会主义就行。"剧院领导最终同意了我参演电影，我倍感珍惜。

这部影片堪称80年代国产影片的经典，展现的是中国人民解放军与湘西土匪一场特殊的、惊天动魄的斗争，对我而言是一堂珍贵的思想教育课。我有幸成为主要演员之一，在新中国剿匪影视剧中留下一笔。这是我人生中参加的第一部电影，对我重新转回到演员队伍起到了非常关键的作用。

在剧院里，我经常单手扶头，总是一副壮志难酬的样子。随着年龄渐长，我意识到，做人做事先立德。道德才是人们在天地间长久生存的保障。我认识了一个女孩刘青，有一天，她突然告诉我，她舅舅在省委艺术处当处长，剧院所有的剧本由他审核，我问："这能行吗？"她说："不妨试试。"第二天她带我去见她的舅舅。我用自己所有的积蓄买了两瓶西凤酒和五盒万宝路烟。见面后她舅舅说知道我的情况，觉得我还是一个很有思想与本分、朴实的小伙子，让我把东西带回去，他明日与领导去说叫我回演员队。就这样，没过一周，院长张宝林找我谈话，叫我写份思想汇报，把贸易公司做个交代后回演员队。我大喜过望，重整旗鼓。我曾在狱中写的四句诗："前者不可鉴，刮骨疗毒深，迈步从头跃，好马万里垠。"我期待着我心头的那份梦想从此起飞。这位女孩的舅舅就是我一生铭刻在心里的，曾任陕西省文化厅厅长的秦天行。他和剧院院长张宝林就好比我的再生父母，没有他们的决定就没有我的现在，没有那一刻我的灵魂可能早就死了。

我接到的第一个电视剧是《为君唱首风流歌》。这有点讽刺的味道，我因交女朋友的问题退出演员队，重新回到舞台却接到了一部这样名字的电视剧。这要感谢李琦，他在剧里出演反一号，介绍我演男一号。直到现在李琦一见我就开玩笑说："大陆，还记得当年你的第一部戏是谁引荐的不？"我就会连忙说："记得，记得。"李琦是极其认真的人，在这部戏里我俩要在树林里演一段打斗的戏，导演说比划一下就可以了，谁知他上来就真打，让我胸口疼了好几天。

我的另一位伯乐是严彬。她是大我两届的师姐，16 岁就成为西安话剧院第三期演员训练班的学员。仅仅两年她就在训练班排演的第一出戏《海岛女民

出演话剧《苍凉青春》，和恩师严彬到壶口体验生活。

兵》中扮演女一号海霞，从剧中领悟到的不少艺术真谛，为她以后的艺术创造奠定了良好开端。此后，她相继塑造了一个又一个重要角色，如《万水千山》中的李凤莲，《第二个春天》中的裴丽苹，《曙光》中的金梅英，《于无声处》中的何芸，《灵与肉》中的碧姬，《泪血樱花》中的樱枝等。她是一个不折不扣的女汉子，做起事来雷厉风行。1988年，她从中央戏剧学院导演专修班回来，成了话剧院的女导演，执导的第一部话剧就是《苍凉青春》，写的是北京女知青到陕北插队的故事。

剧院开选角色讨论会，严彬推荐我演男一号船夫二万子。她的理由是：第一，我形象好，一推寸头，穿上老农民的衣服，非常合适；第二，我的声音条件好，能唱。举手表决时，剧院里艺委会十几个人，只有严彬举了手，她斩钉截铁地表示："我举手，就这么定了，散会！"

后来，朋友告诉我，她私底下对别人说，大陆是一个很有才华的孩子，他犯了一些错误，但是罪不至死，不一定要把他推到社会上去，而且他积极努力，勤奋学习表演理论知识，刻苦地进行基本功训练，一心想回归剧院演出的团体，我们应该给他机会，为他创造机会，这才是我们做领导、做长辈的责任。否则，这个孩子就容易滑下去，也是对他心灵的极大摧残。

《苍凉青春》也是我人生里参演的第一部话剧。排练的时候，我铆足了劲头训练，谁知越渴望成功越出丑，我连基本的舞台步子都走不对，一走就成了顺步，惹来台下哄堂大笑，弄得我满脸通红，尴尬极了。我默默对自己说："只要我一旦适应舞台，一定会演得很出色。"

正式演出的那一天，大幕拉开，我化好妆在舞台的一角等待上场，紧张得满头是汗，双腿一个劲地发抖。郭达饰演生产队长，就站在我身边，他对我轻声说："你看你成了这个怂样，哪像个男人，你把心态调整好，没有什么。我就告诉你，你上去，谁都不如你，没有问题。你不是天天渴望能站在舞台上，期盼演一回主角吗？今天机会来了，你紧张什么呀？不怕！放开演！"我颤抖着说："我也不知道咋回事。"说完，就用手把颤抖的腿按下去。严彬在旁边笑了，给我打气说："你郭哥说得对，他是舞台上的'老油条'，你得好好的。"我似乎一下子有了底气，信步走上舞台，一张嘴就是字正腔圆的陕北话："你怎么样呢？今天吃饭了没有？"观众席掌声一起，我的自信心马上就来了，最后二万子的表演得到了专家和观众的一致好评。

《苍凉青春》演出后，在话剧节上有两种截然不同的看法，有人说这个戏有味道，很生活化，成功地弘扬了人的主体精神，导演有追求、有想法。也有人很不喜欢这个戏，对北京知青王晓华和陕北农民二万子的结合提出质疑，认为他们没有坚实的爱情基础，这种关系使人感到别扭，有无可奈何、哭笑不得的感觉。面对争议，严彬不恼反喜，甚至"受宠若惊"，认为对于艺术创作来讲是一件极大的好事。我也一直心怀感恩，正是因为严彬和郭达以及许多人的宽容，我的艺术之路才又向前踏出了一步。

我似乎开始时来运转。1988 年，我被香港的程小东导演选中出演电影《古今大战秦俑情》里的秦始皇。这是一个玄幻故事，用现在的眼光衡量就是一部穿越剧：蒙天放和冬儿偷尝禁果，以欺君之罪被赐死。临刑前，冬儿将金丹送于蒙天放的口中，蒙天放被埋入秦始皇墓，成为一具秦俑。冬儿经过几世轮回，回到陕西去寻找蒙天放。

电影改编自香港女作家李碧华的代表作《秦俑》，她在剧中担任编剧。在她看来，张艺谋是陕西人，根本不需要化妆，就是一具活脱脱的秦俑。张艺谋本身就性格坚韧，有耐心、有责任感、有毅力、略带拘谨，这让他极为符合男主角蒙天放的气质和性格。

当时张艺谋的导演处女作《红高粱》在柏林电影节上为中国人捧回了第一个金熊奖，正式开始了辉煌的导演生涯。他完成了从摄影、表演到导演的大跨步跃进，在中国电影界创造了一个近乎神话般的票房。这部戏女一号在他的要求下由巩俐担任。

我们拍戏是在陕西榆林的一片沙漠里，一待就是半年。每天吉普车载我们去现场，我坐在前面，张艺谋和巩俐就在后排座位上。因为我饰演秦始皇，片中自然少不了张艺谋对我俯首称臣、三跪九叩的镜头，我童心大起，觉得这么一位大导演总是跟在我身后是件好玩的事情。

我扮演秦始皇，需要表现出他霸气外露、残忍暴力的一面，没有半点怜悯之心。我反复琢磨，如何体现出秦始皇千古一帝的气势，他的眼里只有他的江山，心里只有他的暴政。他的世界观是整个天下，他要征服的是千秋万世。他的思想里只有追求长生不老，维护他的霸业江山。印象最深的是，火烧张艺谋和巩俐那场戏，我离玉米秆地20多米都被火呛得咳嗽，而他们距离现场只有不到5米远，仍然要表现为了爱情牺牲纵身火海的画面，耳朵都被烤出了泡，我为他们对艺术的执着和敬业感动。拍戏期间，我的宝贝女儿出生了，张艺谋把别人送他的小米、大枣一股脑全送给了我："秦始皇喜得贵女，带回去给弟妹吃。"

还记得有一幕骑着马追鹿的戏，导演问我："你会骑马吗？"我点点头，心想骑上马溜达一圈我一定没有问题。不料，工作人员牵来的是一匹儿马，力量很大，连马术师上去都很困难。好不容易我骑上了马，顺着山坡往下跑，导演不干了："秦始皇，你的表情怎么比马还紧张？"他话刚落音，我就从马上摔了下来。导演没办法，就对在片中扮演白云飞的于荣光说："荣光啊，辛苦你一下吧，你来替秦始皇跑一圈吧。"于荣光当过武生，马骑得很好，那时他刚演完成名作电影《海市蜃楼》。我抱歉地说："荣光，谢谢了，不好意思，让你这么大的腕儿给我做替身。"他说："没关系，咱们都是吃这碗饭的。"后来我们的友谊一直延续，并且同样扮演过关老爷，缘真是妙不可言。

人的一生，一定会有人提携过你，帮助过你。我有幸得这些人生路上的贵人们扶持，永远难以忘记这些可贵的情谊。

4. 一场暴雨带来的转机

1990 年夏天，我正在咸阳拍摄一部公安题材的电视剧。白天拍戏时还晴空万里，到了傍晚，突然乌云密布，顷刻之间暴雨如注。我想起家里窗户没有关好，就和剧组借了一辆车，急匆匆赶回西安。到家一看，门窗都锁得好好的，只是铁门上多了一张纸条：

中央电视台来找《三国演义》中关公的演员，见字速与李耀东联系，住胜利饭店二号楼二层二号。

"哎呦，要命了！幸亏这场及时雨！"我仔细一看，纸条上的日期是三天以前，心里立刻犯起了嘀咕：人家会不会已经走了？这时跟我住在一个院子的郭达走过来："大陆，快，有人要找你演关云长，我对他们说你在西安哩，会回来的，可不要错过这好机会啊！"我立刻冒雨赶往胜利饭店。门一开没等我问话，一个人问我："你是大陆？"我一愣，回答说："是啊，你怎么知道？"他蹲在那里，边收拾行李边说："看你这个头、形象、眼神，像郭达介绍的演员。你叫陆树铭？"

"对啊。"我愣头愣脑地回答。

"那你怎么才来啊，这都三天了。"对方埋怨我说。

"我刚接了个小戏，在咸阳拍戏，被大雨给催回来了。没有这场大雨，我可能还回不来，看不到您的留言。"我解释说。

他赶紧给北京打电话："这个陆树铭就在我跟前。一米八六的个子，王导，如果这个人不合适，恐怕在全国都不用找了。以我们的眼光看，百分之八九十吧！"

"拍过什么戏？"电话里传来询问的声音。

"拍过电影《古今大战秦俑情》《湘西剿匪记》，还拍过几部电视剧《大潮中的漩涡》《情场战场市场》等等。"

我站在原地，完全摸不清情况。交流过后，我得知另一位叫宋晓汀。他们告诉我，从1990年8月中旬开始，《三国演义》初选演员的工作就开始了，他们走访了北影、八一厂、北京人艺、青艺、儿艺、总政、空政等单位，看了300多人，初步确定了第一批演员名单共78人。导演组看了扮演关羽的演员录像资料后，结论是不甚理想。于是，又派几位副导演分赴沈阳、长春、上海、杭州等地物色演员。

李耀东说："你小子啊，差点就错过了。我们俩马上就要离开西安了，另外两个女同志已经去四川选貂蝉了。你赶紧收拾东西到北京，广电总局局长、中央电视台台长、导演都在等着选关羽这个角色。"

"我怎么能知道？你们在北京，我这儿一点消息没有。"

你回去以后找《三国演义》的小说读读，找一两段戏准备一下，赶紧和我们到北京试戏。

我们第二天就启程了，一路上，他们对我既安慰，又嘱咐："现在都已经筛掉36个关羽了，但是你千万不要太紧张。你的外形条件很适合演关羽，化了妆应该很不错的。"我故作轻松地说："哪有压力啊，选不上就回去呗，反正我还是我。我都和秦始皇打过交道，还怕什么关羽啊！"宋晓汀叮嘱我说：

"你可不能掉以轻心啊，一个戏剧学院的老师试戏，就只背了四句诗，下面的词就忘了。"无形之中我觉得压力更大了，其实我内心非常渴望出演这个角色，这是一个让我的演艺事业更上一层楼的好机会。

到了中央电视台，剧组要求我先化妆。我说："我先喝口水。"

工作人员制止说："喝什么水！局长、台长都等着呢！"

我只好答应先化妆。我一直闭着眼睛，只感觉一会揪头发，一会吊脑袋，半个小时过去了，我戴好襆头，穿好戏服，睁大眼睛一看，嚯！我竟然可以变成这样！像极了小人书《三国演义》里的关羽！

我顿时信心倍增，走进试戏的现场，我突发奇想地来了一句："请恕关某姗姗来迟！"双手抱拳，朝台下的评委们拱了拱手。现场气氛一下子活跃了起来，大家都在喊喊喳喳地议论。

"你怎么知道你就能够演这关羽啊？看过《三国演义》吗？"后来我才知道问话的是总导演王扶林老师。

"看过。小时候看过小儿书，也翻过父亲书架上的《三国演义》。来京前又匆匆看了一遍。我想，既然我能来，这个角色非我莫属，我一定要把它拿下！"

"对关云长了解吗？"王导问。

"略知一二。"我还端着关公的架势。

王导又问了我一些基本情况，让我表演两段三国故事："打曹豹"和"失小沛"。

我先站在山坡上，远远望见曹操引领百万大兵，从东边压过来了，我傲慢地把眼睛一眯，蔑视地一笑，突然很不经意地睁开眼睛："拿刀来！"停了一会儿，我转换了情绪，我看到张飞狼狈羞愧地站在我面前，我厉声训斥道："三弟！你当初怎么说来？如今，城也落了，嫂嫂不知在何处，你，你，你，有何颜面去见大哥？！"看起来，挺是那么回事儿。

"你一瞬间的爆发力还不错。下去休息吧，半小时以后到这儿来。"王导的兴奋和笑容都含而不露。

卸了妆回到大厅，女导演蔡晓晴走过来，把《三国演义》前六集的剧本送到我的手里，眼神里满是期待。"关公是你的了，回去做准备，前六集的戏由我导演。三月份桃花一开，我们就拍'桃园三结义'。"

我诧异地问："这就定了？"

"定了！你是唯一现场就定下来的，别的人都得回去等十天八天的。"

我心里一阵激动，要知道在京剧界的红净行当里，演过关公的也没几位，甚至有人一辈子不敢披关公那件绿袍。

化装师又把暂定饰演刘备、张飞、诸葛亮的演员孙彦军、李靖飞和濮存昕召集到了一起，与我一起对比妆容是否协调，高矮胖瘦是否合适，以此来确定关羽胡须的长短浓密、眼神拉吊的位置等等。一试完，放松下来的我拉着几位主演说："各位老师，咱化好妆了，能不能一块儿照个相做个纪念？"饰演诸葛亮的濮存昕和饰演张飞的李靖飞一下子就凑了过来，饰演刘备的孙彦军却说："照什么相啊，以后两三年有你照的，真是个西北浅碟子！"

"什么叫浅碟子？"我反问。

孙彦军笑了笑说："浅碟子还不明白，就是吃菜的盘子是个浅盘子。"

我脸上挂不住了，说："孙大哥，你是个深碟子，是吧？"

"我也不深，但是好像比你还深点。"这就是"刘备"送给我的见面礼。20多年过去了，我还会"记仇"地拿这句话揶揄孙彦军。

晚上，我回到了农业部招待所，发现这里还住了五六位人高马大的演员，我一问，竟然是试关羽落选的演员。交谈下，我感到很抱歉，主动要求请他们吃饭。天津话剧院的大老李演了半辈子戏，本来如果我不出现，关羽就肯定是他的了。他不排斥我，反而乐呵呵地接受了我的邀请，很真诚地对我说："演关羽我确实不如你合适，你扮的关老爷韵味太浓了。"

因为实行总导演负责、执行导演分头拍摄制度，《三国演义》剧组规定，最主要的演员曹操、诸葛亮、刘备、关羽、张飞、孙权、周瑜七个人一律不许变，他们的选择决定权在导演组，经过共同认定后，每一集里的每场戏都由固定演员饰演，以保证形象的完整和连续性。而其余角色，甚至包括赵云这样一些主要角色，在剧组分头拍摄，实在无法调配时，可以由执行导演根据情况适当调整扮演者。我知道了这个情况，向王扶林导演进言："住在招待所落选的演员都非常渴望参加《三国演义》的演出，能不能有别的适合他们的角色可以分配给他们？"王导说："嗯，能得到了角色还想着他人，真有点关老爷的仗义！我会考虑的。"

其实，被选中饰演关羽，我也正面临一个难题。当时已经谈了一年的女朋友高岚，还没有定论。我不确定她知道我要一下子离开西安三年会是什么态度，也不知道她的家庭是否会接受我。

说起与高岚的相识，竟是源于和她的母亲的偶遇引出的缘分。1985年，我在剧院的三产贸易公司做推销产品的工作时，有一次，乌鲁木齐的销售任务告一阶段，我坐上了返回西安的火车。在卧铺上，我的对面坐着一位大姐，三天零两夜的路程太过无聊，于是我们就攀谈起来。她问我是做什么工作的？我回答"我是西安话剧院的"。

"我老汉对话剧院很熟的，那都是他的朋友。"

"我一个女儿，也在文艺口，在陕西省歌舞剧院歌剧团工作呢"。

"歌舞剧院是我天天要去的地方，你女儿叫啥？"

"刚去，在学员队，叫高岚。"

"哦哦，难怪我还不太熟悉，刚去的新人啊。"没想到几句话，我就对这个名字印象深刻。

后来，回西安我到陕西省歌舞剧院，去找最好的哥们习刚玩。那一天正好有许多朋友在习刚那里，我们一帮小伙子在车里闲扯，我问习刚："你们这里有没有个学员叫高岚？""有啊！"说话间，一个长发齐腰的年轻女孩从我们车前走过，他们说："哎哎！就是这个！这就是高岚！"当时我也不知道从哪里来的胆量，推开车门就叫："高岚！"一声大喊，吓了女孩一跳，站住脚非常冷静地问了句："你是谁？"一时间竟让我不知说什么是好。我告诉她，和她妈妈坐在一个车厢，从新疆谈了一路。她反问我："那咋了？还有事吗？"问的我非常囧，只好讪讪地说："我没事了，啊，你吃饭去吧。"高岚转身走了，望着她远去的背影，我留下了深刻的印象。从此以后，每次到歌舞团去找朋友，总是不由自主地希望能够再次遇见那个美丽的身影。有时候碰不见她，这种感觉会让我非常失落，而每次碰见她的时候，就一定会装出一本正经的样子跟她搭讪，毫无理由地问东问西。她一直都是爱答不理的态度，草草回复一句扭头便走。

一个18岁的姑娘，没有理由跟一个陌生人有话题。巧合的是，有一部戏找到我演一个不算重要的角色，剧组的驻地就在陕西省体育馆的体育宾馆。拍戏空闲，一个朋友说："这个体育场的厂长叫高丁，他家养了一条很漂亮的狗，从省武警总队里拿来的黑贝，叫卡尔，你想不想去看？"我欣然答应。到了高厂长家，一进门，那条凶猛漂亮的黑贝迎面扑上来，但这并没有吓我一跳，反而是坐在沙发上的女人让我为之一惊，这不就是我在火车上遇见的那位"大姐"吗！那一刻，我就知道了世上的事情真是冥冥中自有缘分在。

从那以后好多年，我都很关注高岚，听说她在训练班里非常努力，从来没有"绯闻"。我心里有很沉重的自卑感，因为我比她年长11岁，且有过一段不光彩的历史，事业上也未见大的成就，用陕西话说就是"黑斑撒"，实在不敢想与她可以开花结果。记得一次，我在歌舞剧院门口碰见了她，她正准备骑自行车回家，我于是讨好地对她说："我送你一下吧。"在回去的路上，我对她说："我现在一个人了。"她问："怎么？你离婚了？"我说："是。"那一瞬间我看见她眼神里有细微的遗憾，流露出为我难过的神情，她问："那孩子呢？"我说："两岁的孩子跟了她妈妈了。"她直言"可惜"。

宁夏电视台请我拍《飘落的枫叶》让我出演男主角，我推荐高岚饰演医院的护士。第一次乘坐飞机，她有些晕机，一路上我对她分外殷勤，呵护备至。拍摄时因为一场戏是在人工造雨中表演，结束后浑身湿透了的我，忽然发现身上多了条毛毯，那一瞬间我感受到了久违的温暖。还有一场戏是主人公的儿子病逝，我在表演中拿着"儿子"喜欢的瓶罐中的沙枣热泪盈眶，一颗颗吃着那儿子生前喜欢的沙枣，痛心不已的样子都被在现场的她看到了，她对我说："你应该是个有责任心的，对事业有追求的男人。怎么会有那么多人说你这样、说你那样的？"有一次，在山里拍戏，因为缺水，剧组的工作人员从老乡那里要了个西红柿给我，我没舍得吃，偷偷塞给了她。对我来说这只是一个男人最基本的修养，但那一瞬间，她却很感动。在返回西安的路上，朋友开车送我们，我半认真又很不好意思地对她提出成为男女朋友的事，她却打岔道："宁夏的水果真甜。"我尴尬极了。之后，我邀请朋友和她到我的住处休息一下，一进门，我那 36 平方米的黑乎乎的房子，可以称得上是家徒四壁。房里只有一张中间陷了一个大坑的弹簧床，房中间一堆垃圾，厨房里甚至没有碗筷，她看到以后非常难过，忽闪着那双清澈的大眼睛说道："大陆，面包会有的，啥都会有的。"我顿时感受到了强大的精神力量，心里随之一震。但是生活并不总是遂心如意。

她的父亲高丁，原来是陕西省体工队足球队的元老，一个很优秀的运动员，在陕西省也是个人物。他和西安市话剧院的老前辈们都是朋友，每当有好的足球比赛和或是话剧，他们都会互相捧场送票。所以，他就到话剧院对我做了一次"人事调查"。其结果，一些个别的老同志和老师并不了解我，他们评价道："大陆，这个孩子条件不错，但是太爱玩，将来难有大出息。"后来高岚对我讲，因为她的父母坚决反对，我们肯定不行。我的条件确实和高岚父母心目中理想的女婿相差甚远，他们不是苛刻的人，只是想给女儿找一个善良的普通人过日子。

记得那天我送她到家门口，她对我说："大陆，你一定能找到更适合你的女人，我希望你以后能幸福。"然后深深地吻了我一下。我们说好了做朋友。我一个30多岁的男人，要钱没钱，要名没名，我是不能强求她来跟我在一起的。在深秋的夜晚，我骑着破烂不堪的自行车赶往回家的路上，心情糟糕到了极点。我真真正正体会到了什么叫落魄，什么叫一无所有，还有被人瞧不起的酸楚。曾经的陆树铭是一个多么朝气蓬勃、帅气英俊的小伙子啊，怎么今天竟落到这么一个如此不堪的地步？回到宿舍，我拿起了房间里还剩下大半瓶的西凤酒，一饮而尽，空瓶被我狠狠摔到地上。我趴在母亲陪嫁的樟木箱上，提笔疾书。

高岚：

你好！在与你离别回家的路上，秋风瑟瑟，树叶纷纷飘落了下来打在我的脸上，我一把抹去，竟然有两汪热泪。我爱你是真心的，我此刻苦痛的心情也是真实的，我不会强求你，因为我的条件和你相比，距离实在太大太大。从我看到你的第一眼起，我就是真心想给你幸福的。但是，你爸爸和妈妈所说的也是非常正确的，谁家的父母不想让自己的女儿嫁给称心如意的男人？谁家的父母不想让自己的孩子过上幸福的生活，这是他们的心愿，无可厚非。他们不同意我和你在一起，我毫无怨言，你不能够属于我，我们两个不能在一起去相爱，去生活。虽然我很难过，但是，我也是一个孝敬父母的人，老人家疼爱自己孩子的心情我也是懂得的。所以作为一个男人，我尊重他们的意见，我一定会努力地坚持刻苦用心，去做好将来的事业，我也一定会在我有生之年做出些成就，让你的父母看看。和你相处近半年的时间里，在我很劳累的时候，在我拍戏的日子里，你对我的无微不至的关心，给我鼓励，让我着着实实过了一段人过的日子，你对我的这些好我都会牢牢记在心里，我也衷心地祝你幸福。

高岚后来告诉我，她看了信就哭开了。她妈妈半夜过去看她，见一封信在她枕头旁边，就拿起来看了看，结果也哭开了。

她和高岚的父亲商量："我看女儿和大陆感情挺好的，咱大人管她干啥呢？"她父亲表示同意，说："我也觉得大陆这个人，还是挺诚心诚意的，你看他写的信是用格纸写的，字也写得工工整整的，一看就是很用心写的。"这天晚上，关于女儿的终身大事，老两口儿一直商量到天亮。

第二天中午，我正在西安西门的城墙上客串一个台湾电视连续剧里的角色，还没拍完，就见高岚骑着自行车过来了。我问她："你来干啥呢？你爸妈不同意，你就再不要来添麻烦了。"她说："我爸我妈同意了！"我心里掠过一丝惊喜，赶紧问："为啥？"

"就你这封信呗。"

"我一封信能起这么大作用？"

"你这封信多煽情啊！你还不知道，我爸我妈人心软又善良。"

我想到三月份就要去《三国演义》剧组，这一走就是三年，高岚不知道能不能承受得住刚刚结婚就要分离的苦，硬起心肠说："你再慎重考虑考虑，我也考虑考虑，不要那么仓促，这样的事情不是儿戏。"

"我觉得你挺好的。"高岚轻声说，"我看你拍戏认真得很，那次你去宁夏沙漠上演了一个共产党员，戏份不多，你却设计了很多细节，我在剧组外面都看哭了。你演的《古今大战秦俑情》里的秦始皇帝王相十足，也非常成功。你虽然没有文凭，但我觉得你是块材料，将来会有出息。现在有《三国演义》关羽这么大的角色，你多用功，不要管我。"

我心一酸，不想流露出感动，随口说："中午剧组要去吃灌汤包子。"

"我也跟你去，以后吃糠咽菜，无论是灌汤包子，还是羊肉泡馍，咱们就过普通老百姓的日子也挺好。"高岚认真地对我说。

5月26日，我们在朋友和亲人的祝福下，举行了简单的婚礼。之后，我就匆匆踏上了北上的路。从她的这番话到现在，已经整整过去了24年。无论好坏、富裕或贫穷、疾病还是健康，我们都彼此牵挂、珍惜。

5. 春风得意遇知音

《三国演义》剧组于1991年7月在北京丰台路口招待所举办了大规模的演员学习班。一进剧组，中央电视台的领导就对我们说："《三国演义》是四大名著之一，演好了是一个人一生的大事情。如果想着挣钱，就不要到中央电视台来。"《三国演义》在90年代是一部耗资巨大的鸿篇巨制，其拍摄经费之高在我国当时电视剧制作史上绝无仅有。在那样一个严谨的年代，剧组的制片人、导演、演员及全体员工，为了把这部家喻户晓的古典文学名著搬上荧屏，历尽了千辛万苦。我能在这样的环境中得到锻炼，感觉非常幸运。为了拍片，许多人两三年都没有回过家，一头扎在这男人云集的古代军营里。

学习班上，总导演王扶林谈了整部剧的总体构思。剧组请到六位专家为演员授课，内容包括三国的时代背景、汉代礼仪、汉代风俗、古代战争与阵法、古典名著的改编等，还请来了北京武术队工作队的队长专门教我们耍大刀、练武术，配备了马术官专门教我们学习骑马，大腿和屁股每天都被马鞍磨得青一块紫一块的。

春天来了，"桃园三结义"开拍在即。这是《三国演义》中妇孺皆知的经典故事。主要讲述了东汉末年，宦官当权，民不聊生，张角兄弟发动黄巾起义，官军闻风丧胆。为抵抗黄巾军，幽州太守刘焉出榜招兵。当时，刘备、关羽、张飞都去看那招兵榜文。三人萍水相逢，虽家世背景相差甚远，但都有为国出力之心。

涿州相遇，既是历史的机缘，也是刘关张三个人的缘分。刘备是中山靖王之后，汉景帝的玄孙，虽然沦落下层，但不失皇室宗亲的风采，胸有大志。关羽看不惯乡里的土豪劣绅欺压百姓，一怒之下杀死富豪，正在逃亡的路上。张飞家境殷实，以卖酒杀猪为业，并在本地有一所庄子。他想结交天下英雄，把猪肉专门埋在了地窖里头，上面放个大石盘，谁能把它搬动，这个肉就送给谁。年轻时的关公身大力不亏，对什么事情都不屑一顾，他看到后，一挽袖子，很轻易地就把磨盘搬开了。张飞不服气关公，关公也不服气张飞。刘备看在眼里头，对他们晓之以大义，一来二去，三人成了好朋友。

5月份，桃花开了，红的像火，粉的像霞，白的像雪。花下成千成百的蜜蜂嗡嗡地闹着，美丽的蝴蝶飞来飞去。《三国演义》第一集"桃园三结义"在香山脚下的花海里开拍，广电总局、中央电视台的领导和我们一起举行了隆重的开机仪式。附近的老乡都站在不远处的小树林小土坡上瞭望，一位老奶奶不停地指着我："瞧，关公，那是关公！"声音不大，我却听得很清楚，那一霎那我心里美极了。戏里我双手相握，站起身体，怒睁双眼，向前一步，泪流满面，面对刘备大哥，坦然、大气地说道："关某虽一介武夫，亦颇知'忠义'二字，正所谓择木之禽，得栖良木，择主之臣，得遇明主……终身相伴，生死相随。"张飞流着泪大呼："俺也一样！"三个男人，面对苍天，膝下黄土，结下了终生不可动摇的金兰之誓。一切的语言都显得多余，所有的理解、信赖、忠诚、信义全都在那一声"大哥、二弟、三弟"的呼唤中了。刘欢"这一拜，生死不改……"的歌声响起：

> 这一拜，
>
> 春风得意遇知音，
>
> 桃花也含笑映祭台。
>
> 这一拜，
>
> 报国安邦志慷慨，
>
> 建功立业展雄才。
>
> 这一拜，
>
> 忠肝义胆，
>
> 患难相随誓不分开。
>
> 这一拜，
>
> 生死不改，
>
> 天地日月壮我情怀。
>
> 长矛在手，
>
> 刀剑生辉，
>
> 看我弟兄
>
> 迎着烽烟大步来。

男人戏，女人歌。能想象吗，这么慷慨激昂、雄浑悲壮、悠扬婉转的词和曲，居然是出自两位女士之手。王建老师深厚的古文功底，良好的艺术感觉，优美的意境似与古之圣人相通。以流行音乐为观众熟知的谷建芬老师，积累了一肚子的民族乐曲，终于找到了最恰当的用武之地，她在现场见证了我们这符号式的一拜。

我仿佛如在梦境中。到现在20多年过去了，依然觉得身处一片花的海洋，美不胜收。这一片桃花在我的人生历程当中，是一个里程碑。刘关张三人从此并肩作战，生死不弃，以致后来刘备甚至不惜牺牲国家，也要为两位贤弟报仇。他们拜盟的宗旨就是不求同年同月同日生，但求同年同月同日死。这种生死之盟，被后世很多人视之为人生理想。

之后，我们还在北京郊区拍摄了另外一场与我饰演的关羽有关的经典戏——温酒斩华雄。这一集是关羽人生初显英雄霸气的序幕，也是他在战场上第一次亮相。

董卓大将华雄，连斩两员十八路盟军大将，竟一时让统帅袁绍惊恐万分，叹息：若颜良文丑在，何惧他华雄！话音刚落，关羽应声说道："小将愿往斩华雄，献于帐下！"袁绍认为关羽不过是个马弓手，就生气地说："我们十八路诸侯大将几百员，却要派一个马弓手出战，岂不让华雄笑话！"曹操听了，十分欣赏关羽，称此人相貌不凡，不妨让他一试，并献上热酒，为他壮胆。关羽说："酒且放下，我去去便还！"张飞不知道二哥此战是赢是输，亲自为二哥擂鼓，一时间军中号角四起，刀光剑影，不到十个回合，只见关羽手拿华雄人头，跨马而归。此时，杯中的酒还是热的。

那一瞬间，关羽好不威风！罗贯中并没有直接描写战场上关羽与华雄马上马下的打斗，只是以张飞的擂鼓声、战士的嘶喊声、助威声，以及刘备着急的眼神和曹操等待的眼神来展现关羽的神勇。我需要演出关羽大气中透出霸气，霸气中满含正义，正义下就是出敌必胜、战敌必死的气概。马蹄声响处，关羽下马进帐来，把头扔在地下，给观众留下了特别深刻的印象。这与后面关羽的戏都是直接展现战斗场面不同，他到底是怎么把华雄斩首不得而知，只知道他"去去便来"。关羽的出场用了这样一种出人意料，却又令人期待的方式，更加增添了关羽的神秘性。

记得拍这场戏的时候，我骑的是一匹儿马，选中它，是因为它提速快，可以一下子就跃出去。没想到，突然另一匹马冲着我就冲了过来，这是马术队老师驾驭的另外一匹儿马。我骑的马不甘示弱，扬起前蹄，在空中就与另一匹儿马打在了一起，一下子跳得非常高。我一时无法判断情况，幸亏那时我骑马的

身怀六甲的妻子来《三国演义》剧组探班

技术已经非常娴熟，赶忙夹紧双腿，拉紧缰绳，才没被摔下来，不过被马术师的马踹中了左胸，疼了很长一段时间。好在年轻力壮，贴了几帖膏药，休息几天，就又开始拍戏了。

说实话，不论表演"桃园三结义"，还是"温酒斩华雄"，在半年的时间里，我并没有真正融入《三国演义》的时代背景中去，也没有走进关羽这一角色的内心世界。仅仅是正当盛年，身体等各方面的状态和外形被导演组认可而已。比如在"桃园三结义"中我和张飞搬完磨盘后对打的戏，在回放时，越看越不满意，演员的眼神、表情、心理、动作等很多方面都没有表演到位，现场的摄影、灯光、场地、环境也达不到剧组的要求，最终在一年后重新拍摄。

一部《三国演义》之所以从筹备到播出，长达五年时间，就是为了追求制作的严谨和完美，如何还原三国时代的历史背景，拍出一种古朴的感觉，是剧组追求的最高境界。

6. 导演王扶林一席话惊醒梦中人

飘飘洒洒的雪花，从天穹深处飘落下来。大雪纷飞的时候，《三国演义》前六集拍摄完毕，我回到了西安。让我开心的是，我的儿子也来到了这个世间。

将近一年的时间里，我没有尽过做丈夫的责任。不管是高岚处于孕期最难受的时候，还是她大腹便便只能一个人去医院产检的时候，我能带给她的仅仅是电话中的几句安慰。有时她情绪不好，拿着电话和我一哭就是一个小时。我不知该怎么安慰她，就默默地听着她哭泣，心里难受极了。没有女人不希望自己怀孕的时候丈夫陪在身边，可是我无能为力。我感谢岳父岳母的付出，也牵挂着远方的妻儿。

产房门前，风尘仆仆的我望着儿子可爱的小脸，觉得自己是世界上最幸运的人。我给儿子取名"云昊"，里面含着关云长的"云"字。山东人骨子里有点儿大男子主义，有了传宗接代的儿子，无疑是件大喜事。我跑前跑后，将领到的拍摄酬劳全部取出来，给妻子买了空调和电视机，一是为了弥补仓促成婚时的囊中羞涩，二是希望有了小宝宝的她居住得更舒适一些。第三天，我正在给爱人做饭，收到了一封来自剧组的电报：凡《三国演义》五大主演，刘关张、诸葛亮、曹操速归总队，观看前六集的样片。我没有多想，就回了一封电报，称爱人生完孩子才三天，要请假三天再归队。我想当然地认为总队已经收到电报了，心安理得地继续享受再为人父的喜悦。

可我不知道的是，在我请假期间，有一次，全体演职人员听"三国"专家

家是我前进的动力

讲课《东汉时期的礼仪》，一查，就没有我。王导火了，一拍桌子："再打长途，叫他马上来！"人们从没见过王导动怒，他是统帅，是《三国演义》摄制组的总工程师，也是一位非常有修养的艺术家。剧组的工作人员打电话到西安话剧院询问，不凑巧的是，话剧院负责接电话的人随口说："大陆，好像在谁家打麻将吧。"这句话捅了马蜂窝，在剧组里掀起了轩然大波。导演组出现了不同的意见。有的导演说，这演员太不珍惜机会了，这么大的角色，让他回来不回来，还去打麻将。有的导演主张再选一个关羽的扮演者，反正刚拍了前六集，换人也没有问题。说完就找来了和他关系亲近的演员来试戏。试来试去，化装师没了信心，始终找不到当初给我化妆的感觉。导演组里，蔡晓晴导演问："为什么说换人就换人？大陆有什么错误？即使他有错误，我们可以跟他谈话，让他端正态度，就可以了。我们这样做，对他一个演员来说是很轻率的，他回单位怎么交代？对社会怎么交代？对家庭怎么交代？"

等我回到北京，第一感觉就是剧组里气氛不对。饰演刘备的孙彦军偷偷嘱咐我："你这个人是个炮筒子，不管发生什么事，你一定不要多说话。"饰演张飞的李靖飞也悄悄对我说："如果导演有事情找你，你就装糊涂。"我反问："怎么回事？"他们言语含糊，不肯告诉我详情，只是说会有一个说法的。

导演组、化装师、制片主任，以及前中央电视台台长戴临风一起开会讨论，最后的结论是，家里的事情再大是家事，拍摄《三国演义》是国事，国家的大事，是要花几千万甚至上亿的，不能用这样的态度来对待。我一听傻了眼，整宿整宿睡不着觉。虽然我还按部就班拍戏，可是心里却始终七上八下。

一天，我一大清早刚从野三坡拍戏回北京，刚到招待所我的房间，推门一看，王扶林导演竟坐在屋里等我，刚才还在车上睡得迷迷糊糊的我一下子清醒了过来。

王导说："前六集拍完了，你觉得你演得怎么样？"

"刚上戏那会儿真是朦朦胧胧……"

"说得好听！什么朦朦胧胧，你当时是——北京有一句话'稀里哗啦'！"

"唉，前六集都不理想。"我后悔地低着头，脸上红一阵白一阵，对面坐着王导的声音沉重而诚恳。

"不错，你的外形是接近我们的理想的，但仅有外形就可以了吗？想一想，如赵丹、孙道临、李默然等表演艺术家的戏之所以被大家认可，是怎么得来的？如果你来时是二分，我希望你拍完后是八分、十分！你好好考虑考虑！"

王导和我足足谈了整整一天。如果没有这次谈话，就没有后来我能如此清醒、深刻地去扮演关公。直到现在我还记得王导的每一句话，他绝对是有备而来的。

"你从一个普通的工人家庭走出来，父亲在工厂里头努力了一辈子，哥哥在部队打篮球，姐姐妹妹也都毕业于体育学院，"王导说起我家的情况如诉家常，"人的一生不需要做成太多的事情，也不一定要做特别伟大的事情。关羽是中国几千年文化的一种符号和象征。在如此人才济济的国家，茫茫人海中可以选中你扮演关羽，是莫大的荣幸和机缘。一个演员一生当中能有机会完成好这样一个大角色，就是他最大的成就。"

他忠告我不要再追求其他虚无缥缈的东西，我的兄弟姐妹都很难有我这样的机会去成就自己。当我演完关羽，《三国演义》在全国电视台播放，或许我会成为很多年轻人的偶像，这部电视剧也会成为我的代表作，而且将来随着岁月越久，就越会像酒一样散发出醇香。王导说："你拍这部戏等于拍了二十部、三十部其他题材的戏。你过去的表现和经历，我们全都了解，为什么我们没有追究，就是考虑到你的本质和你对自己事业的真诚。现在依然在考察你，虽然你的外形极为适合扮演关羽，但是如果你不努力和重视，我们依旧可以撤换你！"

我的脊背发凉，五脏六腑都在打颤。耳边一面是王导清晰的话音在回旋，一面像影视中常有的延时声浪包裹着我："换人，换人，换人——"我对王导说："我一定从头开始，好好演，其他话我也不说，请您看我下面的戏，我要突破十分！"

从那以后，我立志不表演好关公誓不为人。每天除了练刀练枪，对照小说查资料理解剧本，其他事情我都不去理会。我听老师说，手抄一遍胜过读上十遍，就认认真真地把84集电视剧《三国演义》的剧本全部用手抄了一遍。我把抄好的剧本贴满了宿舍的床上、墙上，还有厕所的马桶边上、洗漱池的镜子上。不拍戏的时候我就跪在床上，面对着墙，披着大衣默背台词，一些还没演到的戏份，我都早就把全部台词背得滚瓜烂熟。走路的时候我也在揣摩关羽的人物性格与其他人物之间的关联，以及故事发展的来龙去脉。

我这个剧组里的骑马末等生经过几个月的努力练习，最后可以完全不用替身拍摄双手撒缰骑马的搏斗戏。我清清楚楚地记得，前后共有六次从马上掉下

《三国演义》热播，王导和他的爱将们

41

来，最严重的一次，长达一个月躺在床上无法动弹。我和刘备、张飞一起骑马过一个河道，骑着骑着，刘备发现我不见了，就问："关羽跑哪儿去了？"回头一看，我摔倒在地上。一个巨大的鹅卵石碰巧让我骑的马踩上了，马前蹄一软，我就被摔了下来，没想到胯骨撞在另一块鹅卵石上，疼得我喘不上气来。诊断结果是一个月不能动，拍不了戏身体会发福，导演着急了，就请来延庆部队的大夫给我看病。大夫拿着给动物用的将近一尺长的针管，给我抽掉腿里的脓血和积液。大针管扎进去，六个人一起按住我的脚、脖子和肩膀。抽完一管再来一管。我疼得直喊，大夫说："喊啥！关老爷刮骨疗毒面不改色，你叫啥，连这么点苦都吃不了，还怎么演关老爷！"我苦笑着说："我是个人，我不是关老爷啊。"

所以后来，我特别能演好关老爷"刮骨疗毒"的戏。神医华佗告诉关羽，需要刮去骨头上的毒，再敷上药，以线缝合，这才治得好，"但恐君侯惧怕"。关羽左手执棋，右臂搁在架子上，任华佗用钢刀子在手臂的骨头上来回刮，还

演"刮骨疗毒"，灵感来自于小人书

发出窸窸窣窣的声音，流出的血都溢出了盆子，他自是面不改色。有了亲身体验，我演起来很容易：刮骨到非常疼的时候，只是嘴角微微一动，眉毛紧锁又舒展开来，捋着髯，喝着酒，谈笑风生。

扮演关老爷这样一个半神半人的角色，全剧组都是抱着非常崇敬的心情。得知我受了伤，大家都说，"关老爷"摔了，这怎么能行呢？要赶紧买鞭炮！工作人员买来十万响的鞭炮在十渡的拍摄地大张旗鼓地燃放，希望能够平平安安地把戏拍完。《三国演义》剧组是一个集体，如果一个人演不了戏，那么整个组五六百人就得停滞在那里。拍摄《三国演义》，我们分成四个队分头进行，七位主要演员不变，所以我们几位主演经常要从这个队到另外一个队去拍摄。今天刚从北京飞到无锡，拍了三四天，又要去河北的野三坡。当我能下地行走，要从北京到无锡去拍戏。早上6点，我走到停在宾馆的车前，看见王扶林导演坐在车里，身边放着满满一兜子水果。"关老爷早安，王导亲自来送你！"王导开玩笑说。我感动地赶紧说："王导，真不敢当！您起这么早干嘛，这都是我应该做的。"王导说："不是你应该的。自从我上次跟你谈话以后，你有了突飞猛进的进步，我感觉很欣慰。"至今这个画面还常常萦绕在我的心里，鼓励我、激励我努力前行。

又一个重头戏来了。拍摄《三国演义》第18集"千里走单骑"，我跃跃欲试。关羽、刘备下邳失散，关羽陷身曹营。刘备去投袁绍，关羽得知刘备下落，单刀匹马保护二位皇嫂千里寻兄。路上分别受到了孔秀、韩福、孟坦、卞喜、王植、秦琪的阻拦，关羽被逼无奈，过五关斩六将，最后在古城兄弟相会。

这场戏，拍得非常辛苦。我们这个由二三百人组成的拍摄团队浩浩荡荡出发了，一路向北，寻找理想的拍摄地。仿佛关老爷真的带着这些士兵，来了一回"千里走单骑"。整场戏前后拍摄了一两个月，我全然投入到了角色的塑造中。一路上过五关关羽变换着不同的打法和不同的斩法。往往先是诚恳的劝导，同时讲明自己毅然决然寻找大哥的决心,对方一旦要阻拦那就不客气。不论对眼神的拿捏,还是对每一个动作的把握,在表演时我都已经胸有成竹。

其中过洛阳时,关羽刀斩孟坦,臂上却被韩福一箭射中。只见云长并不拔箭,大喝一声,催马一跃,手起刀落,斩韩福于马下。当关羽驱散三军时,不觉甘夫人已含泪走到身边,亲自为其拔箭包扎伤口。关羽垂首致意,抬头处正与甘夫人相对,此时屏幕定格。我在这一幕中非常注意对眼神的把握:先是略显尴尬,低首不敢正视,后缓缓抬头,与大嫂目光相对,双方的眼中都充满感激和感动。那一刻,相信没有任何人会产生什么邪念和误解。君臣、叔嫂间的情谊在眼神的交流中得到了升华。

在关羽表情的表演上,我也煞费苦心。关羽在荥阳被王植密谋,险些葬身火海,多亏义士胡班私放关羽一行,在路上,关羽突然遇见王植大军追来。他手起一刀,将王植刺来的枪牢牢压住,喝道:"吾可饶汝一命,汝手下从事胡

"千里走单骑",壶口遐思

44

班乃是我友人之子！汝若让其从我，便了，不然，取汝性命只需一刀！"关羽重义，受人之恩，没齿不忘，担心胡班违令放了他会有麻烦。不料王植大喝："我倒想让胡班从你而去，哼！胡班不按军令，已被我杀掉。"其手下就把胡班人头扔出。关羽大吼一声，须发皆张，手起刀落，把王植人头砍下。追兵逃尽，关羽亲自掩埋了胡班的人头，跪拜后离去。我准确地把握了关羽那种悲痛内疚又怒火万丈的状态，挥刀时的一声吼尽吐心中的悲愤。胡班因他而死，这份情义，永远无法偿还。这种痛，直贯心肺。那为"义"而生的一刀，那掩埋人头时的默然无语，可以让观众清楚看到关羽心中的泪。

风吹雨淋太阳晒，沈好放导演的摄制组一口气拍下 50 多个镜头！走下老河滩，面对飞奔直泻的壶口瀑布，我悄然流下了眼泪。后来，开播前三个月的《三国演义》研讨会上，王扶林导演给大家播放的就是"千里走单骑"，他认为这是比较成功的一集。

拍摄《三国演义》是对一个人意志力的考验，拍摄地主要在人烟稀少的影视基地和曾经烽火硝烟的古战场中，过着戎马生涯，浴血苦战。尤其是几乎贯穿全剧的五位主要演员（即扮演刘备、关羽、张飞、诸葛亮和曹操的演员）南征北战，文武兼当，几乎每个人的身上都留下了伤疤。战场上不挂彩成不了好将领，演这部戏也是同样的道理。我们都学会了一身"武艺"，演戏一般情况下都不用替身演员，令武功队演员也刮目相看。我们几位主要演员每天轮换着凌晨 4 点钟起来化妆，化好妆后就在车上吃点东西，花上两个小时的时间到现场。最怕烈日炎炎，一出汗粘胡子的胶水就随着张开的毛孔渗入皮肤中去，那种难受简直无法用语言形容。整个夏天穿着盔甲对演员也是一种折磨。虽然条件艰苦，但是年轻演员有机会和这么多顶级的艺术家一起工作、生活，本身就是一个迅速提升自己的过程。

拍摄第 19 集"古城相会"时，因为要表现与大哥、三弟久别重逢的欢乐，需要扬鞭催马高速奔跑，相当于一辆车开到 70 迈的速度后再从马上跳下来。我跑到刘备跟前拜倒在地，感情饱满、真挚地说："大哥，我可找到你了！"一个镜头连续拍摄了三条，导演每次说"开始"，我的心里就开始打鼓。这样的戏，既艰难，又危险，甚至内心带有恐惧。但是我知道，我没有退路，这就是我的任务，我不能给自己留下不好的回忆，更不能给别人留下笑柄。

我开始渐入佳境。

扫码解锁
☆作者创作谈
☆角色光影展
☆忠义关云长
☆三国风云史

第二章

我从三国走来

7. 表演的最高境界是不表演

《三国演义》开拍没多久，我的父亲就去世了，这对我来说如同晴天霹雳。一边是几个月大的儿子，一边是爱我、养我的父亲。恍惚中，我觉得人是有灵魂的，一个灵魂升上天去，一个生命又来到了人世间。人生就是这样在时空中轮转。母亲不愿意相信父亲就这么突然地永远离开了，她痛不欲生，对一切事情都不感兴趣。她住在哥哥家里，心情无比低沉。我的事业刚刚有所起色，就收到了这样的噩耗，心里乱成了一团。

记得在我最灰暗的日子里，一个早上，隔壁的叔叔高兴地对父亲说："昨晚看的电视剧，是你家树铭演的吧，长得特别像他。"父亲在院子里说："你看错了吧，我哪有那个福气啊。"说者无意，听者有心，在一旁的我，心里"咯噔"一下。等我得到饰演关羽的消息，奔回西安，第一个想要告诉的人就是父亲。也许多年来，隐藏在我心底最大的愿望就是让父亲对我这个小儿子不再牵肠挂肚。

谁知，他没有等到我拍完《三国演义》就撒手人寰。我带着父亲的嘱托回到剧组，心中只剩一个念头：我一定可以演好关羽这个角色，到时我将为父亲敬上一壶问心无愧的酒。

在拍戏的日子里，我每天想的都是表演。一晃两年过去了，让我欣喜的是，我隐隐感觉到自己正在不由自主地靠近关羽的内心。

《三国演义》第五十回"诸葛亮智算华容，关云长义释曹操"是妇孺皆知的三国故事。《华容道》，在京剧中也称《挡曹》，是京剧红生的传统经典剧目。手持青龙偃月刀，绿袍金甲，蚕眉凤眼，五绺长髯的关羽形象，极其深入人心。梨园界认为关公戏是圣人戏，要有三个讲究，一是关公扮演者每一场演出以前，要先斋戒沐浴几天，敬神；二是出场的时候，要专门烧一炷香；三是在表演关公的时候，不能睁眼，

英雄末路的悲凉

睁眼就要杀人，基本上不要大刀，大刀一耍起来就要杀人。除此之外演出后要用黄表纸擦拭脸上红彩，才能谈话聊天，以示对关公的崇敬。元代，关公戏十分盛行。从关汉卿的《单刀会》到民间的赛戏，上至宫廷下到乡村戏台，串演百庙。到了明代和清初，朝廷对戏曲在民间有过严格的禁令，只有在扬州这种漕运的交叉口、长江和运河的交叉口才可以唱关公戏，否则会有辱圣贤。著名的京剧艺术家苟浩（苟慧生先生之孙）先生也在《三国演义》剧组，他告诉我，演关羽化好妆后要默戏，眼睛一闭，是不能有人来打扰的。如有人来端茶倒水，需要轻声发问："关老爷您喝口茶吧。"演员也只能轻轻抿上一口茶。"关老

爷，该您上场了。"等到京胡一开，演员就要带着那种感觉上台。我听后很受启发。

如何表现"曹操败走华容道"，虽然我已经对剧本理解得比较深入，但仍然战战兢兢，如履薄冰。每次到蔡晓晴导演的组拍戏，她就叮嘱我："大陆，你要准备华容道啊，一定要拿具体的方案给我看。"我欣然允诺，近一年时间前后准备了五个方案，最后只选中两个呈现在导演面前。

方案一，曹操与关羽身处不同的利益集团之间，开始应该采取针锋相对的方式去演，之后再改变态度。曹操刚到华容道时哈哈一笑："即使诸葛亮再有聪明才智，也还是有遗漏，如果他在华容道设下人马，我一定要被活捉了。"曹操刚笑完，关公就从远处走来，对曹操怒目而向。演员在表演时用眼睛狠狠盯住曹操的眼睛。

方案二，鉴于曹操与关羽的关系，我设计了一半关羽回避与曹操的矛盾，一半与曹操针锋相对的戏。关羽对曹操说完台词后盯住曹操看，然后又不屑地把眼神收回来。

两个方案后来均未被采纳。因为按照常情来讲，人与人之间，一旦有了情感，尤其是对于你有恩，不管是不是处于敌对的状态，人性都很难突破报恩的情感界限。关公夜读《春秋》，他左手持书，右手捋髯，眉宇间露出那种痴醉，那种光芒，感人涕零，风骨万千。而他作为一员儒将，性格自然不同与张飞的莽撞，对于自己的优点和弱点了然于胸。像关公这样重情重义的人，他应该深知自己的眼神不能与曹操交流，一旦眼神相碰，他会经不住这样的情感折磨，心会像沙滩里的沙子，掏空后"哗啦"一下坍塌下来。这就仿佛男女之间，女人一流眼泪，男人内心立刻崩溃，是一样的道理。

想明白了人物之间的这层关系，最终我只确定了一个原则：以不变应万变。表演的最高境界就是不表演，在这场戏里头，所有的对话、所有的表演，我都采用毫无表情、不动声色的方式，但是内心却翻腾着万丈波澜，把内心的东西通过眼神和瞬间的感受立体、丰富地表达出来。

赤壁大战火烧战船后，曹操败走。在华容道，曹操第三次笑声未绝，关羽杀出来劫住了他。队伍摆开，关公骑着马不紧不慢从人缝中走到曹操对面："关某在此等候多时了！"

扮演曹操的鲍国安老师问："关将军，别来无恙。！"我默不作声。

"关将军，你可曾记得当年我可对你不薄啊。上马金下马银，赐你美女，还封你为汉寿亭侯。"曹操继续动之以情。

我饰演的关羽面无表情，目视远方，只是说："曹丞相，想当年在白马坡你对我是不薄，但是我已经斩颜良、诛文丑报答过了。"

曹操一看，一计不行又生一计："关将军，既然今天我败在了你的马下，你可以把我带回去，但是我这身后几百名将士是跟了我多少年的，他们都上有老下有小，看在你我这么多年的情分上，放他们走吧。"

我回避了曹操的眼神，他的话让关公想起当年在曹营种种情事。虽然关羽来之前在诸葛亮面前立下军令状了，但是应该对曹操有所报答啊，一摆手，先放过一队，"哗哗哗"，曹兵一窝蜂逃过去了。关公望着远去的人影和烟尘。张辽再次请求，关公又长叹一声转过脸去，张辽、程昱带一拨兵马又过去了。第三次，该不该放走曹操本人？前思后想，对自己的将士喊了一声："四散摆开！"曹操逃命去了！

关羽摸摸赤兔马，摘下头盔，走回蜀帐。摘下头盔是我特意设计的一个细节，头盔代表冠，卸冠在古代就有"提头来见"的绝决之意。

刘备和诸葛亮在举行庆功宴，张飞、赵云在喝酒吃肉。

"关将军回来了？为何面容不悦？"诸葛亮明知故问，"可曾拿获曹军大将？"

"不曾获得。"关羽面无表情。

"可曾擒获那曹操？"

"也不曾获得。"

诸葛亮脸色一变："将军可记得立下的军令状？"

"关羽记得，关羽到此请罪。"

"推出去，斩！"

刘备、张飞、赵云都跪下，替关羽求情。为了忠义，关羽做的没错，古人和今人对待大忠大义的标准都是相同的，不尽相同的是世界观。关羽放走曹操，从个人来说是大丈夫报答了曹操的情谊，从大局来说，是对应了诸葛亮"天不灭曹，三足鼎立之势不变"的判断。

像华容道这样的重场戏，对演员是一个非常好的锻炼。它的难度在于戏背后的深刻意义，以及人物与人物之间复杂关系。关公为曹操所赏识，同时不被他的诱惑所动，但并不等于他不知道感恩。如何把握人物的内心世界，处理对待尖锐的矛盾冲突，才是演戏的最高境界。

我化完妆，坐在车里默戏，寻找关老爷的感觉，所有人都不敢跟我说话。当蔡晓晴导演喊："关将军到场！"我就带着心里那种感觉，翻身上马，眯着眼，提着刀，穿着披风，进入现场。由群众扮演的四五百将士们，站起来举着手里的武器齐声振臂高呼："关将军，关将军！"那一刻非常神圣，蔡晓晴导演拿着话筒在监视器旁边，眼泪"哗"的一下流了出来，站到我马前，跟我说："你是被大家认可了。"

这样震撼的场面让我终生难忘，那真是一个美好的时代。后来饰演曹操的鲍国安老师对我说："我发现你真是个细心的人，你的戏这个演法，让人物有了节奏感，而不是千人一面。表演的最高境界正是以不变应万变。"

8. 戏里戏外的恩师益友鲍国安

演绎过大大小小的正面角色的鲍国安老师，在《三国演义》里演的却是一个反面角色——曹操。《三国演义》拍摄之初，导演组在曹操的选角上煞费苦心，但一直不太满意。王扶林导演认为鲍国安老师非常适合曹操一角，邀请他来试戏。

曹操是中国古典文学中魅力独具的政治人物，如何表现出曹操的奸雄兼备丰富复杂的心态和性格对演员是个大考验。当时有好多声音认为鲍老师演不了曹操，再加上《三国演义》剧组提出要"上对得起祖宗，下对得起观众"，所以他不敢有丝毫懈怠，整天都在琢磨这个角色，还翻箱倒柜，找出了家中所有有关曹操的资料。为了捕捉曹操的灵魂，鲍国安利用一切机会进行民意调查。他前后问过三百余人，让他们谈谈心目中的曹操，结果得到了三百余个不同的答案，有的说曹操是红脸的，有的说是白脸的，有的说是个奸臣，有的说是英雄。曹操究竟是怎样一个人呢？他迷惘了。再读原著，他发现罗贯中赋予曹操的形象是一个"奸雄"，但很多人将曹操演得非奸即雄。鲍国安老师开始从人物给自己以震撼的原因上寻求突破口。他感悟到曹操是个复杂而奇特的人物，是个超常的奸雄。与那些坑害忠良、中饱私囊的奸臣不同，他的目标很远大，他要在群雄并起之际统一中国。与刘备以仁德治天下不同，他是不择手段取天下；与刘备的个性压抑不同，他总是活得潇洒而不拘小节。在政治家和军事家曹操身上同时还具有一种诗人特有的气质。而要演好曹操正是要把这些气质在自己身上派生出来。他力求在内心中找到一种体验，那就是"我就是"的信念感。他把自己理解的曹操与历史上的"曹操"相结合，塑造出了一个爱笑、心机诡异的政治家。这个曹操红遍了大江南北，成了人们心目中的英雄。

鲍老师是中央戏剧学院的教授，又是优秀的话剧演员，舞台经验非常丰富，做人做事都堪称表率，对待剧本和角色非常严谨，一丝不苟。一开始我和鲍老师住在一个屋子里，他很担心我这么个大块头，睡起觉来打呼噜，影响他第二天拍戏。后来他发现，我常常是一个姿势睡到天亮，就高兴起来，说："大陆，我本来非常紧张咱俩共住一屋，因为我拍完戏回来脑仁都疼，特别怕别人打扰我，后来发现你睡觉像猫一样，我觉得你挺靠谱的。"在现场拍戏，鲍老师喜欢拎一个咖啡壶、一个杯子，我和他开玩笑说："您是水桶啊，还拿这么大一杯子。""大陆啊，你还没到岁数，等你过了四十岁你看你拿不拿这个壶。拍戏现场去哪弄水喝，你还是年轻啊。"

我和鲍老师有很多对手戏，和他这样优秀的艺术家一起演戏，我经常有种遇强则强的感觉。他身上有很多东西，如表情、眼神，气场，会激发我在现场临时发挥出很多闪光的东西。在屯土山一集的处理上，我感触很深。

曹操先克小沛，又取徐州，关羽保护着刘备的妻小，在下邳城死守。曹操特派关羽故交张辽劝降。关羽对张辽说："我有三约。若曹丞相能从，我即卸甲；如不允，宁受三罪而死。第一，只降汉帝，不降曹操；第二，两位嫂嫂请给俸禄养赡；第三，但知刘备去向，不管千里万里，便当辞去。三者缺一，断不肯降。"张辽听了，急忙上马回报曹操。

在表演这段戏时，要充分表现出关羽的矛盾心情，和大哥的事业还没有干起来，中途遭此挫折，还有两位嫂嫂，需要想一个权宜之计。当张辽上来劝降，演员表演一定要得当，有一种不卑不亢的气节。

关羽进城，向二位嫂嫂说了屯土山相约之事，便一同随曹操回到许昌。但要求一旦知道大哥刘备的消息，就要义无反顾地去找刘备。鲍老师表演曹操这段戏的时候，站在原地，往前走了一步，那一瞬间他的眼神刺激了我，我不由自主地往前看去，死死地盯着他，上前一拜："谢曹丞相。"鲍老师紧接着去扶我。这些并不是导演事先的安排，只是演员之间的一种默契使然。曹操果然待关羽甚厚，三日一小宴，五日一大宴，赠锦袍、送美女，还把从吕布那里缴获的赤兔马送他，又封他为汉寿亭侯，但这些都未能动摇关羽对刘备的感情。后来，当关羽一打听到刘备的下落，便和曹操请辞，毫不犹豫地离开。曹操带兵去追关羽，关羽骑在马上，用刀将曹操赠送的战袍挑了过来。并不是关羽无礼，而是害怕曹操将他追回去，所以这段戏我既要表现出对曹操的忌惮，又要表演出对曹操的感恩和尊重，还有临别时的毅然决然。

鲍老师告诉我，不管是大人物还是小人物，都离不开人性。人性是最丰富的、最复杂的，同时人性最大的需求就是被关爱。刻画人物一旦按一定的模式，就会偏离了这个人物的人性。有些角色不是演出来的，在外形接近的情况下，只要内心装满，真情流露就可以了。按照他的教导去演戏，果真受益匪浅。记得在拍摄"千里走单骑"时，有一段戏是关羽带着两位嫂嫂到了曹营。曹操希望看一下关羽到底是否对刘备忠诚，就把关羽和两位嫂嫂安排到一个屋檐下。关羽到了之后问："我的房间在哪儿。"守门人回答："丞相说了，今天你就和二位嫂嫂同宿一屋。"关羽听了很生气，他站到门口，尽管天降大雪，也一宿不曾进屋。当时有一个很简单的镜头，我守在门口只有一个动作——把胳膊架在刀上。鲍老师走过来，悄悄对我说："大陆啊，你拿刀这个姿势，能不能把胳膊放下来。我觉得关羽不大可能一宿都架着一把大刀，你的表演是戏剧的感觉，会很好看，但是不符合客观的真实。你就把胳膊这样放下来，自然地握着刀就可以了。"一刹那，我茅塞顿开，连忙说："鲍老师，对对对。谢谢，我懂得了。"不表演正是最高境界的表演，当关羽很自然地握着刀，守在门口，目视前方，任雪花飘洒到自己的脸上，那种力量是更让曹操信服的。

1994年元月，鲍老师在无锡外景地拍摄曹操雨中败走华容道一场戏。无

不显示

錫的冬天，户外虽说只有零下3度，可其寒不逊北方。为了表现曹操的狼狈惊惶之态，他要敞胸露怀，消防车洒下的"雨水"更是冰冷刺骨。晚上回到住地，他便发起高烧来，来不及休整，第二天又坐上飞机回北京去为前几集配音。一下飞机他嗓子肿得话都说不出来了。制片主任劝他回家休息，他说："不行，大伙儿都在组里等着我呢。"赶到现场，他硬撑着配了一场戏后彻底失声了。

表演曹孟德横槊赋诗时，他饰演的曹操一手举着酒樽，一手持着两米来长的大槊，威风凛凛地立在战船楼台的正中央。人面南望，背着从后方吹来的夜风，举杯向天。此刻，他心中突有所感，乃命人以酒奠于江中，满饮三爵，横槊对身边的将军谋士们唱出《短歌行》。鲍老师身材并不高，年届五十岁，却要拿着又长又重的大槊不断变换姿势。彩排时导演不满意，他就一遍遍调整，没有任何怨言。我暗暗对自己说，轮到自己的戏份，也要以敬业的精神来认真对待。

《三国演义》主创人员风华正茂。

56

在今年的中央电视台《三国演义》剧组 25 年再聚首的节目上，鲍老师真诚地说："大陆正是因为没有上过学，不是学院派，但是在他的身上有一种朴素的东西，才把关公塑造得栩栩如生。正是他出于本色的真诚，才为关公增添了很多色彩，如果刻意地要去演，想着关公是个神，那么这个人物就变得虚无缥缈了，就有点四不像了。"

直到现在，我 60 岁了，依然感激鲍老师在艺术上和生活上给予我的启示和无私的帮助。

9. 和孙彦军的三国不了情

第一次见孙彦军，他就奚落我是"浅碟子"，也难怪，当时他已经是中国青年艺术剧院的副院长，舞台上的主要演员，演过三十多台话剧。咱是小地偏远地区来的呀。毕业于中央戏剧学院表演系的他，白皙、英俊，还带点书卷气，骨子里却蕴含着东北汉子的刚韧、执着、仗义和豪爽。《三国演义》剧组在选演员时，孙彦军正在深圳拍《华罗庚》。碰巧王扶林导演去深圳看望这个剧组，就跟孙彦军说一定要去北京试试刘备这个角色。化好刘备的妆后，大家齐声叫好，文化部一位领导握住他的手激动地说："你就是刘皇叔啦！"

刘备是《三国演义》主要人物里很难驾驭的角色，孙彦军自己形容饰演刘备的感觉就像根豆芽菜，老伸展不开，一伸开了演就挡住诸葛亮。这个人物动不动就要哭一场。真是让他这个七尺男儿有点抹不开面子。俗话说，"男儿有泪不轻弹"。

这爱哭的英雄如何演？经过反复研读剧本，并与导演切磋，孙彦军确定了这样一条原则：非哭不可处，哭个痛快；可哭可不哭处，尽量不哭。哭，又不能千篇一律，根据剧情，蔡晓晴导演给他设计了很多种不同的哭法：亲情的哭（古城相会）、悲愤的哭（兴兵伐吴）、忏悔的哭（白帝托孤）等不同样式。特别是刘备哭关羽的那场戏，孙彦军把我想成了关羽，索性就让他一次哭个够。只见他倾尽全部的情感，仿佛真的失去了左膀右臂的兄弟，最后甚至哭晕过去了。他将刘备的仁义、善良和偶尔的优柔寡断演绎得非常到位，极为符合小说中"哭出"江山的形象。

饰演诸葛亮的唐国强第一次与孙彦军拍戏，两个人化好妆站在一起，大家都偷偷议论着什么。导演张中一指着他们俩，对王扶林导演说："王导，您看，这不成哥俩了吗？"王导眯着眼睛左看看，右看看，点点头，意思是确实有点像。他俩也互相看了一眼，"噗"的一声都笑了。原来，他们俩的发式、头上戴的头冠以及服装全是一样的，再加上体形、肤色和年龄都差不多，难免看起来形似了。最后王导让化装师把唐国强的妆改成了吊着眼睛的样子，这才区分了开来。

他俩拍戏时有两年多的时间里都住在一个房间，生活习惯相差不多，后来开始出现了戏剧化的"矛盾"——两人晚上睡觉都打呼噜。开始时这呼噜都没引起双方注意，直到有一天不知谁提到了双方打呼噜的事情，于是就把打呼噜的事情提到"议事日程"上来了。有一天早上，孙彦军醒来后便对唐国强说："国强，你昨晚上的呼声是不是大了点？我一宿都没睡好！"唐国强揉了揉眼睛回击说："还说呢！我一闭眼就被你的呼噜声吵醒了。"到了晚上，唐国强让孙彦军先睡。孙彦军隐隐猜到了他的意思，就将计就计，头一沾枕头便佯装打起呼噜来。唐国强先是试探着叫了几声："彦军，彦军——"发现孙彦军的呼噜声反而更大了，觉得时机已到，立刻翻身下床把"张飞"和我叫了进来。"张飞"说："拿录音机呀！要不明早一睁眼大哥就不认账了！"唐国强说："没有啊！算了，有你们俩就行了。"待我们进屋后，孙彦军便一点呼噜声都没有了。"张飞"瞪着眼看唐国强，国强自言自语地说："怪了，刚才还打呼噜，这会儿怎么没了？"我走上前说："唐大哥，他睡觉不打呼儿，算了，快睡吧，明早还要起早化妆呢！"这时唐国强没辙了，只好说："算了，睡吧。他真会找时候。"说完这话自己躺床便睡。不出两分钟，呼噜声便起。孙彦军一看这可是真的，就把我和"张飞"又叫了进来。当我们三人把真正打呼的"诸葛亮"推醒时，他还糊里糊涂地说："怎么？他打呼噜了？！"我们一听便哄然大笑，他揉揉眼睛，终于明白自己着了道儿。

孙彦军演的是大哥，身上自然带着一股大哥范儿。拍摄"跃马檀溪"的时候，正值冬天，导演嫌河里的水不够深，要求水要浸没马脖子。于是，剧组为了这场戏专门在河底挖了一个直径两三米的坑。导演和摄影师要求孙彦军拉近缰绳在水里转上一圈，还要求马跃起的时候要溅起水花。正式开拍，孙彦军两眼一闭跳进水坑，结果水坑太深，马只露出鼻子。马不舒服，驮着孙彦军在泥泞的水坑里打转，冰冷彻骨的河水不停地从孙彦军的衣袖灌进去。这场戏拍完，孙彦军冻得不停发抖，但还是坚持在监视器前面回顾刚才的表演，看到拍摄效果不错，才安心地去休息。

孙彦军遇大事从不糊涂，碰到小事却让人啼笑皆非。有一次，由于剧组伙食差，孙彦军带着我和李靖飞哥仁儿一起去野三坡偷玉米，结果孙彦军被农民抓住，而我俩则丢下大哥跑得没影儿了。因为精雕细琢，拍摄《三国演义》的进度就像现在拍电影，一天只拍几个镜头，有时我们化好妆，坐在树底下一等就是几个小时，仍然不见开始，又热又烦。我是年轻演员，可不敢不守规矩，每次都是孙彦军冲出去。蔡晓晴导演用喇叭喊："不要发火，拍戏慢我这儿也急着呢。"孙彦军不服气："你急什么啊，坐在空调屋里，我们都等了这么久。"还有一次，因为日本改拍三国动漫，调走了剧组的摄影师和化装师，也是孙彦军带头抗议，说我们的戏花了这么多钱，你们却给日本人帮忙去了。

众兄弟相聚赤壁

　　我对孙彦军的感情，戏里戏外一个样。关羽只服刘备，我也以他为荣。他知识渊博，眼光敏锐，为人正直。无论他走到哪儿我都跟着，有时候我想，这是生活，我这是干嘛！可是他一开口和我提要求，我就受不了，又乐呵呵地跟着他去，哪怕受苦受累也心甘情愿。

　　1999年，新加坡有人邀请他去办学。演完刘备后他正想激流勇退，在做了一些告别演出后，孙彦军取道香港去新加坡，没想到被当时亚视的总裁封小平截住了。亚视正要在东莞创办一所艺术学校，投资巨大，集教育、制作、片厂、旅游于一体，欲与北电、中戏形成南北的三国鼎立之势，打造"东方好莱坞"，诚邀他担任院长。孙彦军被他们的创作理念与规划所打动，就辞去了新加坡的邀请，毅然加入了广东亚视演艺职业学院。他亲自转战南北招生，亲自授课，很多学生慕名而来。到了第二年他发现，投资方很多后续的东西没有兑现，而且在东莞办大学欠缺人文氛围，想退出，但是考虑到他撤走后的巨大副作用，还是挺下来了。让他欣慰的是，几年下来，学校招生规模不断扩大，毕业生遍及广东各地的电视台、基层文化单位。

学院起步时，我一心想要拍戏，并不想去东莞发展，他对我说："大陆，学校刚成立，我每个月只能给你两三千块钱补助，你看行不行？反正大哥招呼你就过来。"我婉拒了钱，承诺他："你在北京有任何事情，都告诉我，我来做。"我没有食言，那些年我一直陪在他的身边。无论是到东莞选校址，还是回北京联系教育部，我都全力以赴，还经常到东莞的学院里当客座教授。有时业务上需要应酬，他爱喝酒，一喝就是一两斤，常常懊悔酒后失言。孙彦军嘱咐我，万一他喝酒喝多了，说话不着边际，一定要把他及时按住。我坚决执行大哥的"指令"，总是毫不犹豫地喊"停"，还真灵，我一喊他就停了。但他

大哥、二弟的三国不了情

61

抱怨我说："你该让我停的不让我停，不该让我停的你倒让停了，真能把我憋死。"我哈哈大笑，心想话唠终于知道说不上话的感觉有多难受！

　　二十多年，我只和他发过一次火。气过、怨过之后，被他叫上吃一顿他亲手做的小鸡炖蘑菇，就什么脾气也没有了，又跟着他到处跑。我有感而发：

　　　　我是很迁就你，其实我也不愿意！

　　　　多少岁月已过去，我们可没忘记！

　　　　我是很迁就你，连我都惊奇，该报答的、该还的都做了，难道你

　　还不满意？

　　　　兄弟不是我说你，谁还没点脾气？

　　　　一路风雨走过来，我没有抛下你，

　　　　兄弟人生路很长，看你怎么走！

　　　　再苦再难有哥在，你可千万别泄气！

　　　　兄弟！没有啥说的！这辈子只因为我把你当兄弟！

　　2008 年汶川地震的时候，我与孙彦军、李靖飞前后两次飞往前线看望解放军指战员。我还写下了《悼同胞》：

　　　　泱泱华夏天地同泣，朗朗乾坤江河共萎！

　　　　哭我汶川百年不遇，悼我亡胞乘鹤归去！

　　　　笑靥未冥今已做鬼，如花学子如梦长然！

　　　　妻去子离万家破碎，国难当头我亦哀悲！

　　　　数万大军身先士卒，亿万民众坚不可摧！

　　　　斯者去矣我当更强，重建家园振我国威！

有一次，坐在葡萄架下的他对我说："大陆，这么多年，我最认你这个好兄弟！"一句话，暖透了我的五脏六腑。

10. 豹头环眼李靖飞粗中有细

1990年初，筹拍电视剧《三国演义》的消息传到河北话剧院时，李靖飞却缺乏进京试镜的勇气。很多人都鼓励他去试试，可是外粗内秀的李靖飞总是摇头，还说："中国那么多演员都排着，怎么能轮得上我？"

其实，他曾在《张灯结彩》《八九雁来》《老八路与小哥们儿》《姑娘跟我走》《火热的心》等多部作品中担主要和重要角色，《李大钊》中扮演的张作霖还曾获第六届河北省戏剧节优秀表演奖。酒香不怕巷子深，1991年元旦刚过，《三国演义》剧组的一位副导演就打电话请李靖飞速到北京试镜，而且是试张飞一角！李靖飞惴惴不安地来到北京，分别试了"三顾茅庐"和"古城相会"，表演得十分精彩，并最终战胜了所有的竞争者。王扶林导演最先相中了他的眼睛，一睁开就像核桃一样，圆脸也是让他脱颖而出的鲜明特点。他本是个性格内向的人，可是他要扮演的张飞，在中国传统文化中以其勇猛、鲁莽、疾恶如仇而著称，正如词作者王建在电视剧的歌词中描写的那样：

他来了，他来了，烟尘起处战马咆哮。

他来了，他来了，怒吼一声地动山摇。

丈八的蛇矛把敌阵扫，吓得曹兵夺路逃。

快语直肠好男儿，爱也英豪，恨也英豪。

他来了，他来了，烈火霹雳卷起狂飙。

他来了，他来了，好似天神降临九霄。

雄百战常请命，猛中有智立功劳。

豹头环眼好兄弟，哭也英豪，笑也英豪。

　　靖飞是《三国演义》剧组六位主演之中最年轻的一位，他饰演的张飞一出场就有一代猛将的英风，说话铿锵有力，性情激昂慷慨。比如拍摄"喝断当阳桥"时，既要还原历史真实，又要表现出张飞大喊三声吓死夏侯杰、令曹操惊吓之余退兵后撤的气势，不能过于夸张。李靖飞巧妙地着重抓了张飞的性格中的两个方面：一个是耿直刚毅，另一个是有勇无谋之中又粗中有细。正式开拍，他独自一人策马走上当阳桥，怒视曹操诸将，全然没有畏惧之色，只听他浑声道："我乃燕人张翼德也，谁敢与我决一死战！"声音回荡在当阳桥两侧，回声不绝于耳，曹操一方马匹受惊蹰步，将士纷纷瑟瑟后退。曹操也是一惊，但碍于主帅的身份，只能佯装镇定，对身边人说："关云长曾言，张翼德于百万军中取上将之首如探囊取物，今日相逢，卿等不可轻敌啊。"

　　面对严阵以待的曹军，张飞再次道："我乃燕人张翼德也，谁敢与我决一死战！"这一次连曹军将领都受到震慑，不禁勒马后退，眼神惊恐四顾，并悄声对曹操说恐怕张飞身后的树林中暗藏伏兵。

　　曹操示意夏侯杰上前打探，可那夏侯杰望着张飞瑟瑟发抖，纹丝不动。张飞大怒，耿直刚毅的性格让他立刻大喝："战又不战，退又不退，所谓何故！"谁知就是这一喝，让原本就心生畏惧的夏侯杰当场口吐胆汁，落马毙命。前一刻曹操还假装镇定，见夏侯杰被当场吓死，再回头看张飞气定神闲怒视曹军，立刻吓得命令部下火速撤退。

张飞见曹操诸将不战而退，开怀大笑，笑声响彻云霄。李靖飞的表演还原了张飞的爽直以及粗犷背后的细心，精彩万分。那场戏他过于投入，几声大喝之后嗓子就说不出话了，休养了好几天才恢复。

靖飞刚到剧组的时候很瘦，为了演活张飞，每天都要吃很多馒头和肉，活生生增重了40多斤。他待人接物十分周到，说话极有分寸，经常提醒我："大陆以后你不要这样说话，可能会使别人误会。我们了解你是这样的性格，但是别人不了解。"的确，在不了解自己的人面前，直率就可能变成了高高在上。

戏里戏外，我们的感情都如同真的兄弟。因为他的胡子是刘关张三个人当中最浓密的，我们索性叫他"围脖"。

可是好兄弟也有起争执的时候。有一次，没有戏份拍的时候大家一起打牌，以冷静著称的靖飞硬说我欠了他一元钱，我向他解释，之前别人给我了一个钢镚，我随手就还给他了。可向来好脾气的靖飞非要说我没给，于是我俩就吵开了。孙彦军笑着劝我们："你俩可真像戏里的二哥、三弟。"

巧的是，第二天剧组正好拍摄"古城相会"。剧本要求面对张飞的误解关羽要表现出哥哥的风范，明明是受了委屈，可是面对自己的三弟，关羽还是要冷静地叹息一声，没有任何的鲁莽和冲动！表演时靖飞骑着乌骓马挺起长矛迎战毫无准备的我："你要投降曹操！还有脸来见我？""屈杀我也！"我一声喊，一下子想起头一天晚上我俩因为一点小事还闹不愉快。生活撞上了剧本：关羽一时难以说清，二位嫂嫂也是苦苦说服，张飞只是不听。正言间，蔡阳领军路过古城，见到关羽，怎能不气，拍马就要来取关羽首级。关羽大叫一声："三弟，看我取蔡阳人头来！"早已翻身上了赤兔马，握青龙刀，大战蔡阳，只两回合，蔡阳身首异处。张飞见状，才明白了关羽护嫂寻兄一路的艰辛！关羽缓缓下马，张飞一时不知如何面对二哥，只是低着头。关羽遥望张飞，张飞喊道："二哥！"关羽大喊一声："三弟！"两人相距十四五米，全都下马，跟跟跄跄连滚带爬，哥儿

我和李靖飞，一辈子的好兄弟

俩拥抱在一起，互相摇晃着、拽着，英雄的眼泪化作相逢的喜悦。导演沈好放导演使用了两台摄像机，用长镜头捕捉了很多我们又哭、又笑、互相拥抱的镜头，整个过程一气呵成。我俩在演戏的过程中假戏真做，将生活当中的情绪巧妙化解，彼此心照不宣。因为玩牌引起兄弟不和，我很不安，从此以后再也不在剧组玩牌了。

有一个场景让我至今难忘，靖飞拍摄《三国演义》里关羽死后的一段戏：却说张飞在阆中，闻知关公被东吴所害，旦夕号泣，血湿衣襟。诸将以酒解劝，酒醉，怒气愈加。帐上帐下，但有犯者即鞭挞之，多有鞭死者。每日望南切齿睁目怒恨，放声痛哭不已。他刚穿上盔甲，粘上大胡子，就接到了他父亲去世的电话，站在影棚里，他突然有点站不住脚。导演让靖飞先休息下，他说："我怎么也要把这场戏演完。"

当时演的正好是张飞酒醉暴打士兵、痛失二哥的戏，那场戏拍得特别感人，因为他内心里也充满了巨大的悲痛。

后来，孙彦军的戏先结束离开，靖飞走那天，一个人不知道去哪儿躲着去了，我和制片主任找到他，哥几个一块喝了酒，靖飞特别厚道心细，对我说："二哥，三年之间我有对不住你的地方，别往心里去！"我说："三弟，咱们很快又会见面的！"

生活中的靖飞是个真性情的人。他喜欢养狗，每天早上带着两只可爱的小京巴去遛弯。没想到，有一次其中一只小京巴不幸被摩托车撞死了，他心疼得抱起小狗，对方见他难过的样子，说要赔钱给他，他立刻拿起钱就摔给了对方。他将小狗抱回家，埋在树下，一想起来就流眼泪，哭了整整一周。靖飞为人低调，每次有粉丝拉着我们拍照，他总是宁可待在一边，除非我生拉硬拽，他才答应一起照相，还幽上一默："我怕把镜头憋了。"他不爱表达，就像戏中的张飞一样，凡事都习惯把大哥、二哥推在前面。女儿是他的掌上明珠，接送女儿上学、给女儿做上一顿热腾腾的饭，是他每天的必修课。有一年，我们结伴去参加在四川阆中县举办的文化演出。阆中地处嘉陵江，沿岸三面环水，放眼望去山水相连，层层秀雾缭绕，景色非常迷人。演出除了我们刘关张的扮演者，以及曹操诸葛亮孙权扮演者，还不乏演艺界大腕和明星，尤其是杨洪基老师一首"滚滚长江东逝水"把整个晚会带入了高潮，仿佛两千年前的三国画卷徐徐展开。四川阆中在历史上久负盛名，三国时期张飞曾在此做县令守护七年。这儿有保存相当完整的张飞庙，庭园深深鸟语花香，前来求佛拜祭张三爷的香客络绎不绝。但是演出结束后，靖飞根本无心欣赏阆中古城的美景。他就急着想回家，我劝他："好不容易出来一次，干啥呢，这么着急！"他没说话，住了一宿，第二天又让我帮他定回家的机票，就是为了早点见到心爱的女儿。他心心念念希望女儿可以就读一所不错的高中，但又不擅长打交道，于是我帮他联系安排。得知女儿的事情解决好，他这才放宽心。她的女儿曾经说："我觉得我是这世上最幸运的人，不是因为自己有一个被大家熟知的爸爸，而是拥有一个每天叫我起床、给我做饭的爸爸。"我觉得靖飞能有一个这样贴心的小棉袄，他也是这个世界上最幸运的人。

11. 我塑关公，关公塑我

1992年，拍完"千里走单骑"，我演关公，从形似到神似，越来越自如了。在罗贯中的笔下，他对关羽的描写倾注了极大的心血。在民间，关羽的传说越来越神，对他的崇拜达到了无以复加的地步。这样一位半神半人的大人物，当像我这样一位普通的演员去表现的时候，如何接近关羽内心世界的状态，是非常难的。除去外形，我想到了关羽的神韵，他的五尺长髯，他的眼神，还有关羽的身姿。比如"刮骨疗毒"，

大哥刘备梦里的二弟

关羽坐的姿势，身体太高了不对，太低了也不符合疼痛的场景要求，要恰到好处，犹如一座天神。小时候看小人书印象特别深刻、记忆犹新，"左手持樽、右手下棋、身姿凝重不失洒脱，右腿外伸，一幅美轮美奂的图画。说句真心话，那些动人的画面在塑造关公这些重要戏份场面中比比皆是，比如说"单刀赴会"，当他架起鲁肃要往岸边走去，关羽要佯醉打着趔趄，同时两只眼睛眯着看着岸的两边，需要将一瞬间关羽所有的神韵完全地展示出来。当演员抓住了这个人物的实质，观众再看的时候，就会觉得非常过瘾，仿若关公再生。如果连自己都进入不了状态，根本不可能打动观众。我一直觉得这段戏是有节奏的，那种韵味，犹如一首音乐，演这样的戏真是让人大呼过瘾。

从"千里走单骑""古城相会""水淹七军"到"刮骨疗毒""华容道"，我的戏在摄制组里再也没有补拍过。我可以拍着胸膛说：捕捉到了关羽凝重之中见飘逸，飘逸之余显凝重的神韵。

"单刀赴会"要轮换到孙光明导演的剧组拍摄，他给我说戏，强调要把握人物心理特征，刻画人物的神态与神韵，既不失威武凝重，又要有一股子从容潇洒的气度。

关羽乘着轻舟自上游而下，他先是坐在舟中，看到滚滚东去的波涛，他站起身来，江风吹着他的五尺美髯。身边是握着青龙偃月刀的周仓和八个士兵，关平在自己的一方做好了接应的准备。我心中响起了那支歌：

> 好江风，将这轻舟催送。波翻浪涌，添几分壮志豪情。龙潭虎穴何足惧，剑戟丛中久鏖兵。非是俺藐群雄，一部《春秋》铭记。义不负心泰山重，忠不顾死何言轻！桃园金兰誓，弟兄山海盟。早把这七尺身躯青龙偃月，付与苍生！

一曲《单刀赴会》，气势豪迈，令人热血沸腾！关羽的一举一动，一个手势，一个眼神，一声怒气，一颦蔑视，点点中透出威风，斑斑中恰似英雄。东吴，鲁肃在岸边迎候。关羽望着鲁肃一笑。走上栈桥踏上红毯，关羽迈着大步，踏、踏、踏。鲁肃再请，关羽又一笑，把披风一解一甩，周仓接住。

在那"鸿门宴"上，面对鲁肃的劝告，关羽巧妙绕过话题，以席间谈论国家大事不妥为由，堵住了对方的发问，不料鲁肃竟然又发问，关羽先是从历史上谈，后来干脆明言：子敬是请我赴宴，还是来讨荆州啊？！熟读《春秋》深通兵法的关羽，当然知道"知己知彼，百战不殆"的道理，鲁肃向来性格软弱，对刘方态度不会十分强硬，因此关羽的大气与直率更让子敬不能明言。关羽那种凛然正气，那股威慑的力量，震住了鲁肃，不敢叫埋伏的兵将出来杀关羽，关羽一放酒杯，又冲鲁肃一笑，潜台词是："哼！你少给我来这一套！"特别是在周仓看似莽撞地冲入席间，怒斥鲁肃的时候，云长早已将青龙偃月刀握在手中。云长有了刀，有几人敢轻易行动？！一顿"鸿门宴"在关羽的笃定、沉着和谈笑风生间，征服对方。云长佯醉，倚刀信步，乘船离去，仰天长笑，而站在岸边的鲁子敬却还手握一直不敢掷出的酒杯而不停颤抖。关羽以精神的力量战胜了鲁肃，震慑住了吕蒙，在一瞬间把敌人统统搞定，如有神助。他平安返回蜀寨，保住了荆州。

孙光明导演高兴地一拍腿："谁说没有好演员？谁说大陆不会演戏？这一段能打到国际上去！"

我清楚，孙导不光是对我的肯定，更是在鼓励我。戏好，是导演、演员和全剧组共同创造的结果。那年春节，我打长途电话给孙导拜年。

"你能想到给我打长途哇？"孙导很开心。

"您走时没赶上送您。"

"咱们配合挺愉快，大陆，好好珍视这次机会啊！"

"托您的福啦！"

回到住处，我又冲着满墙的台词咕噜咕噜地背了起来。我不敢松懈，后面还有"败走麦城"等着我呢！

历史上，孙权曾令诸葛瑾索要荆州，提出孙权的儿子要娶关公的女儿，关公一下子拍案而起，一句"虎女安肯嫁犬子"将诸葛瑾骂了回去，同时也为他"败走麦城"埋下了祸根。演戏的时候，我既要表现出关羽在三大集团中的地位，无人敢惹，同时不能把他演成不可一世的人，他理解大哥刘备的难处，不希望以个人的私事影响集团的整体利益。将在外君命有所不受的真正用意是指此时此刻关公是在为大哥刘备解除危机。所以表演既要体现他凝重的一面，又不失飘逸，有一种令人尊重的大丈夫气概，表现出关羽玉可碎而不可毁其白、竹可粉而不可毁其节的气节。

为了拍摄"败走麦城"，我们一路从北京辗转东北寻找漫天大雪，最后来到了河北承德围场县。寒冬大雪，通往目的地的盘山路曲曲折折，路边就是数百米深的山谷，再加上大雪封山，用铁链子裹住大轿车的轮子仍然打滑，最后索性找来几台拖拉机，硬拉着汽车一点点往山上移动，我们坐在车上的演职人员常常浮上来命悬一线的感觉。

在围场县一连七天的寒流，零下30摄氏度，摄像机都冻了。工作人员还能多穿点，演员只能穿着薄薄的戏服。夜里气温达到零下30摄氏度，演员们的手冻得都失去了知觉，大家互相温暖着，我第一次体会到小说中的语言：寒风凛冽，雪花飞到脸上，有种刀割的感觉。导演一声"停"！郝恒民主任就给我揉耳朵，孙光明导演及剧组所有的工作人员围了上来，把他们的棉大衣、围脖、帽子给我披上，紧紧地拥着我，那个场景至今常常萦绕在我的心头，不可相忘。

天寒地冻，在漫无边际的田野上，我带着一种使命感和对关老爷的崇敬之情，暗暗对自己说："三年了，我一定要拍好这场戏！"演关羽败走麦城，就好像自己真的要奔赴死亡。

漫天大雪从天空飘落，打在我们的脸上，白茫茫一片肃穆，让我们感觉无比神圣。我和制片主任在香烟袅袅之中，跪倒在雪地上，磕了三个头，满怀崇敬地遥拜关老爷。我口中不停念着："关老爷，我拍您之死，我愿意用我最大的真诚来演绎这段'败走麦城'。希望您在天之灵保佑我，保佑我们所有的人，一定会拍好。请关老爷赐福。"我把三炷香插在雪地里，站起身，发现身后漫山遍野齐刷刷地跪了几百名战士，同我们一起跪拜关老爷，一瞬间非常感动，眼泪顺着我的脸颊流下。

我始终觉得那炷香一直烧到现在，它在我心中一直没有熄灭。我的脉搏跳动和关老爷一模一样，仿佛能体会到他败走麦城时的心情。当演完他的每一个经典场面，我的精神和灵魂，已经与他紧紧系在了一起。

58岁的关羽被捆绑着，头盔不在了，发髻散乱了，他花白的头发、胡须上满是冰霜雪粒。敌人的刀高举在他的头顶，他半闭着眼睛沉默不语。仍然是没有表情的面容，可谁知他的内心是悔？是恨？是憾？戎马一生刀光剑影，生死早已置之度外，对不起大哥！想起了兄弟桃园盟誓，业未成身先死，冥冥之中是那般的无奈悲凉，或是宿命的安排，或是壮士迟暮的哀叹，抑或是大凡英雄的结局都不过是如此悲壮与豪迈，而又是遗憾的最好诠释。事已至此，夫复何言！

孙光明导演为了拍好这场戏，付出了极大的心血。他每次和我讲起关公，情绪都非常激动，有时甚至眼含热泪。他指点我，关老爷应该是凝重的，像一棵不老松，还应该是正直不阿的，他的眉发虚张，风吹动胡子的感觉就如一曲悲歌。他多次帮我分析，败走麦城，败在关羽过于自负，关键时刻又不肯听从随军司马王甫的进谏之外，更多的是大宇宙中深不可测的天意。关羽兵败，荆州失落，促成了三国鼎立的格局，又成就了关羽义薄云天、名传千古的忠义精神。既是关羽人格上的最高升华，也有他面临重大军事行动时对宿命的理解，还有关羽对三人"不求同年同月同日生，但愿同年同月同日死"的契约忠诚，以及为刘备集团完成历史使命的坚定。最后孙导恳切地嘱咐说："塑造好关老爷形象的历史责任就放在你身上了！"

在事前的准备会上，我们定下一套表演方案，关羽的豪情如何表现，如何出城，如何与手下的将士们分别。我并不难寻找关老爷败走麦城的心态和感觉，因为当初长达七年的蹉跎岁月，早就让我尝尽了败走麦城的滋味，表演这段戏根本不用刻意去演就能找准感觉。这时的关羽，须发花白，兵士已尽，在败走麦城之前，他留下了伴随他数十年的周仓及一群将士，周仓不愿离开侍奉

零下三十度拍摄"败走麦城"

左右多年的关将军，但将军之令怎可不听。晚年的关羽流出了英雄泪，为自己一代豪杰竟落到如此地步而惋惜，也为自己对不住拼死跟随自己的将士而哭。风雪萧萧，这个绝代英雄带着他的爱子还有最后十余名誓死不弃的兵士，艰难地跋涉，为了心中那渺茫的希望。此时，敌人冷不防伸出绊马索，关羽翻身落马。四员吴将跳出，四把兵器齐压下来。关羽大叫一声，挣扎欲站起。然而此刻的关羽再不是过五关斩六将、温酒斩华雄时的云长了，年老加上久未愈合的箭伤，满心的失落与惆怅，英雄迟暮的抱憾，壮志未酬的怅然，让他竟不敌四个无名小将，青龙刀也架不住四把兵器的压力。他仰天长啸，最后一搏，怎奈年近六十，右臂伤口崩裂，最终力尽被四员吴将压倒。

我特别提出，关羽临走前，应该对周仓有个交代，周仓感谢关羽，让他踩着他的背上马。导演欣然同意，因为这是人性的光芒，这一刻没有利益，没有地位，只有几十年的兄弟情义。很多观众看到这里的时候，都禁不住流下了眼泪，感觉这太残忍了。这是关羽最后一次登场了。一声长啸是何其悲壮！桃园的誓言，惊涛骇浪的一生，一切尽归尘土。那些场景刻于我的心中，久久不曾忘怀。

我演关公，在塑造这位第一神明的过程中，去揣摩这个人物的内心世界，精神上的高度，去发现他在大背景下的所作所为。在揣摩这些闪光点的过程中，同时也是对我自身的一种塑造，让演员可以发掘自身的美好。如果没有用内心最真实的情感去接受所扮演的人物，无论如何也不能把这个人物演好。这么多年来，我一直感恩于生命中有这样一个人物让我去塑造，因为在塑造这个人物的同时也塑造了我自己。

遗憾的是，今年2月份我闻听孙光明导演已经不幸去世了，非常悲痛。他对我来讲，是一个极其重要的启迪者，在此我向他致以崇高的敬意。

12. 艺术家斯琴高娃情系《忠义千秋》

　　认识斯琴高娃大姐，转眼二十多年了。我被她的艺术家情怀所感染，也因为和她有着共同的关公信仰而心意相通。不论是《归心似箭》中漂亮、清纯的女主角，还是电视连续剧《大宅门》里撑起白氏家族的二奶奶、《康熙王朝》的孝庄太后，她的每一次表演，塑造的每一个人物，都栩栩如生。我特别喜欢高娃姐饰演过的母亲形象，尤其是《党员二愣妈》中她塑造的基层党员、女村长的真实形象。一口地道的西北方言，一身毫无装饰的农村打扮，一举手一投足，活脱脱就是一个真正的二愣妈，让我拍案叫绝。

　　第一次和高娃大姐拍戏，是电视剧《我从草原来》。这部戏是由内蒙古著名军旅作家巴根创作，剧中大多数是内蒙古的演员出演角色，以纪实的手法向人们展示了一群为民族文化而在异乡奋斗的艺术家们的状态。高娃姐很喜欢这部戏，她的血液里流淌着蒙古人的豪爽与霸气，她的艺术之路就是从这里起步。剧中她饰演我女友的母亲，我们有很多对手戏，我感慨于她在剧本上标注了密密麻麻的细节，为她认真、敬业的精神感动。后来，我们一起成立了内蒙古草原情联谊中心，经常在北京聚会，相互依赖、相互信任。

　　有一次，我邀请她一同去山西运城的解州关帝庙祭祀关老爷，同行的还有孙彦军、李靖飞、寇振海、万山红、韩善续等多位老师。第二天我要在一个万人的露天广场表演，组委会临时想让高娃姐增加一个节目，她爽快地答应了。随后就让我跟着她去商店，买了十几条纱巾。我目瞪口呆地看着她，只见她手脚麻利地将纱巾拼接到身上，并让服务员拿针线帮她缝好。原来因为来不及赶制服装，她就聪明地想出这样的点子来。我们又赶到蒲剧团，借来鬼兽的脸谱，找来专门祭祀神灵的可以变奏的音乐。我问她："您这是要干啥呢？"高娃姐神秘一笑，说："你这不要管，明天一定给你一个惊喜。"

现场演出的时候，我化好了关老爷的妆，站在舞台上表演完毕。音乐一起，高娃姐戴着面具登台，翩翩起舞，美得就像一只蝴蝶。更让我想不到的是，她突然跪到了我这个假"关老爷"的面前，虔诚地说："希望天下所有的百姓平安，给关老爷磕头，希望我们能有幸福的生活。"台下掌声雷鸣。她摘掉面具，向观众们介绍自己："我是斯琴高娃。"突然观众就像爆炸了一样，一个劲地往前冲，都希望与她一起拍照留影，局面一度失控。高娃姐赶紧说："谢谢各位朋友。因为明天还要祭拜关老爷，请各位观众不要拥挤，以免给大家造成不必要的伤害。"一位艺术家的气场就在于，站上舞台，只需轻轻说一句话就可以让观众安静下来。掌声再一次响起来。我禁不住对她说："高娃姐，你太有艺术感染力了，太让我感动了。"她说："你忘记姐姐是舞蹈演员出身啦。"

多年的相处，我们之间就像亲人一样。高娃姐的妈妈来北京了，我一高兴，把老娘抱了起来，没想到把她的腰抻了，这一抻就是半年，老娘疼得厉害，我特别内疚，但是高娃姐一句批评我的话也没有。而且在艺术上，她经常给我一些非常中肯的建议，告诫我艺无止境。我所有重要的事情，她都会赶来参加。我代言的关帝王酒在内蒙古开业的时候，尽管她心中非常不乐意参加商业活动，但还是在拍戏的间隙亲自到内蒙古给我鼓励。对我的儿子维伦她也同样寄托了殷殷的期望。维伦是刚迈入社会的年轻导演，高娃姐知道他执导微电影《一壶老酒》，主动提出分文不取参演，并提前几天到拍摄场地，字斟句酌地推敲剧本台词，寻找乡下母亲的感觉。在开机仪式上，我禁不住把刘欢的《情愿》送给她：每一次无眠你都浮现，你驾你的小船云里雾间；每一次为难你都相援，你无私的体贴暖我心间……她只说了一句话："兄弟，你的事情，都是没有二话的，一定要支持！"

二十几年的关公情结，我一直希望再演绎一部"关公"的电视连续剧，重塑武圣的英雄精魂，用感天动地的兄弟盟誓之约，再树中华民族忠义的典范。哥哥陆树惠用六年时间写出了三十集电视连续剧《忠义千秋》的剧本。因为文献史料对关羽的记载很少，关羽的故事多来自民间传说。为了使人物形象更加丰满，高娃姐一直帮我们设计《忠义千秋》的故事，她自告奋勇出演关公的祖母，甚至连服饰、故事、表演的方式都设计得一清二楚。

关羽因本处势豪倚势凌人，杀之而逃难江湖。祖母为了保护他，被豪强杀害。关羽非常难过，又累又饿在一棵大树底下睡着，梦见有人喊他："孩子，醒醒！"他睁开眼睛一看，是祖母。祖母一身白衣，拄着一根拐棍，立在他的面前。"孩子，你是不是饿了？来，奶奶给你弄点儿吃的。"祖母拿出拐棍，朝着大树上抖了三下，红枣纷纷从树上落下。"快吃吧，孩子，过去偷吃咱们家里枣树上的枣，奶奶打你追你，今天让你吃个够。吃饱了，你继续上路吧。"关羽听了很高兴，吃完到河边洗了把脸，突然发现自己变成了枣红色的脸。一回头，祖母不见了，空中飘来了奶奶的声音："孩子，往北走，往北走，那会遇到你的贵人，好好干一番惊天地的大事。去吧，孩子。"

是不是很精彩？高娃姐还帮我和华谊兄弟传媒股份有限公司牵线搭桥。可惜的是，一直到今天，阴差阳错，我这个梦还没有实现。为此，我就有些羞于见高娃姐，总觉得有愧于她的期望。至今，她送我的龙酒还在家里珍藏，真希望有一天《忠义千秋》开拍的时候，我们就能打开这坛老酒，一醉方休。

姐夫陈亮声是国际上颇负盛名的指挥家和作曲家，气质温文尔雅，学识非常渊博。因为他对日内瓦大学合唱团的发展和瑞士室内乐的发展做出显著的贡献，瑞士专门为他设立"大学乐师"一职，在瑞士绝无仅有。他在瑞士居住的时候，偶然看到了《孙武》的录像带，发现剧中的伍子胥竟然是我扮演的，当时就给高娃姐打电话，说他观看的感觉。高娃姐打电话说："大陆啊，你姐夫看你的戏《孙武》呢，他夸你演得好，说你演的伍子胥跳出了关公的影子。他一开始还真没看出是你演的，尤其是老年时那种颤颤巍巍的感觉，是看到了字幕才和我确认。他认为你的表演在完整度和内心世界的挖掘上都很不错，值得祝贺！"我非常开心，将这看作是对自己极大的鞭策。

姐夫每年都会回中国义务给音乐学院附中的孩子们教授音乐。

我很羡慕他和高娃姐二十多年的相濡以沫，他们各自有自己辉煌的事业，生活中却互相依恋、互相惦记、互相包容。他跟高娃姐相互衬托和影响，他们之间的爱情和感情，实际上是一种老有所依的依恋和不舍。有时给姐夫接风，他会夹起高娃姐最喜欢的菜，送到她的嘴里，那个画面真的很美。今年是他们结婚三十周年纪念，祝愿他们永远幸福。

《孙武》中的伍子胥眉发须张

第三章

成也关公，败也关公

13. 亲历东南亚三国热

1994 年底，拍了三年《三国演义》，我终于可以踏踏实实地回到家里。一进门，就看见爱人把鱼、肉、好酒好饭摆了整整一桌，连声说："枸杞子酒都给你泡两个月了！"我赶紧进屋看望老妈妈，妈妈让我晚上睡在她身边，我欣然答应。妈妈说："你没回来时，我编了好多数落你的词儿，你一回来，没了！"春节团聚，我给每个人都买了礼物，大家都很高兴。大哥虽然只比我大三岁，可长兄如父，从小他对我特严，我的心事不敢和父母说，只和大哥说。除夕夜，一家人围坐着看试播的两集《三国演义》，全家人都很兴奋，向我祝贺。我说："前边的戏简单了点，往后看吧！"大哥说："会好的，钱花在那儿了！"我享受到了家庭的和睦温暖和深厚的亲情，可一回家就找不着关云长的感觉了。大年初一，出现了街头巷尾论"三国"的景象，最高收视达到 50%以上，相当于中国至少有 5 亿观众在电视机前收看，这个记录至今无人打破！

《三国演义》剧组受到了空前的欢迎。我随剧组到各地做宣传活动的时候，一个涿州影视城的小姑娘对我说："陆老师，您一上戏，就觉着有一股风冲我们迎面吹过来！"有一次给部队战士慰问演出，他们都过来与我合影，最后我问："都照过了？""全连都照啦！就跟鲍国安老师在无锡水寨的楼船上一样，你们都成'景点'啦！"有观众问我赤兔马的下落，我笑着说："马好着呢！

马精神人精神，人精神马更精神，就是我的马拍戏太累了，我又体重超重，终于把我的马累倒了！挺让人心疼的！"

有些提问还很有喜剧效果。有的观众说："陆老师，你那个包公演得可好了！"我只是笑着说："谢谢，谢谢！"还有的观众说："您这《水浒传》里的关公演得真绝！我们从头看到尾。"我还是笑着说："谢谢，谢谢！"我从来不去揭穿观众的小错误。有时旁边人憋不住了，说："不是《水浒传》好不好，那是《三国演义》！""哦！对对对，《三国演义》。你们演的关公和李逵，你们兄弟俩感情真好啊！"旁人又说："那个是张飞，不是李逵。""哦，张飞，张飞，两个人太像了。"我心想，虽然相差了一千多年，但这都没有关系，因为我们不能要求每个观众都是《三国演义》的专家。

最热情的城市要数许昌了。许昌作为汉献帝旧都和魏国五都之一，当时即与国都洛阳、西汉故都长安等齐名。名著《三国演义》的120回中，就有172次涉及许昌。4月，电视剧《三国演义》全国研讨会在河南省许昌市举行。我们被观众围了个水泄不通。大家像浪潮一样涌过来争抢着要签名，把我的皮衣都撕开了线。我一一满足大家的要求。演了三年的戏，让我明白一个道理：一个人要学会取别人之长，学会吸取书本上的营养和深入关注百姓，与他们同呼吸共命运，艺术的道路才能越走越长。

《三国演义》是中国电视剧走出国门的开端，日本、韩国和东南亚一些国家如马来西亚、新加坡、泰国、越南等都相继出现了三国文化热。

1995年6月，应泰国梅地亚广告传媒公司的邀请，《三国演义》剧组成员及演员一行20人前往泰国，受到了贵宾级的最高待遇。为电视剧《三国演义》在泰国第9频道首播购买版权的泰国梅地亚广告传媒公司，跟踪报道了剧组的所有活动，并率先在黄金时间——晚上8：30介绍了《三国演义》剧情及主要角色。同时泰国第9频道、第3频道、第5频道也对这次活动做了现场直播。泰国媒体以《扮演关

传遍东南亚的三国热

羽忘了自己》《注定要演赵云》《超越自我演张飞》为题，介绍了我、张山、李靖飞等演员，同时专访了电视剧《三国演义》的服装师赵庆霞。在节目录制间隙，还发生了一段小插曲：电视台的工作人员递给我一张照片，照片背面用中文写着：陆先生，我非常喜欢你，明天中午带着家人在您入住的酒店与您一同用餐。

第二天中午，她带着"亲友团"准时赴约。因为有语言障碍，我请唐国强来当翻译。我们在大厅的沙发上坐定，姑娘的舅舅就开门见山："我们的外甥女看了你饰演的关公特别喜欢你，她就想找一个像你这样的男人做男朋友。我的外甥女是名医生，你看她漂亮不漂亮。"我让国强告诉她："第一，我已经有妻子了；第二，我还有一个儿子，非常感谢您的厚爱，我们可以成为朋友。"一时我成了剧组所有人的笑谈，"关老爷真是艳福不浅啊！"从另一个角度也可以说明当时那种对三国的热情。

《三国演义》首映式，曼谷卡云布拉酒店昆巴大厅内一片灯火辉煌，按中国传统风格装饰的大厅，使人倍感亲切和富有节日气氛。晚会上，演员们身着角色服装登台亮相，赵越（饰演孙尚香）和孙彦军（饰演刘备）盛装表演的一段剑舞，将整场晚会带入了高潮。

出席晚会的八十高龄的泰国王叔安奴桑·孟孔干激动地对我们说："我8岁起就开始读《三国演义》，泰文版、英文版、中文版都读过。今天我终于看到书中的角色有血有肉地走了出来，真高兴，我心里的人物形象就是你们这个样子。"泰国王叔还说："每个剧中人都好似我的亲兄弟，梦里见到你们好多次，今天终于活生生地站在那儿了，感谢你们！"

一位当地老华侨抱着鲜花从一百多公里外坐公车赶到晚会现场，热泪盈眶地握住演员们的手，鞠了个躬，说道："谢谢了，你们让我们在外面腰杆子

我随《三国演义》剧组接受泰国王叔接见

挺直了！这些年来在外面看到的全是小辫子被揪挨打的华人形象，你们拍出了一千多年前华夏民族的阳刚之气，为我们长了气、撑了腰！！！"

　　到了泰国，我们当然不会错过曼谷的关帝庙。这是曼谷唐人街人烟最鼎盛的地方，人气极旺。我化好妆，一个泰国人扮演的三弟"张飞"光着脚站在大铡刀上，还命"手下"抬出了大铡刀和猪头，迎接"关二爷"。举行完盛大的祭祀仪式，我也不忘应应景，在关帝圣君前抽了一根签，签上写着："孔雀东南飞，飞来飞去实堪怜。"我神色一凛，拍摄《三国演义》离开西安整整三年的时间，现在随剧组做宣传，确实飞来飞去，正在琢磨签文的含义，孙彦军拍了我一下："哎呀，兄弟，这都是迷信，不要相信这个。"巧合的是，我们当天又去了另外一座庙宇，我不甘心，又抽了一次签。打开一看，签上写的同样是"孔雀东南飞，飞来飞去实堪怜"。我惊讶极了，能在两百多根签中，一天抽中同样的签，实在是个小概率的事情。也许冥冥之中，这就是我该走的路。一场大雨把我送进了《三国演义》剧组，受益于扮演关公，我才得以在影视艺术的道路上越走越远。人与人相遇、相识，或许一切都是最好的安排。

14. 关公和牛魔王竟然是一个人

　　《大话西游》是几代人不可磨灭的经典记忆。尽管公映时间超过了二十年，却依然令我们记忆犹新。这部影片有一个由衰到盛的神奇"逆生长"过程，影片上映后，在两岸三地都票房惨败，甚至连周星驰自己开的星彩公司都因此倒闭。而后，随着盗版事业的"蓬勃发展"和央视电影频道的引进，《大话西游》

突然又在内地火得一塌糊涂。当年那个被电影市场唾弃的"最差引进片"已然成为了许多国人心中的"爱情圣经"。二十年后，很多观众和网友突然发现，扮演牛魔王的演员竟然和"关公"是一个人！忍不住到网上吐槽：天雷滚滚！

这的确是我演完《三国演义》之后的一部作品，也是我与香港导演、武术指导程小东继《古今大战秦俑情》后的第二次合作。

1994 年上半年，香港制片人陈佩华开始与西安电影制片厂（现改制为西部电影集团）联系拍片事宜，在最初看到剧本提纲时，《大话西游》并未引起西影厂的兴趣。但是考虑到周星驰的市场号召力和港片的商业利益，西影厂同意合作，并选择了曾拍摄过《红高粱》等片的宁夏镇北堡影视城为其外景拍摄基地，1994 年七八月间《大话西游》正式开拍，投资 4500 万人民币。

和拍摄其他影片不同的是，这部电影直到开拍也没有详细的剧本，只有源自导演兼编剧刘镇伟的框架性构思。由香港方面和西影厂共同组建了近两百人的摄制队伍，在宁夏的狂沙大漠中拍摄。为了能够尽快完成外景拍摄，导演刘镇伟将拍摄工作分成了两个小组分头进行：第一组由刘镇伟带领，拍摄影片中的文戏；第二组由动作导演程小东带领，拍摄影片中的武打场面。

我是和西影厂签的合同，到了宁夏影视城，一化上妆，我傻了。化装师根据我的脸型刻出一个模子，用从美国进口的乳胶熬好后放到一个器皿里头定型。我的身上、手上全都被粘满了真毛，鼻子上还拴了一个环，弄得我几乎都无法呼吸。合同里并没有提前说明要把我化得面目全非，而且身上的毛让我奇痒难忍，很后悔答应出演这样一个角色。但是我想，人贵有信，既然答应了程导，就要坚持拍完。

当时很多夜景戏，化妆就要花上四五个小时，有的时候因为动作戏不好控制时间，常常化好妆等了半天就收工了，连东西都没办法吃。大陆的演员不但报酬比香港演员低十几倍，连住宿条件也相差甚远。所以在合作之初，摩擦和不愉快时有发生。几乎每个西影厂当年参加《大话西游》拍摄的工作人员，都体会到了拍摄的艰辛：在一百多天的时间内，需要完成上下两集电影的拍摄，这对习惯密集型高强度劳动的香港演员来说尚且疲惫不堪，因此内地工作人员很容易产生心理失衡的感觉。没多久，就因为待遇问题、角色分配不均的问题发生了争执，西安的武打演员直接把香港程小东导演堵在了房间里，整个剧组乱作一团。武生们让我一同离开，我说："香港人这样骂人是不对的，但是你们动手打人也不对。我有我坚持的原则，既然和西影厂签了合同，还是要有契约精神。"最后，西影厂的制片人陈佩华与武打演员的代表进行交涉，终于缓和了局面。

我和周星驰有很多对手戏，他说的是粤语，我听不懂他在说什么，经常是他念完一段台词，我还没有反应过来，不能及时往下接。我想了一个办法，在和周星驰对戏时他一说话我就在心里数时间，1、2、3……以此来计算我开始说台词的时间。等到正式演戏，我数到了16，但是发现周星驰还没有停，我就纳闷，他还在说什么呢？导演说："陆先生啊，你怎么搞的？"我说："我听不懂粤语，刚才试戏的时候，我数到16的时候，他已经停了。可这次，他偏偏没停。"导演就说："星驰，你不要乱加词嘛，还是要按照剧本的词来，好了，再试！"我继续数数……15、16，他一停，我马上说台词。

吴孟达和周星驰是老搭档，他只知道刘镇伟要重拍《西游记》，周星驰主演，就答应了。他印象里中银川是个美丽的城市，到了现场才发现一切和想象中的完全不一样——生活不适应、气候不好、住的地方还常常缺水缺电。他在《大话西游》里演了四个角色：二当家、猪八戒、跟紫霞互换身体后的八戒、结尾"豆腐西施"的老公，个个令人叫绝。他是一个肯为别人着想的人，半夜剧组收工了，我化好妆等了四个小时，没有拍上戏，他就会适时出现在我面前，安慰道："哎呀，陆先生，这个情况是正常有的啦，你辛苦啦！"让人倍感温暖，一场戏拍完，我们成了彼此信任的好朋友。

《大话西游》的大多数场景都是在镇北堡的西部影视城拍摄的。进入镇北堡，黄土泥坯砌成的小街、低垂的酒旗、残缺的城楼、风雨剥蚀的黄土墙，还有院落里那些吊着古钟的枯树、硕大的磨盘、土炕上的蓝花被子、油红光滑的竹席、细脖油灯和方桌上的粗大海碗——这一切原始真实的存在触发了我们的创作热情。剧中紫霞让至尊宝带她去逛的集市口，就在一座略大的古堡"清城"的城门下，紫霞仙子钻进至尊宝的肚子里，问他的心是否还深爱着自己的娘子，也在这里流下了一滴伤心泪。

印象最深的一场戏是大圣娶亲，我和朱茵一起坐在上面看，下面有 12 个小牛魔王吊威亚（俗称"吊钢丝"），一演就是好几个小时。我还有牛魔王的衣服避寒，朱茵只有纱裙可穿，中场休息时，她赶紧从威亚上下来披上军大衣，非常辛苦。

位于银川市西约 30 公里贺兰山东麓的西夏王陵，是《大话西游》中拍摄移魂大法的地方，也是牛魔王带着手下寻找唐僧、至尊宝时聚集的地方。在方圆 53 平方公里的陵区内，分布着九座帝陵，253 座陪葬墓，是中国现存规模最大、地面遗址最完整的帝王陵园之一，被世人誉为"神秘的奇迹""东方金字塔"。让我惊讶的是，古建筑的塔心，是由黏土与糯米混合蒸出极硬的建筑原料夯成，类似于现代建筑的钢筋。据史料记载，塔心落成要经过极为严格的验收——经选拔而出的大力射手，在一定的距离之外，向塔心射箭。一种结果是箭射进塔心，工程负责人被处死；另一种是箭射不进塔心，射手被处死。不论是哪种结果，工程的落成都意味着有人丧命，建筑者为了求生，所以将塔心修筑得坚固无比。这也是塔心历经八百年岁月的风化侵蚀，至今屹立不倒的原因。孙悟空来借芭蕉扇，牛魔王站在西夏王陵的山坡上，背后一道月光。演这出戏的时候，芭蕉扇是两个剧务抬上来的，我一个人来回抡着这把木制的大扇子，这才明白当时导演为什么让我来演牛魔王，所谓身大力不亏。

现在回头再看这部戏，能让观众记住这个角色，对于一个演员来说，就足够了。

15. 高处不胜寒，靠自己拯救自己

1997 年西安话剧院决定排演大型话剧《轩辕黄帝》，准备参加 1999 年建国五十周年的进京汇演，经过研究，决定由我来担纲男一号轩辕，于是北漂的我欣然返回西安。多年来剧院对我多加培养，而拍完《三国演义》后我却很少为剧院做过什么，这次正是回报剧院的好机会，同时也是回归话剧舞台创作角色的难得机遇。这部话剧聘请了具有丰富经验的陈莘怡当导演，并运用了许多光声电的现代化舞台表现手段。当时，在音乐中表演堪称相当大胆的尝试，对演员来讲也是极大的挑战。许多情节、人物对话等要有机的与音乐结合起来，既要在人物情感交流中不露痕迹，又不能丢失对音乐的表现。

虽然以前拍过几部话剧，但对于轩辕这样一个人物，把握起来并不容易。一定要有高度的觉悟来体会他，从他的灵魂深处揣摩台词，每一个肢体动作都要准确地表达出他是人又是神的感觉。剧中主要讲述了在与炎部落、蚩尤部落的对抗中，他运用自己的智慧和勇气，终于赢得了相互的尊重与理解，最后统一各个部落。要让观众感受到轩辕的领袖气质，不是一朝一夕的事情，一定要反复揣摩找准定位。陈导在这部戏里给了我作为一个舞台演员很多启示与指导，过了许多年我还记得他说的每一句话，尤其是他说"人生如履薄冰"时意味深长的表情，真的很感谢他。

一个角色可以成全你，也可以让你走入一种绝境。《三国演义》之后，很多导演认为，我的外形只能演关公，于是我的艺术发展道路似乎戛然而止。

我离开西安话剧院，一个人在北京开始了北漂生涯。没有导演找我拍戏，我不能跑到别人面前解释自己能演很多角色，也不能堂而皇之地接受热心朋友的介绍。时间长了，手头拮据，在北京买不起房子，就住在孙彦君帮我介绍的八宝山对面的公寓里。小区里有不少空房子，但是住不了多久，遇到房东出售房子，我就要搬走。就这样搬来搬去，直到最后三楼的房东也顺利卖出了房子，我彻底无家可归。幸好当时凑热闹和剧组的"刘备""诸葛亮""孙权""鲁肃"等人一起到驾校学车。拿到车本后又和众位兄弟合伙"团购"买了一辆越野车，行李就扔在车上，成了最早的"房车"一族，倒也潇洒。

后来，我太太在西安办了停薪留职，来北京陪孩子上学。七年之痒让我们争吵不断。我很理解她，却也有苦难言。自从高岚嫁给我，就一直一个人带孩子，七八年的时间里，她忍受着痛苦、惆怅、劳累、寂寞。她埋怨我只知道搞事业，不顾家庭和孩子。人到中年，正是上有老、下有小的时候，用现在时髦的话来说，真是人在囧途。眼见身边很多赤手空拳来北京打拼的人都回去了，我并不想走回头路。高处不胜寒，我要靠自己拯救自己。

我冷静下来，分析自己的优势，决定来一次"关公公关，曲线自救"。我联合"三国"剧组的几位兄弟一起成立了三国影人影视公司，孙彦军任董事长，利用社会力量筹拍了电视连续剧《孙武》。拍摄时我与孙彦军配合，从剧本策划到拍摄的每个环节，一直到最后的发行，我可以说是最大限度地发挥了"关公公关"的作用，包括发行香港与海外的版权，都是我一个人完成的，除了把投入的成本拿回来不说，还盈余不少，拿孙彦军的话来说是"功不可没"，我想到自己有一副好嗓子，从小就有唱京剧和样板戏的底子，也许在音乐上我会找到新的突破，就开始自己写歌、录制 CD。

一个偶然的机会我认识了蒙古族著名诗人、词作家葛根塔娜，她告诉我胡玫正要拍《汉武大帝》，很多好的角色都需要演员，可以介绍我去。我们三个人吃了一顿火锅，定下来我到剧组里担任副导演。在筹备这部戏的四个月当中，我一直跟在胡导身边，选择演员，修改剧本。我陪她去秦始皇兵马俑体验生活，同时还要喝酒应酬很多事情。晚上到了宾馆，我发现胃疼，也没太在意，吃完药就睡觉了。没想到，凌晨四点钟，我脸色蜡黄，满身大汗，站不住脚。我来不及锁上房门，就跌跌撞撞地出去拦出租车。我蹲在路边，好半天才有一辆出租车过来，我扔给司机一百块钱，让他把我拉到医院。医生为我测完心电图告知，我根本不是什么胃病，而是心梗。还说我来得太及时了，再晚十分钟就大事不妙了。医生给我的岳父打了电话，抢救了三天三夜才让我脱离昏迷状态，经过药物治疗我终于从鬼门关逃脱出来。这件事让我明白，活着要有一个良好的心态，要学会知足，当然更要懂得最起码的医学健康知识。不规律的生活习惯、胡吃海喝是这次犯病最大的原因。我一直没有告诉胡玫导演，一是不想她内疚，更不想她为此扯上责任；二是作为男子汉，自己的苦要自己去扛，我需要演出一个好的角色证明自己，再苦再累也值得。

拍《汉武大帝》是在2003年"非典"时期。当时我们在浙江横店拍戏，正赶上浙江多年不遇的大暑天，穿单衫都喊热，演员还要粘胡须，穿几层战袍，一场戏下来内衣能拧出水，人都快虚脱了。《汉武大帝》共58集，我如愿以偿，饰演飞将军李广，他的戏从第4集开始，20集以后戏份逐渐加重。李广武艺高强，有一箭穿石之功，但与关羽的忠诚仗义不同的是，李广更多地表现出对皇帝的愚忠。他与父亲共侍奉过三代皇上，是不折不扣的三朝元老。不过他一生不得志，因为是功臣，便爱在同僚面前倚老卖老，性格耿直暴躁，但同时他又爱兵如子，最后战死疆场，走完辉煌而坎坷的一生。

李广有许多武戏，原来剧组想请一位替身，但我坚持自己完成。有一场戏是在内蒙古草原上拍的，我策马狂奔，马突然发威，将我摔下马背，随后又踏上一蹄子，正踢中我的大腿根，整个大腿一下青肿起来。而当时为了画面干净，周围无一个"闲杂人员"，待摄像师发现出事，我已不能动弹了。想想都后怕，等于从死神边转了一圈。

电视剧杀青，胡玫导演高兴地说："和关二爷相比，威武不减当年！"我终于度过了演艺事业的低谷。

随着岁月流逝，年龄渐长，我想的事情便与过去不同。过去读书读到"无欲则刚"，没有很深的感觉，现在觉得，当一个人把名利、地位、金钱等都淡化掉，你会发现，人生真的很美好，你对身边事物的观察视角与判断眼光，也会因此发生很大的变化。

有一次，我在银行里看到一对老夫妇为存折上的四万八千元存款少了一千元钱而一筹莫展。那一瞬间，我更深刻地感受到，每一个人都在为了生存而奔波而忙碌，也许，这就是生命本身的不易与生活本身的价值。其实想一想，一

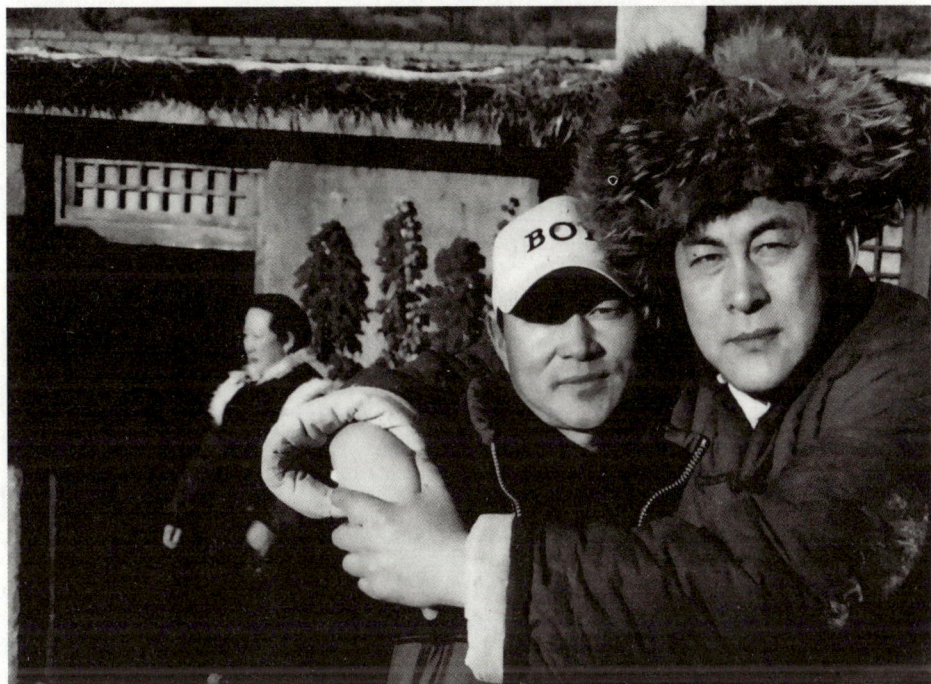

靠自己拯救自己，我演电视剧《谷穗黄了》

个人一辈子能做成一件令人难忘的事情，是多少人苦苦追求不得的，而我一个"草根"演员，没有任何背景，凭两只空拳打闯京城，能有这么好的天赐良机，遇到了世人敬仰的"关公"这么一个角色，相当知足了。是父母相赐，是命里注定，也是上辈子积了点阴德吧。

16. 举起奥运圣火的一瞬间，我泪流满面

2008年3月24日，我有幸跟随中国移动组织的奥运圣火交接仪式助威团抵达雅典。我亲眼见证了北京奥运圣火在奥林匹亚点燃，一幅美丽壮观的画卷在希腊境内迤逦展开。这幅画卷从雅典铺向了中国，铺向了世界。在精心设计的传递路线中，不乏历史名城，也有山野小镇。各处举行的欢迎仪式不同，但那种由衷的喜悦和自豪之情没有丝毫不同。

交接仪式在当地时间15点至16点在泛雅典体育场举行，历经两千多年风雨的泛雅典体育场在爱琴海艳阳的照射下熠熠生辉。14时45分，北京奥组委主席刘淇、希腊奥组委主席基里亚库等嘉宾入场。14时50分，希腊仪仗兵盛装入场，他们身着希腊民族服饰，迈着夸张、有趣的步伐走入场内。五分钟后，希腊总统帕普利亚斯连续出席奥运圣火采集和交接仪式，这在历届奥运圣火活动中并不多见。15点整，仪仗兵手持中国和希腊两国国旗入场。当中国国歌奏响时，现场的华人全体起来，一起高唱《义勇军进行曲》。华人社团带来的五星红旗迎空飘舞，在雅典蔚蓝的天空下格外灿烂。

圣洁高贵的女祭司入场了。众位女祭司身着白色的古希腊传统裙装款款走

入场内，最高女祭司玛利亚·娜芙普利都手持祥云火炬走在其中。当女祭司围绕圣火盆庄严而立时，又一阵欢呼声传来，希腊境内传递的最后一个火炬手、希腊三级跳远运动员、雅典奥运会银牌得主皮吉·德维茨高举祥云跑进场内，她亲吻了一下火炬，然后用手中的火炬点燃场内的圣火盆，当圣火点燃的那一刻，全场爆发出热烈的掌声，照相机的快门声也响成一片。

刘淇市长随后出场，他用热情的语调衷心感谢了希腊人民，并在致辞最后用英文说出"Welcome to Beijing"。之后，希腊奥委会主席基里亚库取过"祥云"，并缓步走向刘淇。当北京奥组委主席刘淇从希腊奥委会主席基里亚库手中接过熊熊燃烧的奥林匹克火炬，全场情绪达到了高潮，几乎每个中国人的脸上都写满了庄严、自豪和骄傲。

看到象征奥林匹克最高理想的圣火递交到我们中国人的手中，我们百年的奥运梦想即将成真，我眼泪控制不住哗哗直流。几个同行的人不停地问我："陆老师，你咋了？"我却一句话也说不出来。自从我们来到希腊，到处都能碰到外国人向我们高挑大拇指，这是对中国人的尊敬和赞赏。我感受最深刻的一点是：亲爱的祖国，我为你骄傲。中国人民是伟大的，是不可战胜的。过去这种感觉从来没有这么强烈过。

五千年的文明古国，第一次举办奥运会，其承载的意义无比丰富。每一个中国人都有着美好的期盼，每个人都会留下一份美丽的记忆。

6月25日，北京奥运圣火在山西运城传递。我作为一个青岛人，有幸被选为运城奥运火炬手，绝对是沾了关老爷的光。我诚心正意地在解州关帝庙前跑了120米，传递给下一名火炬手。在回程路上，我写了一篇"我从三国走来"的博客，现在每每想起，依然感慨万千。

我从三国走来，胆可虐人避日，气可吞江倒海！从不知到知之，从

我当上了奥运火炬手

无感到感之，更甚与羽公同脉！自认千折百迴历尽苦难，胜似读万卷书行万里路！读，晓字里行间！行，知方寸之距，敢问：何痛之有？岂胜关帝刮骨？何难之至？焉比单刀赴会过五关斩六将？呜呼：鸿鹄之志，雀安知晓？苍龙揽月，岂井蛙所知？生若有愿，"忠义千秋"也！可谓君子知恩图报尔！亦梦，亦幻，亦痴也！共勉。

人，的确需要有种精神；人，的确也需要有些觉悟。每当想起交接火炬那一瞬间，我的眼睛依然会湿润。我们生活在一个很伟大的年代，我有幸和你们共同成长，作为中华民族的一分子，我们没有理由不对华夏绚烂的历史文化进行膜拜、学习、传承……我经常对年轻朋友说：当你青春洋溢，当你满怀抱负，却正是你们缺乏经验和阅历之时，当你们经历了生命和奋斗路上的诸多事情、经验甚至苦难的时候，会随年龄增大而感觉力不从心，然而，即使力不从心，我们也还有精神，还有心底那个梦。

17. 我在《星光大道》当评委

很多观众认识我，是通过《星光大道》。从2012年5月开始，我在CCTV《星光大道》担任评委，这对我来说是个新职业。做评委就有做评委的本分，我只想把35年来从艺的心得体会与每位选手真诚分享，把欢声笑语和真相带给观众。一次山东张瑞来参赛，主持人介绍说他是种大蒜的。我说："来时家人叫我不要太认真，我偏要说，都说是种田的，他（指张瑞来）那个样子是种田的吗？"说的主持人都不好意思了，我因此被网友称为是"史上最敢讲真话的嘉宾"。我也为选手因自己折戟而归感到不安。陕西的崀圪垯组合到后台找到我，真诚地说希望能在台上与我一同合唱一段陕北民歌，当时我正在后台化妆，第一直觉是拒绝，因为没合作过，不知是不是在一条声线上，可能会在理解上有误差。可他们执意坚持，我只好答应。结果上了台，我一开口，他们就跟不上了，我非但没帮他们，还害得他们第一轮就被PK下去了。

说到唱歌，我从刚刚懂事时起就非常喜欢。家里有一台半导体收音机，经常被我占住，扭到音乐频道，收听样板戏和京剧。只要听上几遍，我就可以将歌词从头到尾倒背如流。我的嗓子高，音准好，李玉和、杨子荣、雷刚、郭建光都是我模仿学习的对象。在学校里，音乐老师发现了我的小小天分，就把我调到了宣传队。每次下基层工厂演出，只要我唱出京剧《智取威虎山》中的杨子荣选段《共产党员》，就会赢得满堂彩。

演唱《羊肚肚手巾三道道蓝》也是我的拿手戏，不但可以唱出陕北民歌的特点，还向里面加入一些现代的音乐元素来表现。这首歌是写一对青年男女的爱情对白，男子站在辽阔的山头向对面呐喊，他应该是大声喊出："羊肚肚手巾三道道蓝，咱们见面容易拉话难。"扯着嗓子撕裂着去演唱这首歌，会让歌曲失去它本身的意义，应该唱出歌曲里面的埋怨和哀愁的感觉才是成功的演唱。1994 年，央视春兰杯春节晚会颁奖演出，我化好妆，拿着关老爷的大刀上去，演唱《天下黄河九十九道弯》，技惊四座。现在，我经常把这两首歌连到一起唱串烧歌曲，很有意思。

做音乐，一半靠天分，一半靠努力。我始终认为，唱歌最重要的并不在于嗓子的好坏，因为如果只有声音，只有专业的技巧，没有音乐的感觉，没有丰富的感情融入其中，那么对观众的耳朵无异于一种折磨。

早年拍"三国"时，北京人艺老艺术家郑榕曾经对我说过，艺术如同生活，以自然的形式流淌，如小河上漂着的一片树叶，随着水流的急流、旋涡，能自然、顺畅、停顿，然后又慢慢悠悠地漂到了河流上。如果能根据歌词的内容和蕴含的情绪来处理每一个音符，就一定可以唱好这首歌。多少年来，我没有忘记恩师说过的这番话，也确实把这种理解贯穿到我的表演、朗诵和歌唱里面去了。

《一壶老酒》是在我心里流淌了很多年的一首歌。虽然没有付诸笔下，但是喝酒的次数多了，慢慢凝成了一种情结。那一年，恰逢母亲 82 岁高寿，我们商量着给母亲过一个热闹的生日，让她老人家高兴高兴。然而，也就是这个时候，母亲被查出肺部有个肿瘤，切片结果——恶性肿瘤。这对我们来说犹如天塌下来一样。得知检查结果的那一刻，我的心里特别难过，茫然地不知所措，开着车出了医院。

　　夜晚的北京，没有了白天的喧嚣，我在环路上漫无目的的转圈，不知道该去哪儿，不知道该做些什么，心情非常复杂。我知道，人有生老病死，生死轮回，这是非常自然的现象，人生谁无死呢？可是，如今事情发生在自己亲人的身上，所有道理都不通了，即便有理还是觉得难以接受。想着很快妈妈就要过生日了，已经到这个节骨眼儿上，必须得给妈妈留下点什么。我的胸口好像堵着一团棉花，憋着喘不过气，眼泪含在眼圈里。就是这个时候，我突然有了灵感，想起每次回家都能喝上母亲亲手酿的米酒，那种醇香的味道在哪里也找不到，不在家的时间总是想起那股香味，我本身就是个好酒之人，于是在嘴边念念叨叨着："喝一壶好酒，一壶好酒。"几番酝酿后又觉得好酒不如老酒，老酒更有意义，更觉得厚重，就这样把在心里流淌多年的对母亲的情感一下子宣泄了出来。这就是如今《一壶老酒》的歌词："喝一壶老酒，让我回回头，回头望见妈妈的泪在流，每一次离家走，妈妈送到家门口，每一次离家走，一步三回头……"感觉一跃而出，最终创作出了这首献给母亲的歌。

　　我的小兄弟郑志红为了帮我完成这个愿望，和我一起忙碌到大年三十，在录音棚里当起了监制。我俩都是大姑娘上轿头一回，当我们做完《一壶老酒》的光盘，在录音机上一放，那一瞬间的感觉真的很好。

　　我从小就对声音、音乐、京剧有着深厚的兴趣，这是一种与生俱来、发自内心的喜欢。不知是从什么时候开始，虽然我不识谱，但只要听到适合我演唱的歌曲，听上一两遍后就能轻松驾驭它的旋律，并且能在原基础上发挥，这与天分有关。记得我的大姐夫从浙江大学毕业后带回来一些老唱片，印尼民歌《星星索》，俄罗斯歌曲《喀秋莎》，还有郭颂那首《乌苏里船歌》，我都能模仿。还有我最爱的《挑担茶叶上北京》，每次母亲都叫我唱。那时没有像现在这么多娱乐方式，没有那么多丰富的文化生活，这个家庭因为有了我这个小儿子的歌声而欢乐不已。大家在饭后围在一起，尤其是夏季，院子里的树荫下就是我一展歌喉的舞台，不夸张地说当时在那个渭南纺织机械厂的职工大院里，我已是名气大震。

老人们都说这个孩子将来是个唱歌的料，我也常常因自己的特长而得意不已，直到现在我车里的音乐从歌剧《茶花女》《图兰朵》到帕瓦罗蒂、多明戈，再到杰克逊的音乐都能在驾车途中带给我无限乐趣。很多朋友都说我入错了行，小学时音乐老师就让我担任独唱，主要是唱样板戏，还有《刘三姐》《阿诗玛》。我最喜欢的音乐家就是雷振邦，可那个年代我没机会进入音乐院校进修。后来我接触到一大批像我这样的青年，他们都很发愤，都自称文学或音乐爱好者。一首新歌我只要听懂就会唱，但如果给我乐谱我真是一窍不通。当然音乐里面有许多乐理上的知识，但一个心中没有音乐、没有律动、没有情怀的人是写不出音乐的，哪怕他熟悉五线谱，我总说：作曲有什么难的，只要是发自肺腑，音乐就像大河奔腾而来，呼啸而去。这二三十年的表演生涯中，台词是这样，表演是这样，绘画也是这样，那么音乐更是这样。它有千回百转的律动，有时静静地流淌，有时瀑布般奔泻，也有撞击礁石后一冲九天的激昂，但它一定是流畅、婉转，它一定是如细雨轻柔，又如暴风骤雨的冲击。好的音乐一定是能被人们记住，能震撼人的心灵。我更喜欢现代音乐，每个时代都有每个时代的烙印，像中国的古乐、美国乡村音乐，都代表着一个民族的性格，有着极强烈的感染力。

一个优秀的演员，如果能够借鉴一些对音乐的理解与感受，对他塑造人物形象、刻画人物性格及加强表演的深刻性，一定会有极大的帮助。斯琴高娃大姐的丈夫陈先生曾阐述的对音乐的理解：当一个演员还没有把自己的形态、呼吸等整个内心感受都准备好时，你就匆匆忙忙地去演唱或朗诵一个作品，那是一定达不到最好的境界。比如小提琴手站在舞台上，把琴架在脖颈儿处，琴弓搭在琴弦上，但内心还没有做到将达到表演时，说明你还不是一个好的演奏家。音乐需要激情，但更需要由内而外的对音符的理解。许多歌者与朗诵者，还没有做到将作品唱完整或把关键字眼理解透彻，那怎么能把这个作品演绎到极致与让观众同感，而有些人只关注声音的华丽而忘记了音乐作品的实质。所以我认为，一个表演艺术家要达到这种境界时，是要反复琢磨，勤学苦练，和对作品真实的理解，我不能说对音乐与朗诵的理解让我达到了某种境地，但岁月与磨砺一定会对年轻人有一点启迪。

写《一壶老酒》，心情非常悲伤，百感交集，因为我面对的是身患癌症的老母，多年积攒下来的话语顷刻流出，尤其看着母亲那双苍老的手，刻满皱纹的脸，日渐混浊的目光，想到几十年来我所生活的地方，山东与陕西古朴苍凉的音乐充满了大脑，一晚上这首歌便诞生了。这几年这首歌随各种媒体传播开来，被许多喜欢这首歌的人传唱着，相信这些喜爱的人也同样与我有着同样的情怀。

写《生死百年》时我坐在内蒙古的大草原上，几次深入内蒙古草原让我感到草原文化的深邃，在成吉思汗陵前，对一代天骄的扼腕叹息与深深仰慕，让作为艺术工作者的我对生命有了更深的体会，我已过知天命之年，以自己对人生的感悟、对生死的认知唱出一曲哀怨悠长的长调……

> 生也百年，死也百年，百年生死，百年情缘。
>
> 百年灰飞烟灭，百年风云变幻。
>
> 百年仵首回眸，百年真情不变！
>
> 生也百年，死也百年，百年春秋，百年祈盼！
>
> 百年义胆侠骨，百年恩恩怨怨。
>
> 天若百年梦魇天仙，地若百年雨雾云端。
>
> 我拾千凤一羽托我九天揽月，我乘千舸一帆欲渡万丈波澜！
>
> 生也百年，死也百年，生即死、死即生。
>
> 生生死死，死生亦然！
>
> 生也百年，死也百年！

2014 年春天，关帝酒业正式运营生产，满怀欣喜的我携子同往内蒙古，旅途中从旁观望爱子，似又看到自己三十年前的样子。代代相传的血脉，殷殷相惜的亲情，抬头见春日里芳菲满眼，似预示着希望就在前方，希望亦在身边，路在延伸、阳光晒在路上，阳光照进人们的心里。一首新歌孕育而生：

《最美四月天》

最美四月天！

无论走多远，

你在那边我在这边。

最美四月天，

脉的传承，

根的相连，

此刻的你是我曾经的昨天。

心有多远路就多远，

再远远不过咫尺天涯，

再远不会远过天边！

最美四月天！

最美四月天，

无论你走多远，

那边是水这边是山。

最美四月天，

山连着水，

水依偎着山。

此刻的我仿佛又回到了从前！

心有多远路就有多远，

再远远不过心间、再远也远不过天边！

最美四月天！

我还在创作一曲对歌颂大陕西的歌曲，很快就会与听众见面。

18. 大演员与小角色

最近我常念叨，40岁知道40岁的事情，50岁知道50岁的事情，临近60岁，知道了一辈子的事情。当年我在演艺道路上孜孜以求，从未想过我的人生还有另一种可能。

多年来我东走西逛，南来北往，看过不少山川名胜，同时也在酒场上结识了各路英豪。中国人喜欢喝酒，大至节假日的普天同庆，小至亲朋相聚，送往接迎，生辰寿诞，婚丧嫁娶，都离不开美酒佳酿。

古来圣贤皆寂寞，唯有饮者留其名！酒少饮可怡情、舒发情怀！朋友相聚一杯酒可以一解久别的思念，一壶老酒端上桌来顿添热烈的气氛！酒更可以拉近人们的距离，使人生增加几多色彩！酒可壮行，酒可祭奠，酒让人诗兴大发，酒也可以令壮士一去不思回返！我爱酒，因为酒让我豪气万千，因为酒曾给予我创作的灵感。酒浓浓的香味飘来醉人心肺让人流连忘返！

爱喝酒的我竟然和酒喝出了一段缘分。因偶遇内蒙古满洲里市国营酿酒厂企业负责人，品尝了该厂窖藏的纯粮白酒，但觉味道甘醇，香味四溢。席中我们谈起了关公文化和关公精神，极有共鸣。得知该企业陷入困境皆因市场变化而营销手段落后所致，我们决心以酒为媒，把关公的忠、义、信、智、仁、勇传播到世界各地。遂以关帝酒为名，以纯粮窖藏白酒为基础，共同组建内蒙古关帝酒业股份有限公司，酿造与出品都由我亲自把关。如今关帝王酒已经聚集一群铁杆的酒友，成为了内蒙古备受欢迎的白酒。

几十年的舞台经验告诉我，哪些掌声是真实的，哪些掌声是虚幻的，怎样才能在舞台上立得住脚，怎样才能镇得住这个舞台。好的表演除了需要你的才华之外，还需要你的气场。气场从哪里来？毫无疑问，来自于你的生活——你对每一件事物的看法、做法，你对大是大非的理解等。一个人的爱憎观，取决于他所受的教育，他的自身素养，以及他对人生百态的分析与理解，这决定着他对人性善恶的区分。作为一个艺术家，一定要对真善美崇仰，对假恶丑抨击与鞭挞，当这一切在你身上体现时，就是你的气场。

同时，一个人的气场也是由他的人格魅力所决定的，古今中外许多政治家、艺术家都证明了这一点。我刚刚迈入艺术界时栽过跟头，这些挫折使我明白如履薄冰的真实含义，也在我的心头刻下了永不磨灭的记忆。我要感谢曾经历过的五彩斑斓的人生，它们让我在艺术的行进过程中沉淀下来，当我有幸遇到《古今大战秦俑情》中的秦始皇，以及《三国演义》中的关公角色时，这些经历都起到了至关重要的作用。

作为演员抛头露脸张开嘴这么一吼，是要有代价的！要么红要么被砸！自古至今都是如此！演关公，演好了二十几年被人称赞，那如果演不好呢？二十余年抬不起头！这就是艺人的真实处境。

我想，人的一生，有走不完的路，做不完的梦。只要曾经努力过，才华可以为社会做出贡献，这样的人生就是圆满的。

世间的许多事，本是无所谓有，或无所谓没有的，我也一直这么以为。人随着年龄的增长，对有些事会看得越来越淡。比如拍戏，作为演员，那是工作，镜头前的无限风光是往事，终究不能一直影响着我。我从西北一个偏僻的地域来到央视拍《三国演义》时，以为从此前途光明，一片辉煌，但随着新人的不断涌现，我们这些上点年纪的演员，注定会慢慢淡出人们的视线。我的理解是，演员没有大角色、小角色，只有大演员、小演员。你是个大演员，也能演小角色，否则再大的演员，演不了小角色，就不能称得上是一个好演员。近些年，我参加的多是晚会演出与社会活动，人们笑称我已经从演员转型成为一个社会活动家。然而我知道，内心深处，我最留恋的依旧是银幕和舞台，而事实上，这么多年来也从未离开过舞台。

2014 年 4 月，应山东卫视之邀，我参加了电视剧《大刀记》的武打演员选秀节目《天下第一刀》的拍摄。在济南的三四天里，除却录制节目，更多的是对中华刀术的了解。著名香港导演徐小明先生也在评委之列，与《大刀记》的导演赵浚凯一起遴选演员。众多年轻的后生在舞台上一展身手，这似乎又让我回到二十多年前自己争选《三国演义》中关羽一角时的环境中。坐在台下，我不禁为年轻人暗自喝彩，也为勾起自己曾经的岁月而悄悄地叹息一声。

光阴总在不知不觉中流过，我尚觉得自己是个年轻人，如今却也坐了评委席上。一旁的赵导在一天午餐时悄悄说："陆哥，你可不可以参加一下我的剧？这里面有个角色很适合你。"我微微点头："如果真的合适，当然可以。"

那时的一笑，并没有记在心上，就在去年夏末的一个午后，赵导的电话突然打来，他的《大刀记》已近杀青，并诚意邀请我出演其中振威武馆的馆主王生河一角。既然承诺在前，我马上答应了下来，七天的戏对我这个有着三十多年演艺经验的人来说，应该难度不是太大，就这样我来到郑州的中原影视城。

一群"80 后"的年轻人忙碌在片场，我成了其中年龄最大的一个，但我并不介意。看得出来，年轻人对于我的到来有些许紧张。我慢慢点起烟斗与他们说笑，我的随意让他们也慢慢松弛了下来。从各组导演、武指到执行助理导演等，他们的朝气与活力也影响着我，看着他们，我似乎回到年轻时代，也是这样不畏劳碌与辛苦，炎热的天气下汗流浃背地工作是常事。

我的角色戏份并不是很重，这在以前我是会在意的，怕自己出现在众多不被注意的配角栏中，而现在年至花甲的我早已过了追逐名利的年纪，更在意角色的表现力，更在意一个艺术工作者的专注，不管这个角色是大是小，是不是主角，我都会全力去诠释。年轻固然是好事，但我的心也尚未老，体力的差距不是我与年轻人的障碍。当导演一声令下，我与年轻演职人员都是片场中的一分子，没有区别。我为自己的平静吃惊，重新回到镜头前，举手投足都是三十多年心路历程，偶尔似乎也回到三国古战场，我依旧是挥刀厮杀的关公，只是少了当年要扮演的悲天悯人、英雄迟暮的苍凉。此时的我是快乐与平静的，欣喜于年轻人的成长，宽慰自己的又一个开始。这一回不是轰轰烈烈，不是风生水起，是由心而生的对艺术人生的更上一层楼的追求。

完成最后一个镜头，我对大家抱拳一揖，是感谢弟兄们的合作，也是对我最钟爱的镜头做一次小别。内心中我知道还会回到它的跟前，是它把我从一个懵懂青年带进观众的眼帘，能够饰演中国人心目中最具影响力的武圣，是我的荣耀，也是上苍对我的眷顾。我深深凝望着镜头，此时的它也似乎有了生命，召唤我开启下一站的航程。收工返京，车窗外的风已经略见清凉，我索性拉大窗子让风吹进来，点起烟斗哼起歌。

第四章

人生的四季风景

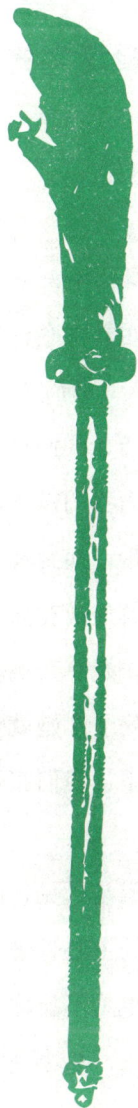

19. 感恩父母，百事孝为先

岁月是一首老歌，回顾往事，历历在目。

我生长在一个普通的工人家庭。母亲 17 岁那年，姥爷和爷爷做主，就定下了我父母的终身大事。小时候，我家有兄弟姐妹六个，生活很拮据。父亲每月的工资不过几十块钱，要养活这么一大家子人。母亲常常做好饭，却不上桌，等我们都吃完了，她才吃上几口。母亲心灵手巧，我们兄妹常常是一件衣服，大的穿完小的穿，而她总有办法改得合体。她为我们设计过一款前卫的棉裤，胸前有个别致的小口袋，腰上有一条细细的腰带，换到现在母亲一定有机会成为一名原创服装设计师吧。她工作勤勤恳恳，就连现在男人都很少干的粗重活她一干就是几十年。每年到了收割麦子的季节，她总会挑两桶绿豆汤放到田埂上，供大家休息时饮用。村子里谁家的孩子生病了，她就整日整夜地跑过去帮忙。母亲就像是我们的一面镜子，在她的主持下，我们家永远是艳阳高照、和和睦睦。

一个国家的繁荣昌盛靠领导人的能力、学识与远见，同样一个家庭，日子过得好不好，也一定要有一个主心骨。我们家的主心骨毫无疑问就是母亲，当然，若没有勤劳、勇敢、健康的父亲，这个家也是不能称其为一个家的。父亲是一个非常厚道、耿直、和蔼的男人。回想起来，从小到大，他从未跟六个孩子红过脸，更不要提动手打骂我们。当我们在外面惹了祸回家，当我们遇到学习与生活的挫折或犯了错回来时，父亲总是把我们叫到饭桌旁坐下来，耐心地教导我们。回想起小时候非常调皮的我，在外惹了事被人到家里告状，母亲抢起笤帚就打我的屁股，而父亲则会拦住母亲，耐心地教导我如何做人做事。每一次都会让我接受他，而不会排斥，让我心存愧疚。父亲教我的道理让我永远不能忘怀。一次，邻居的孩子和别人合伙偷盗了公家的东西，被公安局查到了家里，父亲曾经跟我有一次深刻的谈话。他说做人从小就要有骨气，再穷也不能丢了志气，错误可以犯，因为人非圣贤，但侵害别人的事不能干，公家的东西不能拿，尤其不能碰毒品。那个年龄的我还不知道何为毒品，但我知道父亲的用心所在，他说毒品会害得家破人亡，我一直都记得。父亲常说："家有三件宝，丑妻、破屋、烂棉袄。"所谓丑妻与破屋未必是真的丑到不能看，破到不能住，而是不招摇，不显山不露水，要踏实做人。他的话虽说简单，对于我的人生却有着极强的警示作用，父亲告诫我要善良、简朴地生活，做人做事要真诚，所以在我们几个兄弟姐妹的生活状况都有所改观后，仍保持着简单朴素的生活作风。

父亲本没有答应我去做演艺工作，在他的观念当中，应该有一个儿子去接他的班，哥哥树惠由于非常喜爱篮球运动，又正值那个上不了大学继续深造的年代，就毅然去部队了，所以我成了父亲认为的理所当然的接班人，但是事情总是那么令人遗憾。听父亲讲，800多年前，欧洲的传教士进入胶东，我祖上说不清哪一支与欧洲人有过一段姻缘，凡是见过我父亲与他兄弟姐妹的人，以及见过我们弟兄两个的人，都会觉得我们身上有着混血的可能，我都是一笑而过，因为这于现在的我毫无意义。正是因为曾经的血脉，在某种意义上我的身上也有种浪漫的气息，和对艺术天生的喜爱。父亲喜欢艺术，但他还是不希望他的儿子走上这条路，曾说哪怕是当工人，或是手艺人都可以养家糊口，但如果当了戏子只能低人一等，只能看别人的眼色行事，甚至说过新旧社会的戏子地位没什么差别，他还是希望儿子有门专长可以自立于社会。我当时有机会可以完成他的愿望，在 70 年代中期，我从陕西省青年篮球队转业回到阎良机场，正符合父亲的心愿，但我热爱表演艺术的心没有死，最终还是走上了艺术道路。在 1990 年末接到《三国演义》关公这个角色时，父亲还真是大喜过望了一番，他叮嘱我好好去演。

当我踌躇满志奔赴剧组时，现实却十分残酷，离开家才 10 天就收到家里的加急电报，父亲离我而去了。我知道无论再用更大努力，创造更大的辉煌也不可能让老人看到儿子的屏幕形象了。虽然说人在天有灵，却不知这份感知能否传到他的眼前。很大程度上在塑造关公这个角色时，我是带着满腔悲痛与满腹的遗憾去完成的。我的每一个眼神与动作，应该都是我对父亲养育之恩的回报。我还记得给父亲送殡的那一天，也就是我离开家乡要去央视参加拍摄的前一天，我们家乡有个习俗，儿子要在父亲灵前摔盆，本来这是长子的责任，但是哥哥走到我跟前，让我来摔这只瓷盆。因为父亲生前对我的希望与担心最大，其他兄弟姐妹都已成家，而我此刻又要面临人生中最大的挑战，所以这个重任让我来完成。当时我早已控制不住眼泪，抱起这个瓷盆重重摔在地上，站在后面的兄弟姐妹对我说："树铭加油！"

这一摔有着三十多岁的我对父亲的愧疚，也有对父亲一生辛劳的伤感，还有那个时候的我们还没觉察父亲已然老去的无知，自己的亲生父亲再也回不来了，我失去了最让人尊重的父亲。他从来都是起早贪黑挣钱养家，没过上几天好日子，我竟然在他有生之年都未能有个完整的家，也没在艺术道路上有任何成就让他欣慰，这种纠结与苦痛一直压在我心头许多年。很多人说大陆是个孝敬母亲的男人，是因为我没有好好孝敬我最爱的父亲，我不能让这种事再次发生，我要孝在当下，把对父亲本该尽的孝道在母亲身上弥补回来，此生才能了却我的心愿。

一个人的能力确实有大有小，我觉得关键在于心，父亲已经去世 20 多年，每年我都会来他的坟前倒上一杯酒告诉他，他的儿子无时无刻不在怀念他、感激他，一直在心里流淌着对他的爱，他对我的教导我永远不会忘记，父亲是我心中最伟大的人。

我出演的关公父亲竟然没有看到……

随着家境的改善，孩子们的成长，我的母亲被她的子女们如供养菩萨一般供养着，因为他们有过突然失去父亲的悲痛，所以他们也不能允许这种情况再次发生。母亲的晚年是最幸福的。当年母亲无法承受父亲的突然离去，住在哥哥家里的她痛不欲生。孝顺的哥哥了解母亲的痛苦，耐心地陪着母亲度过了那段最艰难的日子。1991 年，拍摄《三国演义》间隙，我有了时间，第一件事就是带母亲游游太湖，品品江南的美食。尽孝要趁早，父亲的去世，让我不想再对母亲留下任何遗憾。我喜欢用车推着母亲旅游的感觉，母子俩一步一步丈量土地，心也在一点一点靠近。这么多年，几位子女轮流尽孝，陪母亲游遍了祖国的大江南北。记得在黄果树瀑布前，母亲体力不支走不上山顶，我们几个子女一齐推着轮椅，抬着滑竿，硬是把老娘带上了仙人洞，在大自然的鬼斧神工前体验了一把神仙的感觉。人总是要离开这个世界的，我们改变不了自然规律，只能把尽我们自己所能为母亲做的一切献给她。

在后来的 20 年中，我因为工作性质的原因，每年回家的次数有限，心里总觉得对母亲有所亏欠。

母亲 82 岁时，我突然得知她罹患恶性肿瘤，在伤心难过之余，还要有一个儿子的担当。半夜 12 点，我站到哥哥家门口，硬起心肠说："哥，我刚才在街上一直哭，但是我想，老娘已经 82 岁了，咱们这个手术不做了！有三个理由：第一，我身边很多这样的人，得了这种病，做了化疗以后，三个月就过世了；第二，咱妈这病可能多少年前就有了，现在已经钙化了，发展得很慢了，只不过我们现在才发现；第三，我们可以再观察观察，适当地给她吃一点虫草，说不定会有效。"哥哥眼睛瞪着我，问："出现问题怎么办？"我斩钉截铁地说："出现问题咱们兄弟扛，当儿子的就要担起这种责任。"哥哥支持了我的决定，其他人都埋怨我们这样一意孤行会耽误了母亲的治疗，我和哥哥顶着巨大的压力，每天认真观察、记录母亲的一举一动，五年过去了，母亲以她的豁达和毅力成功地渡过了危机。

2014 年，母亲病情恶化，送到医院检查后，医生宣布她肺部的癌细胞已经转移到脑部，她的右手和右脚都不能灵活运动了。屋漏偏逢连夜雨，母亲摔了一跤，更加重了病情。这时距离早早定好的生日宴只有三天时间，家人一致认为这个生日没法过了，我又一次执拗地坚持：哪怕这是老人家最后一个生日，我也一定要给她过!

生日当天,来了很多演艺圈的好朋友,张山、赵小锐、梁宏达、廖京生、毕彦君、杨洪基、赵忠祥等等,还有很多书法界、绘画界的名流,甚至有特地从深圳、西安赶来的一大帮好兄弟。我饱含深情地为母亲献唱《一壶老酒》,歌未完已泣不成声。杨洪基老师见状,主动要求为母亲加唱一曲《滚滚长江东逝水》,梁宏达也悄悄跟我说要为母亲的生日说几句祝福的话,哥哥以长子的身份代表全家朗诵了真情告白:

诸位,中午好,我是陆家大儿子,陆树惠,排行老三。适逢母亲生日,我们兄弟姊妹触景生情,想起母亲带领我们走来的每一天,共撰此文,献给母亲。请允许我朗读。

她是我们眼中耀眼的光,温柔的云;

又是我们身后的山,博大、坚实;

她,淳朴,却靓丽多彩;

她,无华,却出口华章;

她就是我们的母亲。

85年了,可写一本书,可编一部剧。

85年的悠悠岁月,85年的风风雨雨。

85年前的那一年,胶州湾胶东平原大铺村诞生了一位女子,她六岁丧母,在父亲及兄弟姐妹的呵护下长大,她就是我们的母亲。

相信即使日本人的枪声响着,我们的母亲不曾害怕过。那个时候,勇敢的母亲是憧憬着未来的,这未来,即此时,现在!

我们的母亲,聪慧,能画会绣,裁剪缝纫、剪纸窗花样样精通。只会写三个字就是她的名字,却能读书看报,张口就是典故,说话就是故事。

是，没这两下子怎么能支撑与经营好这么大的家？！

她的事业就是我们的家，目光所及就是她这一群孩子。

锅台是她的办公室，饭桌是她的办公桌。

大小琐事，事必躬亲，排忧解难。

细枝末节，主持公道，化解纠纷。

备受爱戴，人人尊重。

即使在兵荒马乱、民不聊生的战争岁月，初为人妻的她，就懂得筹谋、巧耕耘，如鱼得水。父亲宽厚结实的臂膀撑起了她心中又一半的蓝天！

她跟父亲一共生了六个孩子，两男四女。用父亲的话说，不多！一只羊牵着，十只羊赶着！

今年，母亲最大的孩子已65岁。

如今，这个家庭人丁兴旺，每位成员身体健康、事业有成。

今年9月，大孙女又要添孩子，家族成员已达31口！母亲最大的重外孙已经19岁，还有一个最小的孙女七岁。

如今，母亲的整个族系中管她叫姑叫姨的，叫祖奶奶、祖姥姥的下一代及下下代，各自奋发，各有所成，安居乐业，阖家美满。

母亲五世同堂，天伦同乐。

今天，母亲是她们那一辈人里年龄最长者，是家族内名副其实的"老佛爷"！

母亲在，家就在。

母亲是我们奔波劳顿而回的一碗热腾腾的面；

母亲是我们排忧解愁的一壶老酒；

无论我们走到哪里，家安稳着我们的心，母亲是心里的魂。

母亲，您含辛茹苦把我们养大。

做儿女的感恩戴德，您视侄子、外甥如己出，他们也视您为亲母，并引以为豪。

您教导我们四海之内皆兄弟，自己不吃，也要给我们带回家的朋友一桌热气腾腾的饭菜，如今我们兄弟朋友遍天下。

您教育我们吃亏是福，有容乃大。

我们安分守己，勤恳务实。

哦，母亲，我们的骄傲！

哦，母亲，我们最喜欢听您每年过年必须重复的那一句话：

新的一年，新的开始，我是家中的大旗，大旗不倒！

家里到处是阳光，您这么乐观，我们没理由忧伤！

放眼未来，母亲，您的健在是我们活着的快乐。

今天，我们祝福您85岁寿诞，愿您长寿，您一辈子的幸福就是我们的责任！我们侍奉在此。

愿您巾帼英姿常在，您指哪儿我们就打哪儿！

祝母亲身体康健，永远靓丽！

祝母亲万事顺心，安享晚年！

母亲，您就是我们的船长，波涛汹涌中的航标，有您在，我们就不会迷失，不会彷徨，我们循着您坚定、温柔、慈祥的目光……

妈，儿子给你磕头啦！

哥哥刚讲完话，台下就爆发出雷鸣般的掌声，很多亲朋好友都流下了感动的眼泪。这个生日会非常成功，虽然母亲由于脑部神经被肿瘤压迫处于半昏迷状态，但我们相信母亲心里会感知到的！

生日会结束的第二天，我们带着母亲去做伽玛刀手术。这个手术的副作用

全家人一起为母亲过 85 岁生日。
（从左至右为妹妹、哥哥、大姐、二姐和我）

很大，而且成功率很低。我做出这个决定，与哥哥不谋而合。三次手术过后，我们终于把母亲从死神手里拉了回来，当然这也靠母亲顽强的意志力。在手术进行时，有四个螺丝钉嵌在她的头部，我们完全可以感觉到她的痛苦。实在忍受不了的时候，母亲会从微弱的气息中苏醒，低声呻吟着："我受不了了，你们让我走吧！"我们这些儿女趴在她的耳边低声鼓励她："再坚持一下，妈妈，我们不能没有您，再坚持一下就过去了。"母亲睁开眼睛看着我们，小声说："我要挺下去，还要跟你们一起走下去，还要跟你们打麻将呢。"听到母亲的话，那一瞬间全家人集体泪崩。恢复意识后，母亲看着我说："你把我救回来干什么？"我说："不救回来能行吗？不能眼睁睁看着您滑下去呀。""你们就让我滑下去吧，我已经 80 多岁了，我迟早要走的。""您多待一天，我们就还有一个家。您能多待一天，我们就开心一天。不管花多少钱，出多大力，我们一定要这样做。生命只有一次，您这一走，我们就永远没娘了。"

2015 年春节过得特别好，为了庆祝母亲痊愈，全家人聚在一起，幸福得像花儿一样。家里的君子兰仿佛有灵气，竟然又开花了。一株花，一个生命；一株花，一段情思。父亲在世时，他曾送给母亲一盆君子兰，母亲自然对花爱护有加，但父亲突然的病故让她从此无心照顾它。母亲病好了，她一个人静静坐在君子兰前，我知道她又想起了父亲。

2014 年，我带着母亲到中央电视台录制《九九艳阳天》，母亲在化妆过程中一直说紧张，我安慰她说："别紧张，您看这是全国播放的节目，到时工厂的同事们、老家的乡亲们、你的老街坊都能看得到。"没想到这句话让母亲更不自在了，以至在台上时她全身都靠在了我身上，手紧紧抓住我的胳膊，我就是她的靠山一样，她悄悄地跟我说："树铭，我站不住了，全身都在发抖。"那一刻母亲如刚出阁的少女般羞涩，分外可爱。年近 60 岁的我站在舞台上，在全国观众面前为 90 岁母亲唱了一首《一壶老酒》。我脑子里浮现出在过去艰苦的岁月里她含辛茹苦把我养大的画面，而我因为工作的缘故，就像千千万万个不能在母亲身边尽孝的人一样，依依不舍又无可奈何。整首歌豪迈而又深情，饱含了离开家乡对母亲的不舍，还有对自己未竟事业的慨叹。节目播出后，《一壶老酒》备受好评，借助网络的力量，迅速传播。能对年轻人有所启发就是我最大的心愿。

娘在，家就在。

20. 手足的情，兄弟的心

长兄如父，这句话我最有发言权。虽然我也有两个妹妹，知道当哥的滋味，可比起我的哥哥来，我就不太称职了。小时候我不用做任何家务，在外边挨了欺负，也自有哥哥挡在前面。11岁那年，哥哥教我学会了骑自行车，他得意地说："将来别人要问你，自行车谁教你的，你一定要跟他们说是你哥啊。"我回答他："知道了！"以致后来我只要骑车出门，就说："是我哥教我学会骑车的。"更有意思的是，1991年，哥哥买了一辆面包车，《三国演义》拍戏间隙，我到哥哥那里蹭吃蹭喝，他一有空就教我学开车。当然他仍然不忘记嘱咐："以后谁问你怎么学会的开车，别忘了说是我啊！"我说："哥，我在你身上学会的东西太多了，难道都要说吗？"哥哥不好意思地笑了。

哥哥是我的偶像，他在学校里是三道杠，人长得帅气，打篮球非常有范儿，干起体力活也不在话下，半天就能垒好一个厨房。反观自己，也只能跟着搬搬砖，对哥哥只有仰慕的份。

当时家里住房条件差，八个人只有两间屋子。我和哥哥又都是大个子，只能把厨房改成我们哥俩的卧室。我俩每晚头脚相对而眠，我做梦都在啃哥哥的脚丫子。家里的粮票不够用，哥哥就提出到水库抓一些小鱼小虾来吃。经不住我的软磨硬泡，哥哥只能带我同行。去抓虾的水库离家大约有十几公里的路程。妈妈特意给我们哥俩烙了两张葱油饼，装了满满一壶水。哥哥沿着岸边走在前面，边走边抓虾，而我就在他后面跟着，哼着歌，给哥哥叫好，顺手从袋里抓点饼吃。忙碌了半天，哥哥坐到水库边上说："我累了，给我吃块饼吧。"我爽快答应，谁知伸手一抓，却只剩了可怜巴巴的零星饼渣。

我自知理亏，低头不敢看他。哥哥无奈地埋怨："太不知道心疼人了，那是妈妈给咱俩准备的饼。唉！那我喝口水吧。"我赶忙把水壶递给哥哥，他一摇水壶，一滴水也没了。这下哥哥真生气了，批评我太自私了，吓得我大气不敢出一声。无奈，哥哥只好收拾东西回家。半路上，走累了的我赖在地上不肯再走，猛劲喊："哥，我走不动了！"哥哥不理睬，我索性坐在地上哭了起来。哥哥只有回过头来背我回家。我趴在哥哥的背上，享受着那一颠一颠的感觉，当弟弟的真是太美啦！

记得哥哥去当兵前一天，我和比我小4岁的妹妹在家蒸馒头。我往锅里加了两瓢水，交代妹妹拉风箱，就跑出去打球去了。等我回来，一看，不好，锅都烧裂了。

"你怎么回事？你干什么去了？让你蒸馒头，你怎么跑了？妹妹才10岁，哪里会蒸馒头。"哥哥严厉地说："我明天就当兵走了，你今天还给我惹事！"

我不服气地说："妹妹烧的火，又不是我！"

"妹妹几岁，你大还是她大？"

"我大。"

"既然你大，你为什么还要强词夺理！"哥哥给了我一脚，把我的小腿都踢破了。"站好了！我走了以后你好好在家里，不要惹妈生气！"

我站在原地狠狠地盯着哥哥，胳膊抬了一下，哥哥说："哟，现在还敢动手了！"

那年，我14岁。虽然挨了教训，可我还是很舍不得哥哥走，恨不得能随他一起去。他走后，我特别想他，我知道他一定同样想我。因为每一次收到哥哥的来信，信纸满是被眼泪浸过的痕迹。他寄给我两样东西：一身军装，一双回力鞋，让我爱不释手。在那个年代，这可是值得炫耀的资本。我每次刷鞋，都要用鞋粉，刷得干干净净的，打篮球的时候偶尔穿一穿，别人一问，我就骄傲地说："哥哥给我寄来的！"后来我才知道，哥哥把鞋送给了我，他自己则是穿着黄胶鞋和补丁袜子进行篮球训练的。

记得哥哥第一次坐火车路过家乡的时候，我特意穿上他送我的军装，和全家人一起到火车站看他。等待的时间显得无比漫长，终于在铁路尽头望见火车缓缓驶入站台。哥哥下了火车，只有三分钟的时间和爸爸妈妈、姐妹们说话，他突然问："我弟弟呢？"一看我正躲在大柱子后面哭，哥哥跑过来，拍拍我的头说："弟弟，我想你。你要好好练球，好好听话，我当兵前一天还踢了你一脚，你不会记恨哥吧。"我只顾着哭，一句话也说不出来。

回想起和哥哥的这些往事，仿佛就在昨天。

2007年夏天，我和哥哥一起陪着母亲回青岛，路上母亲问我未来的计划。我说我有个小小的遗憾，虽说《三国演义》中饰演关公受到了大家的一致好评，但作为一个演员，心里常常在想，假若这个情节、这个动作要是那样表现不是会更好吗？ 我希望再制作一部与关公有关的电视连续剧。母亲听了很高兴，哥哥也非常支持我的想法。上阵还是亲兄弟，我来策划、哥哥执笔，我们一起把关公这个形象重新搬上荧屏，实现我多年以来未竟的梦。

整个夏天，我和哥哥都在青岛翻资料、编故事。没想到这一干就是三年，哥哥放下了自己的事业，每天殚精竭虑撰写剧本。最难忘的是2000年夏天，我把家从西安搬到北京，没能跟哥哥在一起，等9月份再见到哥哥时，突然之间我感觉他苍老了许多，头发也白了，我一时很难过，为兄树惠写下了一笺小诗：

兄乃云也，云依穹也，穹为宇也，宇旷乃天。弟为地也，养息百川，依山傍日，物繁却孤。穹阔无边，壤辽有形，天地虽遥，相接宙际。

2010年，山西运城关帝庙的关公像落成，我与哥哥同往。在回来的路上，感慨颇多，少时我追着哥哥玩儿，大了哥哥跟着我玩儿，人的一生真是难以捉摸。我又动情写下：

关帝庙关公塑像落成，与兄弟同往、同贺、同奠，不胜感慨。一了往日之梦，生即与兄弟相结相佐，且一无利惑，二无爵诱，坦坦荡荡，随遇而安，虽各有境界，未曾相扰相乱，各行其道，各择良木之栖，美轮美奂。

君子荡荡，小人凄凄，大者行大道，无私定无疆。无欲闭户修行，行而择道磊落，远离祸端，定成大器。生幸有关公遮肤，诚惶诚恐。愚有缘与兄弟相遇相交，更乃天意使然。吾虽不才却心胸辽阔，有两千八百余年之灵动，有生弹指一挥间，冥冥之情怀，爱降大爱之天下众生，慈之大慈若我之群民，力虽薄单，情诺情愿，与兄共勉！

一晃七年过去了，我们的梦还在继续。剧本在哥哥的润色下越来越成熟，我们最终将片名定为《忠义千秋》，以《三国演义》和《三国志》中的关公事迹作为原本，但又不拘泥于两部经典，大胆运用了新的写法，吸收了民间传说和我自己扮演关公的体会与想象而成。这些年来，我和哥哥的交流三句话离不开《忠义千秋》，很多时候为了一个情节一打电话就说上两三个小时，甚至争执起来。斯琴高娃、胡小伟、郑泽桦等朋友为我们提供了大量的改编意见，哥哥每次都不辞辛苦，提笔完善。剧本完成后，在和投资商接触版权的过程中，因为种种原因，该剧始终未能制作。幸好今年年初版权又回到我们手上，有生之年我们一定会完成这部戏，即使我自己扮演不了关公，也要把《忠义千秋》进行到底。有梦，人才有希望，这也是我作为一个艺术工作者对自己的一点要求。

今年春节，我向哥哥坦白了藏在心底很多年的一个秘密：有一次，哥哥非要撑着我去打开水，懒惰的我被逼无奈打来了开水，心里极为不情愿。回来后，看到哥哥正与父亲说话，我趁他不备，把开水滴了几滴在他的脚面上，烫得哥哥一下子跳了起来，我装作若无其事的样子走开了。事后，我也没有勇气承认，这一瞒就瞒了几十年。哥哥知道后，揶揄我："这么坏的人怎么就演了关公！"

21. 耳顺之年写给儿子的一封信

随着岁月的流逝，我越来越喜欢反思。每当置身机场，望着茫茫人海，都不免想起自己的角色，以及活着的意义。不知不觉间走到了人生的耳顺之年，我愿意和所有热爱关公文化、景仰关公精神的人一起，让越来越多的年轻人了解中华民族的传统文化，以尽绵薄之力。

2015年夏天，有机会再次来到山清水秀的云南大理。当我踏足那片美丽的土地，怡人秀色让我流连忘返。我坐在洱海边的木廊前，望着静谧的湖水，思绪万千，动情写下：

华之南麓，彩云之南，滇国邻池，居首府三百余公里处，有山脉相交，碧水荡漾之海，名曰："洱海。"谓之海，实则是湖。湖所以称为海，正因此湖水色如海，其辽阔比海，其波涛汹涌翻滚如柱更似海。身临其境，水气扑鼻而来没有腥味，鱼游弋其中触手可得。与山脉相承交相呼应，景色宜人，美不胜收！

　　大理分古城和新城，当初忽必烈打败段氏统一了大理国，将其纳入元朝版图。大理有 32 个民族，居云南之首，以白族为众。大理人肤色黝黑，体格强壮，朴实无华，待人虔诚，有礼有节。来到这里你会发现，他们看你的眼神充满敬意，让你就为他们的真诚而感动，迅速融入这里的民风民俗当中。仲夏当时，游人甚众，饭店宾馆人满为患，却依然不涨价，也不偷工减料。一座城的历史，一片湖光山色的记忆，是大自然的赐予，更是人类发展的证明。大理让我突发奇想，顿然醒悟：大陆，此时不正是要大大地梳理一下自己的年岁了吗？

　　人的一辈子真正能做成的事情少之又少。我年轻时，喜欢在众人面前展示自己，毫不怯场，在师友的帮助和自己的坚持下，最终走上了艺术之路，并能够在这条路上根据自身条件与能力完成了几个还算满意的角色。但当我还想更上一层楼继续在这片广袤的天地里发展时，因为学识与条件所限，往往无功而返。《道德经》里讲，"有无相生，难易相成，长短相形，高下相倾，音声相和，前后相随，恒也。""持而盈之不如其已；揣而锐之不可长保；金玉满堂莫之能守；富贵而骄，自遗其咎。功遂身退，天之道。"意思是说，万事万物都有其对立面，又互相依存，最重要的是做人、做事要留有余地，不能被胜利而冲昏头脑。凡是不可为之事却硬行其事，一定会走向问题的反面，与其求全责备，不如用平常心、知足心正确地理解与看待自己，就会做出正确的判断。人的能力确有大小之分，需要适当的土壤与机遇，《三国演义》拍摄正逢天时地利人和，作为我个人又是风华正茂时，现在看来也是我的造化，可能就在那一瞬，即是我人生的至高点了。心静之时，我忍不住把自己的感悟记录下来，给儿子写下一封信。

　　维伦：

　　你好！

　　爸爸最近常感叹，40 岁知道 40 岁的事，50 岁知道 50 岁的事，60 岁知道了一辈子的事情。作为一个过来人，爸爸想用这封信和你聊聊，把那些早已经和你说了不知道多少遍的话再说给你听。

你刚生下来的时候，小脸红扑扑的，你小姨笑着说："生了个小关公。"所以我们借关老爷的字，给你起名叫云昊。爸爸在剧组一待就是三年，妈妈陪着你长大。当《三国演义》在中央电视台播放的时候，我演"桃园三结义"在电视里叩拜，你也跪在电视前叩拜。你就是怎么也不肯叫我爸爸，不让我抱，如同见了陌生人。我很心酸，以前听说过的事情竟然落到了我的头上。爸爸当时一无所有，除了努力，别无选择。

看着你一天一天长大，我还记得在雪地里和你愉快地打雪仗，在康西大草原陪你骑马，在南山河中与你高歌共舞……那一幕幕，就像电影里的故事。如今你已经从北京电影学院毕业，开始了新的征程，这所有的一切，如何不让人感慨？如何不让我们为你高兴呢？

我们家走到今天，不容易。正如你在锡林浩特对着那么多人充满激情含着眼泪说的那番话！当年在北京爸爸赤手空拳打天下，没有任何靠山，没有任何单位保障，在最困难的时刻，只能靠自己拯救自己。因为你的学籍不在北京，最初高考时还不得不回到陕西参加考试，你因此有的那点点抱怨，此刻算不上什么了。大概不说你永远不知道，那几年爸爸有过一度灰心沉沦的日子，有过一段血一样沉痛的经历。很多次和你妈妈商量带着你回西安，回去过正常的日子。至少，那里是爸爸生活工作了几十年的地方，不再折腾。你知道藏在爸爸心头上是怎样的一个症结吗？文凭！没有正规学院的这张纸！当今这个年代需要它，没有它，在哪个行业都不行！所以，你能走进全中国最知名、最具权威的电影学院，爸爸有多么开心！你得以认识张艺谋、陈凯歌、冯小刚这样的大导演和电影界那么多优秀的人才，是多么幸运的事！

电影艺术像一片浩大的天空，它太辽阔、太遥远。爸爸搞了一辈子表演，也只演过几部电影。你应该有思想准备，从一点一滴做起。你现在只是万里长征第一步，更多的细节和知识需要你去体味，去琢磨，去不断攀登电影艺术这座高山。有的人搞了一辈子电影，到老他都不敢说他真的懂得电影；有的人演了一辈子戏，也不敢说自己真是一个会演戏的人。懂得表演的人，越演越害怕，越演越紧张，越演越不知道怎么演。动不动就说表演有什么难的，导演有什么难的，把灯光架起来，摄影机架起来就拍电影，不会产生真正伟大的作品。我相信在以后的日子里，你会越来越体会到作为一个导演的艰辛和幸福，这是一个非常有意义的职业。

最近爸爸看了一篇文章，题目是《北京电影学院的导演都去哪儿了》。这个标题问得好，大荧幕上百分之八十的电影，并不是毕业于北京电影学院导演系的专业人员制作的，高票房的电影恰恰是跨界的人才创造出来的。许许多多在电影学院学过四年的学生，经不住考验而改行，也是这个行业铁的定律！眼前所发生的一切不能代表将来，现在的平庸也不能代表永远如此。只要你努力了、坚持了、路子正了，不知哪天上天会突然眷顾你！所以，谦虚的态度、朴素的心态、扎实的基础训练尤为重要。我从来就反对满瓶子不动半瓶子摇的态度，更讨厌那些有点儿小名气就飘飘然自以为是的人！这一点你一定要记住，不要摆谱，不要唱高调，不要不懂装懂，你是一个普通人，唯一的目标就是把自己磨炼成一个有情有义、有德性、有智慧、有责任感的电影人。

尤其是在做人和自我的修养上，千千万万不要满足。要修炼一个导演、艺术家该有的风范，懂得尊敬人、团结人，懂得与自己有不同意见的人交往。知子莫若父，你的个性以及生活习惯我都了解，比如说有时候还是显得有些懒惰，有些信心不足，有些急躁，都很正常，因为你还年轻，脚下的路真得很长。每个家长都望子成龙，我只希望你能够认真地做，能够用你的心去做，能够做每件事情认认真真地发挥出你的才华就够了，有时候就是一份工作，有时候也是为了一个饭碗，有时候也就是为了尽自己的职责和义务，一辈一辈就是这样子过去，一代一代就是这样。希望你能够做好，希望你能够承担起这个责任。

　　咱们这个家仿佛就是一架马车，我在驾驶着车，你妈妈在后面帮我推。也如同在茫茫的大海上行驶着一叶小舟，爸爸妈妈和你坐在上面，随着大海的波涛，这只小舟时而奔涌而上，时而急落千尺。爸爸紧握双桨用力地划着，妈妈撑起沉重的橹杆，奋力挥舞着，为的是共同奔向大洋彼岸……想想人的一生，何尝不是如此呢？我们每一个人生活在这个世界上，其实只是一滴水，每一滴水汇成了小溪，汇成了黄河，汇成了长江，流入了大海。这滴水，看似只是茫茫大海中的一粟，而有谁说这大海不是一滴一滴的水而组成的？一个人像大海中的一滴水，一个家对于整个社会，也只是沧海一粟！但正是有这千千万万的水滴，才能擎得起万吨轮船，而当万丈波浪冲向天空的时候，又有谁能说，这每朵浪花之中，没有你的影子呢？

　　儿子，爸爸妈妈也曾有过豆蔻年华。转眼间，我们老了，头染白霜，但是，那有什么？令我们欣慰的是，拥有了你，生命有了延续；拥有了你，我们早已知足；拥有了你，更是我们活着的理由……我们期待着。请你的心不要过多地在我们身上停留。将来你也会成家，你也会有自己的孩子。就像我写的那首歌，生死百年，一代一代传承，希望你把后面的生活之路、艺术之路走好！

　　我爱你，儿子！

爸爸

22. 瞧！我们这群"烟斗党"

我有一群"烟斗党"，我们共同的爱好，就是人人手持一柄烟斗，在烟雾缭绕中谈兴渐浓。我们七兄弟已经认识了 36 年，以艺术之名，我们的友谊也历久弥坚。

第一位"烟斗党"成员，是美籍华裔书画艺术家范炳南。他曾经是陕西省碑林博物馆的研究员，创作的书法和绘画作品别具一格。多年来他致力于在中美两国之间普及书法艺术，丰富的阅历让他对艺术的思考非常独特。他喜欢以"老陕"自称，说一口标准的陕西腔，穿一身粗布蓝衣。他一直自费寻找流失多年的陕西古乐，进行归类整理，并将研究成果在国际上巡回演出。炳南大哥喜欢收藏烟斗，可只要兄弟们喜欢，他都慷慨相赠。就像他的画作，不管价值几何，他从不吝啬，一举一动尽是对朋友的深情厚谊。

"烟斗党"的重要成员米东风，20 世纪 80 年代时是部队文工团的歌唱演员。他热爱一切与音乐、艺术有关的事情，不管外界有多少诱惑，他始终坚守自己的梦想。他参加演出的大型歌舞剧《张骞》《苏武牧羊》都获得了国内大奖，现任陕西省歌舞集团副董事长，掌管业务工作。他也是我音乐方面的指导老师，教给我如何发声以及气息的运用，还有他对音乐的理解。

"烟斗党"还有位会唱歌的兄弟——任勇，曾经是西安京剧团的演员。他有做生意的天赋，这些年来始终红红火火。他为人豪爽，是个性情中人，只要身上有钱，就一定要请朋友吃饭，直到花光所有的钱为止。每次我回西安，他都车接车送，尽力把一切安排妥当。有一次，我从北京返回西安，直接拖着行李箱就去了他的住处，在门口等了他四个多小时，兄弟俩见面已经是半夜了，一聊就聊到天亮。

说起习刚，有首歌叫《睡在我上铺的兄弟》，就像是为我俩私人订制："睡在我上铺的兄弟，睡在我寂寞的回忆，你曾分给我手里的香烟，却猜不透我手里的硬币。"他是陕西省歌舞剧院的歌唱演员，年轻时我们经常睡一个炕头，无话不聊。他谈对象，让我看一看，我找女朋友，也让他瞧一瞧。我工作上遇到困难，他总是帮我分析。在演唱方面，他也给过我很多指导和鼓励。他常说："你现在比老师唱得都好了！"虽是谬赞，却增强了我的信心。在歌舞剧院的时候，我饭量大，每每不到月底，几十块的伙食费就全部用完了，吃不上饭的时候，习刚就会把我带到家里去吃一顿。他的老爹老娘对我就像亲儿子一样，盛上一碗肉汤端到我面前："娃呀，来赶紧吃，香得很！"这声音常常回响在我的耳边，温暖极了。习老妈今年 80 岁高龄，经常认不出人来，但每当拿出我的照片给她看时，她立即会说："大陆，关公！"那一刻，真令我感动不已。

著名雕塑大师耿铁群也是我们"烟斗党"中的一员，他也是我认识的第一个说一口京腔的兄弟。他的夫人邢仪是绘画界的翘楚，当年他们夫妇二人从北京插队到陕北，后来一同考上了西安美院。耿铁群早期描摹陕北老汉、婆姨等作品充满了丰富的想象力，近期的作品，比如长安街上的中国龙、美国费城独立宣言浮雕等更是有口皆碑。他们夫妇为人低调，待人以诚，无私地给予了我很多帮助，让我没齿难忘。

"烟斗党"还有一位成员张四新，是一名优秀的公安干警。他可是个热心肠，无论谁遇到棘手的问题，他都会出手相助。他的嗓音洪亮，唱起京剧来技惊四座。如今已经退休的他在家尽享天伦之乐，也是我人生中非常敬重的好兄长。

最后一位老兄是西安晚报的摄影记者惠京鹏，他的摄影作品多次在国外展出。细心的他每到一个国家，都会给我带个小礼物，比如潜水的手表、手工制作的马鞭，这让喜欢收藏小玩意的我开心不已。20世纪80年代初，他骑着一辆绿色上海幸福二五〇，将摄影机斜挎在肩上，到处采访与拍摄。摩托车还呼呼地冒着青烟，他就打声招呼绝尘而去，望着他的背影我羡慕极了。京鹏大哥是老陕北，他和我岳父称兄论弟，我和他也以兄弟相称，到现在这个辈分的官司也没打清楚，只好各论各的。我曾梦见他问我有没有事情托他办，我说无事可办，倒是可以送我烟斗。巧的是，他邀请我回西安参加他儿子的婚礼，一见面就递给我一个小盒，里面赫然是一柄精致的烟斗。京鹏大哥为人厚重，低调内敛，见多识广，听他聊天，就是一种享受。

说起来"烟斗党"的名字，也是从京鹏大哥在德国给我买回的这只烟斗引起的，当我最要好的这几位兄弟见到京鹏给我的这只烟斗后，都流露出非常喜爱的神情，纷纷要求每人都要有这么一只。我们都到了这把年纪，有一点自己的喜好，在某种场合中掏出自己的烟斗冒上一炮时，也是一种炫耀吧。后来，我回到西安参加老米儿子婚礼时，到范炳南家里做客，大家看着我叼着京鹏送的烟斗，他们一拥而上都要尝一口，范大哥却说："这有啥可羡慕的，我家有一堆，你们随意挑！"瞬间所有人二话不说就冲进了陈列室。最后每人都挑上了自己喜欢的烟斗，尤其是老米竟然挑中了一只象牙雕刻的烟斗。我很懊悔让范大哥遭受如此大的损失，范大哥却笑着说："我们都是过过命的兄弟，区区几只烟斗算什么。"兄弟们顿时感激涕零，这些是范大哥几十年收藏的宝贝，在我的提议下大家各自手持烟斗后留下纪念，从此以后这七个兄弟正式成为"烟斗党"。京鹏大哥后来又送我一只蜜蜡烟斗，直到现在我都不舍得在众兄弟面前炫耀。

岁月催人老，但我们这群兄弟都保持着一颗年轻、善良、友好的心，珍藏着我们自己的故事：当年吃不上饭时，我到习刚家里吃了一碗热面；我为了见任勇整整等了他好几个小时；每次见到老米都要喝点酒划上两拳，甚至我一直都认为他是骗拳的，因为我从来就没有赢过；我与四新哥每次见面都要高歌一曲，或是坐在一起打几圈麻将。尽管说我们这些人的年纪加起来都有几百岁了，但我们的感情历久弥新，就让我们这样相伴到老吧！

　　每当我们这些人聚在一起，心里很多美好的记忆就会浮上心头，我们的青春就会被唤醒。曾经的风雨同舟，36 年的兄弟情让我铭记在心。

瞧，我们这群"烟斗党"！

23. 半辈子朋友满天下

桃园三结义被后世称道，很重要的一个原因是，刘关张在一个风云际会的时代相遇，很快结成生死之交，为同一个远大的目标奋斗。中间颠沛流离，几分几合，相继为年轻时的理想和友谊付出了生命的代价，这是朋友、知己的最高境界，也是中国历史上绝无仅有的一例。

人生短短几十载，唯有朋友和情谊可以经得起岁月的沉淀。我这半辈子，除了"烟斗党"，在我人生的每个阶段，总有朋友为我带来温暖和欢乐，他们已经成为我生命中不可缺少的一部分。真正的朋友，不依靠事业、祸福和身份，不依靠经历、方位和处境。真正的朋友，至简、至真，会站在比朋友更高的一个位置与之相处，内心坦荡无所欲求。真正的朋友，能够相互认可、相互仰慕、相互欣赏、相互感知。我是个重情重义的人，和朋友相处得越久，越割舍不掉这份情感，年纪越大，体会越深。对待朋友，一定要以善、以诚，要有一颗包容的心。

余均、巴根大哥是我二十多年的老朋友，时间一长不见，定要约一顿饭局，仅仅是为了兄弟情义。毕彦君也是我很多年的老朋友，还是我不折不扣的酒友。人们都说从一个人的酒品判断人品，喝完酒后的老毕从没失态过。他为人诚实真挚，不显山露水，对表演艺术无比执着。他在《三国演义》里扮演杨修与李儒，后来还参加演出了《大宅门》，都令电视观众印象深刻。

蒋燮斌先生，是国内著名指挥家，也是高娃姐丈夫陈先生的学生，因为对音乐的共同爱好使我们走到了一起，每每相聚总是意犹未尽。十余年前我认识好兄弟郑泽桦就是由他引见的。

初见郑泽桦，仅仅短短交谈就能感觉到他身上那股军人的正气。他学问渊博，极有见地，所有的问题他都能说到问题的关键。他说话直来直去，从来不拐弯抹角。别看他是军人世家出生，爱好武略，但也有安静的一面。他喜欢喝茶，侃起茶道来，头头是道。在养生方面，他也有一套自己的理论，经常让我受益匪浅。

一个偶然的机会，有个圈内的小兄弟打电话让我去见一个朋友，我问他是什么事情，他说来了就知道了。我很固执，他不说我也就不去。无奈之下，他只得和盘托出。原来有人要送我一尊民国时期的关公像，我心头一震，于是驱车几十公里到通州。推门只见茶室里香雾缭绕，对面有一位先生，经介绍竟然是著名古玩收藏鉴赏家杨亚军先生。杨亚军开门见山地对我说："陆老师，跟你神交已久，我四处打听你而不得所踪。今有机会结识了小李，才促成了今日的见面。"说话间他打开一只箱子，从里面恭恭敬敬地捧出一尊栩栩如生的瓷雕关公像。我眼前一亮，小心地捧在手里仔细端详起来。杨亚军说这尊关公像是他多年的收藏，几度有买主想要，可他从没有动过要卖的念头。他就是想找个机会直接送给关公的扮演者，今天终于如愿以偿了。后来，我和杨亚军就成为了非常好的朋友。从他那里，我学到了许多知识。他也是个交友广阔且十分讲义气的人，我通过他认识了常禅大师、常藏方丈，他们都是得道多年的高僧，在2014年我发起的"公祭关公诞辰1852年大典"活动中，常藏方丈还出任了法事主持，这大概就是命中注定的缘分吧！

有些朋友是永远也不可能忘记的。在时光的流逝中，倾注欢乐、泪水、笑颜、悲伤。是一颗心对另一颗心的欣赏，是一段情对另一段情的仰望。

1986年的一天，我家里停电了，只有女儿和她妈妈在家，不留神蜡烛掉进了沙发里，把海绵烧着了，家里四面的墙皮都脱落了，电视机、电冰箱、家具全都变形了。更加危险的是，当时煤气罐还在屋子里，随时有爆炸的可能。

这个时候，我西安话剧院的同班同学马明、小平勇敢地冲进去，把煤气罐拿出来，才没造成更大的损失。他们每个人都给我捐了钱，竟然有几百元之多，这在 80 年代无疑是笔"巨款"。

那时我和郗铁庄刚认识不久，并没有过深的同事和同学之谊，更谈不上什么生死之交，在我最困难的时候，他竟然慷慨相赠两千多元钱。《三国演义》开播的时候，中央电视台制作了三国人物的挂历，封面就是我扮演关公时的黑白照片。当时我拿了 20 多本挂历送给亲朋好友，其中一本送给他，在上面还写了几个字："浩浩西夏地，悠悠兄弟情，陆树铭，1994年 11 月。"没想到，去年我们见面的时候，他把当年的挂历又拿了出来，字迹依旧清晰，让我着实感动。虽然事业上我们少有交集，但是只要每次他来北京有事找我，我都会抽出时间帮他去做。在我的心中一直珍藏着与他这份可贵的情谊。

郗铁庄兄弟生日，必须到场祝贺。

　　去年 5 月，一个西安的朋友突然给我发短信，说他朋友的女儿被查出患有先天性心脏病，孩子只有两岁零七个月，在陕西儿童医院无法医治，托我帮忙联系北京儿童医院的医生。当时我正在山东卫视录制电视节目，一看到陌生号码发来的短信，没有任何犹豫，就赶紧拜托朋友联系合适的主治医师。一周后，我给西安这位朋友的朋友回信，让他速带女儿来北京找某某治病。直到现在我也没有见过这位朋友的面。春节我回家的时候，西安的朋友们一起聚会，席间，这位西安的朋友感慨地说，他当时除了给我发短信，还托付给另外一个部队的朋友。我连问都没问，就帮助联系治疗，而且办成后并不居功，而另一个朋友不但没有帮忙还责备他向陌生人随便透漏了自己的电话号码。后来，他是从朋友口中得知孩子入院三个月得以治愈。其实，在生活中我从不计较这些小事，因为我的朋友们也是这样一群相互尊重、相互理解、不计较个人得失的人。

24. 一个好汉三个帮

　　盘点朋友圈，我还有很多忘年交，竟然清一色的是海拔一米六左右的小兄弟，他们从不畏惧我的身高，被我称为"内心强大而又可爱的人们"。

　　我与贺彩，年纪相差整整 20 岁，竟然一见如故。他从不隐藏自己的抱负，对文化传播情有独钟。在他的鼓动下，我们一起创办了"全民悦读"APP，致力于引领阅读时尚，培养阅读风气，弘扬中国传统文化。贺彩对艺术尤其是朗诵非常热爱，他把身边的几个朋友的作品，如封仪的《梁王宝藏》、姚晓刚的《幸福炮兵》都录成了长篇小说广播节目，在网络上传播。他立志要做番大事业，虽然经历过不少挫折却痴心不改。这么多年来他对我十分尊重，在创办全民悦读的过程中经常征求我的意见，而我也直言不讳告诉他我的真实想法，有时甚至不留情面，但他都会虚心接受。在这个平台的建设中贺彩蓄发明志，不成功就不剃头，以致现在他的少白头已经长过了耳朵。

王泽雨年龄小、个子也不高，我一直把他当作孩子。有一天，他邀请我参加微电影《老街春风》的拍摄，让我扮演男主角刘大爷，一位经历沧桑的修表匠。看到剧本，我一下子想起了父亲，他年轻时就是钟表厂的实习工，我这也算子承父业啦。拍摄的时候，我在鼓楼下面的一个修表摊上，弄个绳子拴个老花镜，穿一身汗衫，戴个长套袖，面前摆着一堆乱七八糟的零部件，手里拿着小螺丝刀，嘿，像极了修表工！

我正得意，走过来一位师傅，问："你是大陆老师吧，我在《星光大道》见过你，你咋跑到这儿修表了？"

"朋友，人未必在台上什么样，生活中就什么样。我也得谋生啊。"我随口说。

"那你靠修表谋生？"他诧异地问。

"对呀，我老爸就是修表的。"

"你没戏演了是不是？"

"有戏演，但这是我的爱好。"

"哎呀，陆老师，我这有一篮子鸡蛋，你拎着。"

"我不用，我要自食其力。"

"陆老师，你保重啊。"他边走边自言自语，"哎呀，那么大个腕儿在那儿修表了。"

我们这番对话逗得远处真正的修表师傅直乐。哎呀，这位师傅真相信了我的话。

　　没多久，又过来一个人，问我："师傅，你看我这表咋整？"我说："该上油了。"他说让我帮他换一下。我说："我徒弟在那边，让他过来给你弄一下吧。"我旁边的修表师傅帮这位中年人把表修好后，我自作主张地说："行了，这次免费啊。"

我演的修表匠让路人信以为真。

　　其实答应拍摄这部微电影，我原本只是想帮帮泽雨，没料到却在云南临沧举办的亚洲第二届微电影节上获得了优秀男演员奖。这与泽雨讲故事的能力和精益求精的制作理念是分不开的，我相信他一定能在这条路上越走越远。

2014年，一个偶然的机会，在音乐人王国欢的引荐下，我结识了新影集团微电影中心主任郑子先生。他是近几年推进国内微电影市场发展的关键人物，不说空话只干实事。他听到我演唱的《一壶老酒》深受感动，立刻提出要把这首大爱大孝的歌改编成微电影，我欣然应允。在双方的共同努力下，完成了剧本和各个方面的筹备工作，我们有幸请到著名表演艺术家斯琴高娃、赵尔康、赵小锐老师联袂出演，由我儿子陆维伦出任导演。这是他毕业后执导的第一部电影，没想到一举夺得了第三届亚洲国际微电影节优秀影片最佳作品奖、最佳新作奖，真是意外之喜了。

拍微电影《一壶老酒》，源于我一直以来的那股冲动，就是想把这首歌搬上荧幕。一次出差回西安，经朋友介绍跟晶华集团的梁云朝先生一起喝酒，他说他从工作开始就一直想认识《三国演义》中的关公扮演者，没想到这次真的如愿以偿了。他也很孝顺，经常在繁忙的工作之余看望母亲，同时，他也被这首歌打动了，希望能以实际行动帮助我完成这个愿望。还有一位高红房地产公司的王耀武先生，也希望能把《一壶老酒》改编成微电影。后来在中央新影和两位老总的帮助下，2015年微电影《一壶老酒》最终在江苏泰州开机。在此，我对两位企业家表示由衷的感谢，为他们支持弘扬中华孝义文化的传播而致谢，同时祝他们的企业更加辉煌。

2016年年初，《一壶老酒》经过央视的推广以及网络媒体的宣传，一夜之间广为传唱，或许是因为这首歌歌词比较接地气，或许是这首歌唱出了广大在外打拼者的心声，我多次看到许多中老年朋友在晨练时唱这首歌，又一个想法在我的脑海出现了：可不可以用演唱会的方式来传播孝义文化呢？

这个想法立即得到了陕北朋友赵明山、韩军的大力响应。在2016年清明节前后的一次朋友聚会上，我说出了自己的想法，在座的几位定边商会成员都表示，他们被我的精神感动了，愿意提供资金支持。西安的各界朋友听说我要办演唱会，不求任何回报地加入到组委会的筹备中，赵艺媛、马文峰等许多朋友一直都在身边鼓励我，张海东先生多次说，他愿意投资这场演唱会，只为支持我这个快60岁的老汉，他们看到我扶着将近90岁的母亲在台上演唱《一壶老酒》时，不止一次地流下热泪。上海东昊投资有限公司的闵春光先生、刘胜伦先生，也都是古道热肠，冠名赞助了此次巡演，在他们的帮助下，演唱会才能顺利进行。在此，我一并对他们表示感谢。

　　我觉得西安这场演唱会应该是我们"一壶老酒·孝行天下群星演唱会"的首站，接下来我们还要把这台晚会推向全国，孝义文化的传播是今后我们宣传与倡导的主题。

演唱会前的演职人员大合影

　　虽然在舞台上活动了将近四十年，我对舞台的热爱却始终未曾消退。一年几十场的演出，也参加过好多次上万人或几万人的演唱会，但这一次发起"一壶老酒·孝行天下群星演唱会"对我来说还是一个挑战。从发起到组织，到导演、监制的各个环节，从舞台到人员的安排，我都要从头开始，我把它看成一项艰巨的任务。我请来专门的演出公司，西安资深的演艺执行人周健老师也对我大力支持。演唱会的一切事务我都亲力亲为，大到投资与赞助、舞台的设计与策划，小到一个场景的布置、一句台词的讲解，我都亲自过目，力求完美，经常为了演出的一个小环节或场景彻夜不眠。我在这个本该退休在家看孙子的年龄，还有精力与勇气完成这件有意义的事，内心充满了成就感。

这台晚会定于 7 月 16 日在曲江会展中心的 B4 馆进行，邀请到著名华人歌手费翔及国内的著名歌手王二妮、云飞、呼斯楞等，运用现代舞台的光声电等，传统歌唱与流行摇滚相结合，希望这台晚会能带给观众一场视听盛宴。整场演出设计力求出新，以大型 LED 屏幕推进节目进程，而不是单一主持人在舞台上串场，这是我充分发挥自己想像力的结果。可以说，我多年来的舞台经验在这场演唱会上得到了充分的展现。

创作的过程快乐与痛苦并存。舞台上美妙绝伦的演唱会背后凝聚了台前幕后所有人的汗水，我们让这台演出走进部队、养老院等地，把孝道文化的贯彻到所有地方，虽然辛苦，但我们的内心是充实与快乐的。

新闻发布会过后第二天，我们去探望一位朋友重病中的母亲，当众多歌手围绕在老人身边为她唱起《一壶老酒》时，老人混浊的眼中流淌出感动的泪水。在这个金钱至上、人情日渐淡漠的时代，我们举起孝道的大旗，从现实生活中的点滴做起，在社会各界的支持下，大力推行孝道文化。这场活动在得到人们肯定的同时，也让所有的演职人员得到一次心灵的洗涤。在我写下段文字时，这位母亲已经不幸离世，我的内心十分悲痛，为生命的消逝而唏嘘，也为我们提前探望了这位母亲，让我的小兄弟感受到我们的关切之心，而感到些许安慰。

尽管这次演出有着各种各样的困难，我们也都是在一边学习一边尝试，力争把这场演唱会做得更完满。我个人对此感到无比的光荣与自豪，因为这是我用心在做这件事，我满怀对生活、对社会的爱在做这件事。真心希望这次演唱会能为社会贡献一些力量！

第五章
忠义千秋梦

25. 讲关公、画关公、学关公、敬关公

自从扮演过关公，不管是因为一种情结到各地关帝庙祭祀，还是在某一段旅途、某一家铺子、某一个人的家里，总是能遇见关公。这许是关公文化贯通中华文明，各个阶层的百姓都敬仰关公，又或是我本人与关公有着深深的缘分。

《三国演义》里并没有描写关羽的相貌，只有一个细节"羽美须髯"，让人可以领略到关羽的一个非常重要的特征。元杂剧中最早把关羽的相貌特征总结出来，一再提到他是卧蚕眉、丹凤眼。2005年在湖北荆州城隍庙出土了目前尚存最早的一尊关公塑像，塑像两眉挑高，两眼向上，依稀已经是丹凤眼、卧蚕眉。至于关公的脸是什么时候变红的，就跟曹操的脸什么时候变白的一样，是中国历史发展阶段中的文化结晶。红脸代表后人对关公道德品质的一种概括。传说关公老家有一个恶霸叫吕熊，鱼肉乡民，无恶不作。青年关羽看不过去，就打抱不平。吕熊来追杀，关羽避祸。恶霸天天逼着要人，关羽父母被迫投井自杀，关羽一怒之下杀了吕熊全家，只身出逃。到了潼关，那里已经画影图形，挂出捉拿他的通缉令。得人指点，关羽在黄河边洗了把脸，脸就全变红了，所以才顺利过关。

洛阳关林关帝庙里有一尊金面关公，金色代表成神，是从清朝乾隆年间关公呈现的又一种形象。有意思的是，我曾在湖北当阳关陵见到一尊刻在墙上的

当阳关陵数百年的关公像前

关公像，同行的人都说和我有几分神似，遂站在旁边留影纪念。

　　当年拍摄电视剧《三国演义》，作为一名普通的演员要把中国的第一神明搬上银幕，是一个相当繁重的任务与考验。剧组请到了社会科学院的胡小伟老师，专门为我讲解关公这位骁勇的战神，作为忠义的象征，如何在千百年来兴盛不衰，对我理解关公文化起到了至关重要的作用。他结合大量的史实，将理论上的研究成果变成轻松易懂的语言。至今我还珍藏着他曾经写作的关公文化相关图书，他对关公精神的剖析达到了空前的高度，他非凡的见解成为这些年来我的精神食粮。

　　胡小伟老师，戴着一副高度近视宽边眼镜，留着非常漂亮的山羊胡，爽朗的笑声时刻感染着我。《三国演义》拍了三年时间，就好像跟着他做了一回研究生。后来，我与他的友情越发深厚，经常会坐在一起聊一聊关公文化，也跟他一起走过许多与关公有关的庙宇和地区。

2014年1月20日，传来胡小伟老师突发脑溢血不幸去世的消息，我掩面痛哭，想起了他严谨治学的精神、豪爽的性格、不遗余力地弘扬关公精神和推动关公文化发展的感人往事。我的悲伤不仅仅是因为20年来我与他相处的友情，我失去了一个好兄长、一位知心朋友，更来自于国家痛失了一位关公文化研究的泰斗。

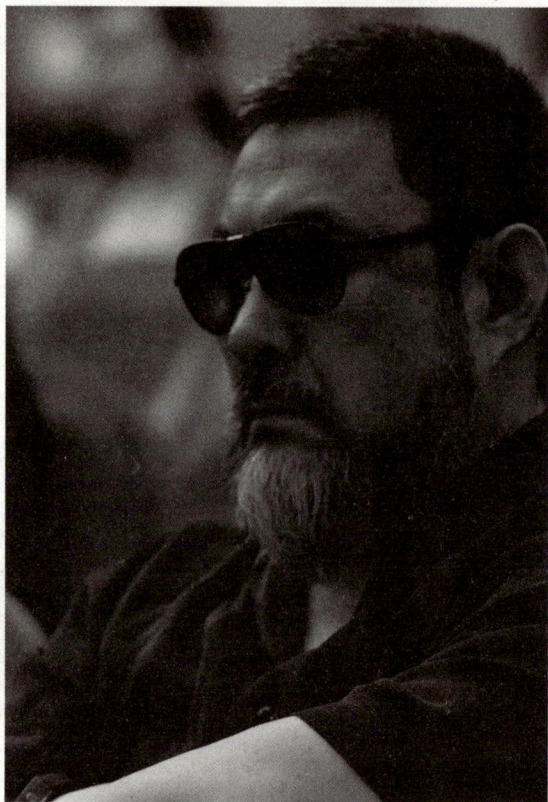

斯人已去，悲痛不已

十余年前，我曾应胡小伟先生的邀请，前往上海参加关公研究学会的活动。一进礼堂大门，迎面急匆匆地跑来一位先生，一把拉住我的手说："陆树铭啊，我找了你好多年啊，今天终于遇到你了！我画关公就是按你的形象画的。"我微微一愣，打量着这个仪表堂堂、浑身充满艺术气息的人，"请问您是？"经胡小伟老师介绍，得知他是鼎鼎大名的画家汪国新先生。

详聊得知10多年里，他行程10万余里，从长江源头到入海口，一路收集长江边流传的中国武圣关公的故事，创作出《汪国新新绘三国演义全图》（共

240 幅）。展出后，有很多的海内外富豪想全部收购这些作品，被他婉言拒绝。谈起关公文化，我们言语间非常投机。

回到北京后，他邀请我去参观他创办的诗书画院。画院坐落在宝隆艺园 36-38 号，陈列着他和妻子郑桂兰女士各个时期的代表作品和艺术感悟。我徜徉于一幅幅关公画作，《朋友》《马到成功》《单刀会》《万世人极》等佳作精品让我惊叹。他笔下的关公或跃马奔腾，气势恢弘；或轻抚长须，思国忧民；一动一静，张弛有度；一浓一淡，恰到好处。在空灵斋展厅，正中悬挂一幅《大汉雄风》。这幅作品是汪国新先生取材于《三国演义》中的"三英战吕布"。画面中刘备、关羽、张飞三人与猛将吕布手持兵器跃然纸上，正在进行着一场刀光剑影、酣畅淋漓的沙场血拼。人物的精气神在他的笔下活灵活现，画中的马更是奔腾驰骋，四蹄生风。豪气冲天的英雄人物和气势跌宕的奔马长嘶形成了强烈的视觉冲击。在桂兰书屋，我驻足于《牧野乐歌》，画面中草原上的姑娘纵马任意驰骋，身后是奔腾在一望无际的原野上的骏马。好一派生机盎然的景象！我被他的一招一式、一笔一墨深深感动，为结识这样一位执着于创作的

汪国新先生作品《人生天地间》

画家而感到三生有幸。

我结识的另一位专画关公的画家是金伟展，与他相识在深圳的画展上。他曾翻阅过大量的史书资料和所有关于关公的绘画作品，但创作出来的关公形象始终不能令他满意。直到看见《三国演义》里的关公，他激动不已。为此，他将电视剧一遍遍回放，一遍遍揣摩着关公的形象。大家熟悉后，对于他的作品我会很直接地告诉讲出感受。他开心地说："自从见到你后，我的许多关公的作品几乎都是照着你画的。没有你这个模特儿，我笔下的关公形象就不会像今天这么好。"

还有一位画家蔚宏斌，他画的关公很另类，视角与众不同，观之让人浮想联翩。他为人慷慨，席间竟然给每个人都送了一幅他的大作，还大方地朗诵了几首诗词，我断定他是一位特立独行、不随波逐流的思想者。

我的人生因表演关公而出彩，这么多年从未停止表演关公，又得以结识众多对关公文化孜孜以求的人。无论是演关公、画关公，我们必须学关公、敬关公。人间千秋事，立德第一桩。我们这一代人，是与国家一起成长起来的，对国家的历史和现在有着更成熟的思考。为了能更好地回报国家和人民，我们应该多做一些正能量的宣传工作，尽到一个艺术工作者的微薄之力。

26. 从江湖到庙堂，关公为什么这样红？

20多年我走南闯北，接触过很多普普通通的老百姓，也接触过很多艺人、学者、官员，发现他们发自内心崇拜关公。老人们更多从戏曲或民间小说中记住关羽，年轻人在电视或者电脑游戏里知道这个人物。关公信仰有个非常奇特之处，儒释道各有神明，但都供奉关公；群行百业各有神明，也都供奉关公；世俗民间各有神明，同样信奉关公。

作为汉末一将，关羽生前得到的评价，总体上来讲并不显赫。"大意失荆州""败走麦城"是他给我们留下的历史教训。然而千载之后，他却可以傲视群雄，成为整个中华民族"护国佑民"的神。关羽那充满英雄传奇的一生，被后人推举为"忠""信""义""勇"集于一身的道德楷模，"县县有文庙，村村有武庙"，是中国封建社会各界普遍祭拜孔子和关公的真实反映。孔子虽然修成正果，成为"至圣先师"，但毕竟是人间的圣人，关圣人却步入了仙界神界，成神成帝，其无边的法力就远非孔子可比了。据有关资料记载，在宋元明清社会中，对"武圣"关公崇拜的虔诚和普及，超过了被人们盛赞为"千古一圣"的孔子。有人假设，如按每县设一座孔庙，清代全国的孔庙也不过3000余座；而每村建一座武庙的话，那么清代全国的关公庙宇竟达30余万座——关公庙数竟是孔子庙数的100倍！在众多信仰中，唯独关公信仰超越民族、宗教、阶层和国界，贯通中华文明，从江湖到庙堂，关老爷为什么这么红？

在中国的传统文化中，"忠义"二字一直占有很重要的位置，历朝历代提出的道德体系里边"义"字是唯一一个相通的字。《三国演义》对关羽品格的描写，主要是围绕着"义"字来展开。清初著名文学批评家毛宗岗，把关羽称为《三国演义》中"三绝"之"义绝"。后人之所以把关羽当神一样供奉，就是尊崇他的"忠义"思想。讲道义、不背叛朋友，生死同心，患难与共。关羽以勇立功，以忠事主，以义待友，几乎兼备了中国封建社会"大丈夫"的全部美德。因此关羽所表现出来的"忠义"思想，统治者需要，平民百姓也需要，宗教同样需要！

作为最高的封建统治者皇帝来说，选拔人才第一条标准就是要对他无限的忠心，所以历代帝王都以关羽为楷模，倍加尊崇。宋代本来是重文轻武，但因边患不断，便对关羽一封再封。宋徽宗崇宁元年（公元1102年）将关公封为"忠惠公"，宣和五年（公元1123年）再封为"义勇武安王"。关公信仰一代比一代扩散，在明清两朝达到全盛。明朝开国皇帝朱元璋建都南京后，认为元朝封赏的神太多太滥，为此下令修了10座庙，规定只有这些庙的神才能享受国家级祭祀，其中并没有关庙。传说，关公给朱元璋托梦问："为什么这些庙没有我的？朱元璋回答："你对本朝没有贡献啊！"关公提醒他说："你忘记在鄱阳湖和陈友谅打仗时，是谁协助过你吗？"朱元璋恍然大悟，醒来就下令给关公修庙。当然朱元璋内心更期望的是，武将们都向关老爷学习——既英勇善战，又忠心辅佐君主。

一些帝王感到仅仅封关羽为公、王，还缺乏号召力，只得提高规格。明万历三十三年（公元1605年）加封他为"三界伏魔大帝神威远镇天尊关圣帝君"，成为统治三界的神帝。到了清代，统治者虽然非汉族，但因为民族斗争异常激烈，为增强汉民族的亲切感和认同感，顺治也采用了加封关羽的办法，不仅封他为"忠义神武关圣大帝"而且每年致祭，以示尊崇。

近世有"黑白两道拜关公"的说法。在警察这个行业里，出现最大的英雄就是关公。当初刘备得到的第一个官职叫安嘉县尉，关羽作为县尉的手下，自然也是负责社会治安的。衙役拜关公的习俗一直传到清朝。香港早年割让，没有经历中国现代化过程中的文化变革，所以衙役拜关公的信仰得以存留。殖民时代香港英籍警官虽居高位，但也一定要拜谒关帝像、敬奉香烛，才能获得华人警察的认同。有人不解，为什么香港电影里警察拜关公，黑社会供奉的也是关公呢？黑社会离不开江湖。江湖，顾名思义，由江和湖组成。然而，江是流动的，由它的上游、或由积雪、冰山融化而形成长江，最终川江合一汇入大海！翻腾汹涌的江水一定是由西往东奔向大海的，湖却不同！湖泊不流动，安静，多靠崇山峻岭，大多千年而就，深不可测、多藏杀机。

从抽象的角度来理解，江湖，是一定的社会历史环境，是很险峻的人生旅途，所以有"人在江湖，身不由己"的说法。我们常说，走江湖，闯江湖，这一走一闯意义非常。旧时大凡闯江湖之士大多是身怀绝技、怀才不遇的，大都讲究"义气"二字，路遇不平拔刀相助。

江湖人各分一派、各据一方，互不轻易进犯、互有谦让。一旦犯事，江湖人绝不退缩，会提头来见，所以提起江湖之人大都会选择退避三舍或以另眼相看！其实，江湖人最讲的是规矩，最看重的是名誉！多点江湖气可以让人视野更宽，少些迂腐；多些江湖气，可能明知山有虎偏向虎山行，敢作敢为而不斤斤计较；多些江湖气，可以让我们不再只顾眼前利益，而能让本可以不再缠绕我们心智的人和事化为乌有！我赞赏正义的、有血有肉的江湖之道，更信奉人间正道是沧桑！只有像关公那样，有道德信条，有生死与共、肝胆相照的情义，才能把事情做好。

中国的老百姓信奉关羽，也有其文化上的渊源。首先，关羽的重义气、讲信用非常符合封建社会自然经济中的小生产者的心理需要。农民是小生产者的主流，他们的生产生活是不安定的，除了各种各样的自然灾害之外，还要面对各级衙门的横征暴敛、百般欺压。在这种情况下，他们期盼有仗义救危的善神来保佑，关羽正符合他们心中的期盼。此外，就是百姓们承认皇帝，认为受过"皇封"的人（神）一定灵验。关羽多次受封，自然成了他们心目中威灵无比的天神。第三个原因是百姓也希望为君为臣者都秉持关公的品质和道德来治理国家。

27. 败军之将，却成儒释道三教共拜之神

219年底，关羽的生命结束了，年仅58岁。孙权将关羽首级送给曹操，曹操以诸侯之礼将其安葬于洛阳。孙权一看，赶紧同样用诸侯礼把关羽的身子葬于当阳。刘备欲哭无泪，在成都为关羽建衣冠冢，即成都关羽墓，以招魂祭祀。而关羽故乡山西运城解州后来则建立了关帝庙，是为解州关帝庙，被认为是关羽魂魄归返之处。

民间也称关羽"头枕洛阳，身卧当阳，魂归故里。"所以，中国有三个关公的重要纪念地：当阳的关陵、洛阳的关林、解州的关庙。这种最高的纪念规格始于明朝，仿照孔子的规格而定（孔子老家曲阜有"三孔"，孔庙是祭祀孔子的国家庙宇，孔林是孔子的家族墓地，孔墓就是孔子自己的墓）。可见关羽的武烈之气，大义归天，深为后人崇敬。

在形成对于关羽"全民崇拜"过程中，佛、道、儒三家都先后参与其事，终于使关羽成为中国历史上最重要的神祇之一。关羽一身而系三教之崇，是中国思想文化形成和发展过程中引人注目的事例。清代关庙中有这样一副对联，很能概括关羽在中国传统社会中的历史文化地位和巨大影响：

儒称圣，释称佛，道称天尊，三教尽皈依。式詹庙貌长新，无人不肃然起敬；

汉封侯，宋封王，明封大帝，历朝加尊号。刽是神功卓著，真所谓荡乎难名。

"关公显圣"，由于其跨越时空的神奇功能，一直是历代各地关公传说津

津乐道的主要内容。而"玉泉山关公显圣"一节，甚至被不愿说"怪力乱神"的名儒写进了后世广为流传的《三国志演义》文本，也构成后世关公信仰的基本依据。据说，关羽死后阴魂不散，从空中飘至当阳玉泉山，他恳求普寂法师帮自己找回头颅。玉泉寺的普寂法师是关羽的同乡，开导关羽说："昔非今日，一切休论。后果前因，彼此不爽。今将军为人所害，大呼还我头来。然则颜良文丑、五关六将之头又向谁索要？"普寂一番话说得关羽茅塞顿开，他再一次求法师开导。普寂说，你放下屠刀，去寺院守殿护法方可解脱。关羽从此皈依了佛门。

公元593年，佛教传入荆州，因为荆楚巫风本盛，本地的民间信仰非常旺盛，外来的和尚来了以后没饭吃。高僧如智𫖮，也只能住在岩穴山洞里，或者干脆露宿临建，宛如苦行僧，生活非常艰苦。他熟知民风民心，知道关羽在荆州百姓心目中的特殊地位，所以选中关羽来建寺昌佛。一个晚上，他在山洞里做了一个梦，梦见来了一位神人，他问来者是谁，对方自称关羽，身后跟着关羽的儿子，智𫖮为关羽说破前缘，然后关羽就自愿帮他平了地基，一夜之间给他盖了一座金碧辉煌的寺庙玉泉寺。后来，又一位著名的和尚神秀和禅宗六祖慧能斗法失败后来到荆州，他依附玉泉寺建了另外一个寺庙，说关公给他托梦，只要神秀能够阻拦拆除关羽祠，就答应为佛寺护法。于是，关羽身死370多年之后，佛教借助两个增益的传说第一次把他塑造成了一个护法神的形象。随着唐代另一个佛教宗派密宗的传入，并在其本土化的过程中逐渐地用关羽代替了密宗里的战神"毗沙门天王"。战神关公的形象让他在唐朝中期时成为帝王的陪祀之一。

关公成了佛家神以后，道教想，关公是本土神，凭什么被佛教抢过去了。到了宋朝，道教以关公战蚩尤的故事，加入了对关公的造神运动。原来，山西运城（解州）有一种解盐对国家中央财政非常重要，几乎百官的俸禄和宫女的脂粉钱、对西夏的军事用钱都离不开这种盐。有一次，盐池被污染了，白花花的盐变成了红色。在先秦史籍中，有黄帝联合炎帝与蚩尤争夺关羽故乡盐池的记述，所以当地百姓称之为"蚩尤血"。皇帝很着急，于是把张天师叫来询问。张天师说：我有办法能战胜蚩尤，汉将关羽老家（今天的运城常平村）就在盐池旁边，可以把他请来，为国消灾。结果关公与蚩尤连战三天三夜，大获全胜，盐池恢复如初。道教拿关公在这个事情上大做文章，为的就是正式声明关公是道教门下的神将，从而以皇帝指令的面目出现，依靠国家力量发展壮大自己。

儒家"本不语怪力乱神"，所以是"三教"中最后一个介入关羽崇拜的。也正是因为儒家的介入，关羽崇拜才最终确立了它的全民族地位。《春秋》讲究"大一统"，《左传》也不例外。关羽一生戎马，志在恢复汉室的经历恰好与他好读《左传》相吻合，给儒家提供了一个很好的切入点，从南宋开始，以朱熹为首的理学家大力赞扬关公，把他立为符合儒家思想的执行"春秋大义"、维护统一的榜样。明清两代对关羽的造神运动达到了极致。关公成为儒家神的第一个里程碑，是明朝崇祯年间"关夫子"称号的出现。"夫子"之称向来是公认大儒的专利。自《论语》每以夫子称谓孔子以来，只有孟轲、朱熹等有限几人被以"夫子"称之。但万历以后开始泛滥，以致关羽也被称作"关夫子"，算神祇的一桩奇事。《三国演义》的广泛传播，使关羽成为家喻户晓的人物。明朝万历年间的三次加封使关羽晋升帝位。明朝末年，他正式取代过去的武圣人姜太公成为中国第二任武圣，与文圣人孔子一起接受世人膜拜。帝王对关羽的加封一直延续到了清代，光绪皇帝最后一次加封他时封号繁杂而冗长达到26字之多。历经1700多年，一个武将终于达到了和历代帝王平起平坐的地步。

当初我在扮演这个角色的时候，对关公的理解并没有深入骨髓，电视剧播出后才猛然觉醒到这个人物的重要意义，不由得从行为到思想都不断提醒自己，以关公为楷模。这个过程正如人饿了才能更好地吸收营养。近 20 多年，我逢人就讲关公文化和关公精神。我多次去过运城、当阳、荆州等关帝庙协助庙堂做法事，到各地演讲也在不遗余力地推广。

我和企业、事业团体举办过很多关于弘扬关公文化的主题活动，还与很多企业的负责人结成了兄弟般的友情。不过，"有言在先"成为这些场合的口头禅，任何企业活动都不能打着关公的旗号去做有损于关公名誉的事。其实，这只是我的习惯，信仰关公的朋友并不需交代，他们敬重关公才用关公做形象代言人，如果是心底不纯正的人在关公面前就会望而却步。因为这些努力，我曾被中国诚信文化管理年会暨第三届全球华人关公奖评为"十大坐标人物"。

58 岁的时候，我策划举办了关公诞辰 1852 年纪念会。北京八大处灵光寺的常藏方丈亲临诵经超度，北京及全国各地社会名流等 300 多人抵达现场倾心静听。我现场朗诵了由著名书法家祝醒寰书写、贺彩先生所作的《关公赋》：

维，2014 年 7 月 20 日，时至仲夏，岁在甲午。陆氏树铭率众谨以鲜花素果之仪，钟鼓瑟琴之音，恭祭"忠义仁勇之神"武圣关公忠魂。文曰：

大河汤汤	忠义之邦
煌煌河东	龙降解良
三国云长	幼侠恭良
汉室倾颓	天下仓惶
涿郡避凶	得遇刘张
义结桃园	万古流芳
匡扶汉室	兄弟同当
青龙偃月	刀凛寒光

赤兔北望　　哀我且伤
董卓袁绍　　刚愎自戕
吕布曹瞒　　徒有虚强
刀劈华雄　　温酒未凉
颜良文丑　　易如探囊
保全大义　　蛰伏许昌
秉烛达旦　　侍嫂如娘
夜读春秋　　有如神降
青史青灯　　其道大光
赤面赤心　　其德绵长
挂印封金　　义兄在望
千里单骑　　闯关斩将
齐心戮力　　始有蜀疆
华容道窄　　孟德心凉
义释曹操　　恩德以偿
单刀赴会　　神勇慨慷
鬼泣仙惊　　刮骨疗伤
水淹七军　　人神震煌
败走麦城　　身首两乡
呜呼哀哉
纵有千古　　横有八荒
天下英雄　　亘古无双
誉同孔圣　　位齐帝王
儒释道家　　皆有圣扬

六秩寒暑　　　驰骋沙场

横刀跃马　　　明禋大方

忠信仁勇　　　彪炳岳江

肆摧奸究　　　威灵显彰

普济苍生　　　社稷栋梁

天地共传　　　日月齐光

震古烁今　　　褒祀盈堂

万世不朽　　　浩气常存

忠义千秋　　　灼灼且昌

呜呼哀哉

虔诚致祭　　　伏维尚飨

领祭关公诞辰 1852 年纪念会

　　随后，现场来宾自愿组成了民间公益组织"关公文化联谊会"，同时号召社会各界为修建关帝圣像募捐，关帝圣像的真身将常年供奉于京西八大处四处关帝庙内，供世代子孙瞻仰。

28. 以义取利，晋商做大、做长的秘密

　　如果您去南方，就会发现，凡是生意人的门口，都供奉着财神爷的塑像，明灯红烛照耀着精致的神龛。关公崇拜到明、清两代发展到鼎盛时期，历代帝王都对这个集合着儒释道精神的形象推崇备至。此外，民间又出现了一个全新的关羽形象——财神，且这一形象延续至今。豆腐业、理发业、命相业等几十种行业都尊关公为行业神，极力寻找关公身上符合他们行业的元素。

　　关公没有发过财，没有做过生意，为什么要尊他为财神呢？

　　《三国演义》上有一段描写，曹操有意让关羽叔嫂同房，制造绯闻。没想到关公整整一夜就一个人站在外面，让曹操抓不住一点儿把柄。福建和台湾甚至还有这种传说：当年曹操礼遇关公，上马金下马银，关公把赏来的东西，一笔一笔，按照"原、收、出、存"分类登记。辞别曹营时，根据账簿，把东西干脆、彻底、全部还了回去，于是人们就说关公在中国是商业账簿的发明人。

　　中国社会历来不乏牟利冲动，从中唐开始，商人们把瓷器和茶叶变成了商品，与游牧民族交换马匹。山西地处内陆，山多地少，最初的商帮要冒很大的风险，经常可能遇到强盗等危险情况，这时还没有建立起国家保护的通路，最好是兄弟、哥们、熟人们在一起，相互之间生死相依、彼此绝对信任，这就要

求在商帮的成员中讲究"义"字，东家之间要讲义，东家和伙计之间也要结成世代相依的关系，不会为了一点小利出卖东家或者轻而易举跳槽，就像刘关张"桃园三结义"那样彼此忠诚。

晋商走秦陇、涉大漠、下吴越，牵车服贾，历经磨难，而能成为全国十大商帮之首，除了坚韧不拔的毅力外，靠的就是"义"字。他们打出来"诚信天下、以义取利"的口号，包装出他们的品牌和形象代言人——关公。晚明时，晋商开创了很多重要的商业制度。他们在全国各地建立起成百上千座令人叹为观止的晋商会馆。会馆的兴建由各帮商人自愿捐款，管理由大家委派专人负责，是传统社会结构中难得的公共场所。晋商会馆承担着一项道义责任，就是为客死异乡的同乡送终埋骨。因为商人逐利而行，流动性大，风险也大。一旦有病无钱，灾难踵至，会馆都会发动同行相助。

各地会馆最引人注目的建筑就是关帝庙。许多会馆，往往是先庙后馆，或庙馆合一，这些关帝庙都是当地最华丽雄伟的建筑，至今仍是当地名胜古迹。各地晋商会馆都有戏台，每逢关帝诞辰和喜庆之日都要演戏酬神，所演剧目大多是关公戏。他们用关公的"忠义仁勇"的精神规范自我，以义来教育约束同乡、团结同行，以诚信作为人生信仰，从而达到人生最高境界。而建关帝庙，唱关公戏，则不自觉地完成了对关公文化的传播。

晋商之所以能够做成世代相传的产业，长达三四百年，而不是二代、三代而亡，除了做大做强，还可以做长。晋商都是长线经营，从不小打小闹，二是规模很大，范围很广，朋友奇多。是因为关公并不是通常意义的保护发财的神，他从不保护不义之财，作为商业道德之神，他强调要有很好的人际关系，从而建立起发达的商业网络和健全的运作体系。关公是晋商商业人格升华的催化剂，是晋商商帮团结的黏合剂，是晋商文化的载体或符号。千百年来，关公的"忠义仁勇"始终植根在晋商的血脉里。关公待人之诚、为人之信，与晋商诚信经营的哲学不谋而合。

最重要的一点，晋商突破了儒家的一个难题，这个难题就是孔子说的"君子欲于义，小人欲于利"，如果求利就不是君子，要是君子就必须得穷，这是儒家从孔子以来一直都没有解决的问题。晋商提出解决义利之变的办法——以义取利，先守义。我可以当君子，但是我也可以做生意。

比如贩卖茶叶，战线非常长，先要拿出三分之一的资金用于种茶，开发新品种，还有三分之一要用到运茶上面，三分之一用在到了目的地分销上面，当大家义气同心以后，如果卖家遇到灾害，或者长途贩运中间遇到问题，交货期限、交货数量达不到合同要求，就需要买家的信任。货来不了，钱够不上买家能先垫上。而如果买家有困难，商家就把货赊给他，以后有钱再还，这样都是一做就几百年。

关公成为财神，说明在明清时期的中国商业界已经认识到，经商不仅仅是诚信的问题，而是信义的问题。商业活动，不仅仅是一种盈利的冲动，还应该作为一个事业，才能够基业常青。

29. 关公信仰，华人世界最广泛的文化认同

关公文化根植于华夏大地，嬗变于沧桑历史，普及于黎民百姓，传播于五湖四海，它已经渗透到河洛文化、秦晋文化、燕赵文化、荆湘文化、南粤文化、齐鲁文化、吴越文化和海外侨胞社团文化之中。在今天的地球上，凡是有华人的地方，就能够找到一尊尊大小不一、材质不同的关公塑像，在中华文化的土

壤上扎根延绵千年之后，关公长成了一棵庙祠遍天下的参天大树，枝节甚至蔓延生长到了远隔重洋的海外。关公作为海外华人对于中国和中国各民族认同的重要符号，伴随炎黄子孙的足迹遍布全球。

关公信仰向边疆和海外传播的过程，与约200年前开始的移民大潮是基本同步的。清朝前期，中国人口史无前例的急剧增长，导致中国开始出现经济型移民，方向主要为：走西口、闯关东、过台湾、下南洋、淘金山。

"过台湾"移民主要来自福建漳州、泉州和广东潮州。后来日本侵占台湾，推行去中国化政策，其中很重要的一条，就是把中国的本土神从祭祀之中清除出去。日据时期，台湾发生的最重要的一次武装反抗事件就是在关帝庙集会肇始的。

"走西口"与晋商有很大关系。当时最大的晋商大圣魁，东家分别是山西太谷的王家、祁县的张家、史家，他们发现沿着蒙古到欧洲这条西北方向的路上有很大的商机，就挑着小担为清军提供供应。一开始生意很不顺利，没有赚到钱，准备回家过年，晚上就住在朔州关帝庙里，煮些米汤充饥。突然来了一位壮汉，他们热情接待，还把米汤让给他喝。壮汉留下一包银子，不辞而别。后来，他们多次寻访，都没有找到壮汉的下落。三人商量，暂时挪用银子作为本钱，日后挣到钱分成四份。大盛魁发展成为山西最大的商号，就把准备分给壮汉的钱变成了财神股。在他们的心目中，壮汉就是关公显灵，大盛魁的业务发展到什么地方，他们就把关帝庙修在什么地方，以报答当日之恩。

"闯关东"主要是山东、河北的移民步行出关，他们大都带着家乡的关帝像，到了关外，先把像安放起来，然后再建村、建寨。像齐齐哈尔关帝庙、辽阳关帝庙，尤其是黑龙江的虎林关帝庙都是这样建成的。

"下南洋"的移民主要来自福建和广东。大家到了一个新的地方，想要联合起来，就要供奉一个正神，要修关帝庙。移民如果在外面受了欺负，就会在关帝庙里面商量如何对付；如果不同的家族，或者不同的地域的华人发生了冲突，也会在庙里来商量如何协调。

"淘金山"是在 1850 年前后，因为美国圣弗朗西斯科发现大型金矿，很多广东的华人纷纷涌过去淘金。另外，贯穿北美的铁路也雇佣了大量华工来修建。当时广东开平有个龙冈，是一个刘姓人家的祖传之地，因为无法对抗一家大户的侵占，就邀请当地的关姓、张姓、赵姓，仿照桃园三结义，共同保护龙冈，为此建立了一座龙冈三义庙。后来开平很多人移民到美国，提议成立龙冈亲义总会，发扬关公的忠义仁勇精神，团结一心，共同在海外拓展。关公不但是移民维系对家乡、故土思念的一种象征，也是鼓舞移民开拓新天地、创业立家的非常重要的精神力量。另外，关帝庙也是当地的华人协调自己内部矛盾的一个最好的场所。华人之间发生了纠纷就到关帝庙讲理去，谁输了罚（雇人）演关公戏，来教育大家如何诚信。美国纽约的关帝庙就建在高楼里面，美国总统选举，或是纽约州州长、市长选举，为了争取华人的选票，都会到庙里边去拜关公。

据不完全统计，世界上共有 30 多个国家和地区建有关帝庙 3 万余座，仅马来西亚和日本就有关帝庙 1000 多座。关公成了"圆融儒释道，覆盖多民族，连通港澳台，护佑全华人"的历史巨人，成了全球华人推崇的"万能之神"。

2015 年正值中越建交 65 周年，习近平总书记对越南进行国事访问，中央电视台新闻频道回放了中国的《三国演义》在越南电视台播放的盛况，其中剪辑了由我扮演的关公的很多经典镜头。越南人喜爱关羽，喜爱他赤面忠诚、披荆斩棘的豪侠气概。先人们在越南中部的会安古城里修建了一座"关公庙"，之后历经多次修缮形成现在的规模。越南 "西都"之称的芹苴市里也有一座男人寺，里面同样供奉着关公，历史已逾百年。逢年过节，华人会来这里进香，祈祷生意兴隆，人财两旺。这里的一檐一瓦、一字一画都是岁月的承载。在河内、胡志明市的一些私人店铺里，依然可以见到用木头雕刻成的关公像。长须飘逸，大刀紧握，关公已化身为店铺的保护神。

30. 今天，我们还要不要敬关公？

有一次，和胡小伟老师聊天，他说，西方国家在现代化过程中，将自己的传统和文化资源进行了系统的清理和整合，欧洲各国大多拥有了属于各民族的史诗，并通过史诗使得原本早已丧失共同记忆的民族有了自己的历史。喜欢观看外国电影大片的观众们，一定可以从《勇敢的心》《魔戒》《阿凡达》等中发现其中的真谛。史诗的主题一定是讴歌英雄人物，而且是悲剧人物。英雄并非全知全能，也有种种缺点和弱点，但一定是不畏强暴，为整个民族奋斗。把关公写成"义绝"的《三国演义》，其实就是这样一部史诗。

我们这样一个曾经濒临绝地的国家，从饥饿、贫穷和混乱中迈步，走向独立、自主、统一和富强，为了这一刻，有太多先辈、太多青年慨然赴死，那种悲壮和得偿所愿的喜悦反差，让人不免感怀。但是随着中国的快速发展，我们在不断引进西方的生活方式的同时，距离我们的传统越来越遥远。

整个社会的诚信意识正在受到前所未有的冲击和挑战，它与环境问题、腐败问题成为中国社会的三大污染源。一些人把利益当成唯一的价值，将信仰、理想、道德都当成交易的筹码。为谋取一己私利而放弃诚实的做人根本，唯利是图、见利忘义。在当今的社会环境中，各个领域大量充斥着背信弃义的现实案例，经济领域的假冒伪劣产品，假药、假酒、毒奶粉、地沟油横行；文化市场中的盗版侵权、伪科学、伪技术乘机泛滥；人际交往中的相互不信任；更可怕的是在社会政治领域中，以权谋私、钱权交易、以权代法、贪赃枉法、索贿受贿等。人们已经开始习惯不诚信现象在社会中的普遍存在，造成人际关系的危机、冷漠，以至于人人都感到活得累。

见义勇为哪里去了？扶弱济困哪里去了？路见不平拔刀相助哪里去了？我们还会不会义愤填膺？我们还会不会奋不顾身？社会还有没有正义感？人们还剩下多少英雄气？世上还有没有血性男儿？人间还有没有刚烈丈夫？

我们今天不仅要敬关公，且还要大敬特敬。

中国文化博大精深、悠悠绵长，恰似长夜浩瀚的星空，令人迷醉向往。在群星璀璨之中，关公文化独树一帜，与湮灭在历史长河中的峨冠博带、丝绸之路上的马嘶驼铃一样，盛名犹存，俨然已成为中华民族文化辽阔的星空最闪耀的一颗星。它随秦汉的雄伟建筑、魏晋的多元思想、盛唐的诗歌、宋元的词山曲海、明清小说传统的综合承继一路走来。

时值今天，关公已不单是罗贯中笔下的一个历史传说人物，历史已经赋予他层层耀眼的光环。如此显赫功德凭借的必定不仅仅是《三国演义》小说中的故事，也不是《三国志》对关公寥寥数语的评述，人们这样推崇他，必定有更深刻的内涵及民族情结所在。

从古至今，关公精神及其践行，激发着不满足于现状人们的独善其身地修行。人们膜拜英雄、推崇忠义精神，幻想社会太平、有替天行道的人物出现，帮助自己实现理想，而关公的理念顺理成章地成为百姓的不二选择。我和哥哥曾经三次专程到关公的家乡常平祭拜过关公。关圣家庙规模并不算大，但其中有碑刻 22 通，其中金代 1 通，明代 7 通，清朝 13 通，民国 1 通。我对横匾赞词做了重点记录：文武神圣、大威德、忠义千秋、久应生辉、天道酬仁、惠泽万民等，发现赞词集中多体现关公的威、仁之意。宣扬关公的"威"，背后颂扬的是他的"德"。三国名将就武功而言，关公的武艺不是最强的，然而唯独他勇冠三军，威震华夏，有些战役甚至是不战而退人之兵，实在是德馨天下。关公在曹营挂印封金，却寻兄心切急于离开，其无意功名、视金钱如粪土，为后人淡泊名利、一心为义树立了榜样。因为关公德馨厚重，老百姓喜欢关公；因为关公的仁义，老百姓喜欢关公；因为关公的信，老百姓喜欢关公。关公最了解百姓的疾苦，知道百姓想什么有何需求，他心底无私一心为民，只有关公的情怀所表述的是对劳苦大众人文的关怀。所以说，古代称帝者唯独关公本身为草民，是老百姓心中的帝王，称他为"平民帝王"一点儿不为过。

纵观中华民族关公文化的进化过程，历史变迁，朝代更替，人们对关公的敬重不变；江河奔腾，泥沙俱下，关公的精神永存。这在世界文化史的记载中都极为鲜见，不能不说是人类信仰中一个很鲜明的个例。翔实的材料告诉我们，在关公大红大紫的时候，他依然吃的是简单的饭食，穿着朴素的衣服，且没有绯闻。今人能做到吗？我和哥哥曾经专门采访过关公故里的一位解说员。我问，我们塑造的关公是一个只爱过一个女人，但终身未娶且不再娶不再爱别人的人如何？年轻的女解说员顿时眼泪盈眶，连声回答："对，对，他就是这样一个感情专一的人！"她的话也让我动容，人们憧憬完美的人格乃天性使然，人们都应该有这样的信仰才是人类的真善美。

我去过普陀山，因有求而往，许愿还愿多次往返，真真地见识了普陀山繁盛的香火。相比之下，关帝庙着实冷落了许多，虽然不乏不少民众为敬重钦佩祝福关公而来，但似乎更信普陀山的神灵。这一繁一冷的香火，是否隐含着人们与这位浩然正气的将军渐行渐远？是祈望与失望的抉择？还是内心的冷漠与彷徨的取舍？我调查过拜关公与求观音的信众的目的，竟然极为不同。普陀山通往观音寺的路上，匍匐跪行的许愿者，看着他们虔诚的面庞，甘愿五体投地地前行，钦佩之余心底反问：普陀山中、关帝庙前的朝圣哪个更神圣？我们在向神灵贴近的同时，是否也能体会他们曾经的苦难？还只是敬佩他们的辉煌乃至一味的求索？我站定在那儿思索着，较之现在对神灵的追随，以往的人们有何不同？是我们不够虔诚，还是执迷不悟，还是无奈加无助？是时代变迁了，还是我们随之改变？我不能确定。

我心中也在不断地自问，求观音，拜关公，这一求一拜，人们的心里其实也是有一杆秤啊！在这繁花似锦的社会中，我们即使拜过关公，但有谁几个人能像关公一样孜孜不倦、苦苦地追索，循着神灵灵通的心界走到极致？吃简单的饭食，穿朴素的衣服？有官不做，有美女不享，有钱财不贪？当我年轻的时候，我会回答"我能做到！"然而今天我自己的回答竟然是否定，那一刻，我心如寒蝉。我们的信仰又该归向何方？究竟是循着坚定的信仰去拼搏努力，追求真善美？还是归向我自心中的安然，洁身自好，返璞归真？或者逃避龟缩？甚至抛弃所有，我行我素？我不能确定。这似乎是现代中国人普遍的心结。

我给孩子们讲解关公文化。

我们多年来苦苦推广我们的呕心沥血之作，电视连续剧《忠义千秋》屡屡搁浅。荧屏上在播出着雷剧、荒诞剧、搞笑剧，严肃的作品却少有人问津。一部美国的电影《越战忠魂》把一场侵略战争描述的正义的星条旗迎风飘扬；一部《亚历山大大帝》的电影把到处扩张、侵略的亚历山大硬是写成了亚历山大大帝的史诗。我担心这样酝酿下去，发酵而至就是一场灾难。

让我身体力行从自己做起吧！演关公，做关公，弘扬关公文化。这十几年来，为弘扬关公文化我常去大专院校、下军营讲课。最让我有感触的是一次去空军指挥学院讲课，接待的规格极高，让我这个"古代将军"享受了一次现代将士对我的礼遇，以至于本应40分钟的课，被讲成了两个小时。还有一次我去人大附小演讲，当我将签过名的关公照送给这些小同学的时候，他们眼神焕发出兴奋无比的光彩。我想，对这群孩子来说，这种记忆及经历是宝贵的，他们永远会记得，某一天，在我上二年级的时候，我知道了咱们古代有一个叫"关公"的将军，孩子们会追根溯源地知道什么是关公文化……

每一个正直的中国人是有责任了解、传播关公文化，我们没有理由摈弃它，舍本求末。不能想象一个没有自己民族文化信仰作为底蕴的社会是何种面目，更难以想象，没有灵魂归宿的家园意味着什么？

关公文化形成于历史，必将继续传承下去。我总是在这样想，如果我们心中还有信仰，我们的社会一定会变得更美好。"人的一生应该怎样度过？"这应该是每一个青年人都需要思考的问题。而在体制转轨、社会转型、思想多样、利益多元、人们面临种种诱惑的时候，这个问题着实难倒了不少人。要回答这样的终极思考，只有信仰。没有信仰，很多问题的答案就会变得似是而非。

信仰的意义并不只在于它是信仰，而且还在于它是一种怎样的信仰。今天，绝大多数人不再盲目地接受来自传统或宗教、政治教义的信仰，而是用理性来思考和判断信仰的内容和合理性。"信仰不是一种学问，而是一种行为，它只有被实践的时候才有意义。"罗曼·罗兰在他所著的《名人传》中如此描述。我还记得胡小伟先生振聋发聩地呐喊：一个民族的道德不可能引进，必须根植在自己的历史文化基础上。

关羽所代表的忠义仁勇精神，是在几千年王权社会漫长的历史进程中，经过儒家思想长期的熏陶濡染，中国人民自己选择的道德偶像，自己确定的人格追求。这个道德偶像和人格追求还会长期影响着人们的思想和生活，还会是民间意识形态的核心价值。

就更大的范围而言，信仰多元，道德观念迥异，是长期的。就在我们进入新的世纪的时候，纷乱的世界格局，不同的价值观念的对立，不同阶层的人群坚持不同立场的社会现实，还有没有普适的道德伦理？还有没有人类普遍认同的道德伦理？

答案是肯定的。

正义、忠诚、义气、仁爱、光明、磊落、赤诚、信用、坦荡、英勇、刚猛、雄烈、豪气、坚毅、忍耐、担当、自尊、威严、凛然、坚贞、不屈，还有对不义之财的蔑视、对美色的矜持、对官位的淡泊、对小人的不屑、对敌人的凌厉……这么多高贵的品行和伟大的精神，都表现在关公一生的行动中，都蕴藏在关公不朽的灵魂里。

这一切，就是中国人民道德精华和高贵品质的集合体。

让信仰的光芒力透时代。我们应该重新回归关公精神，重塑中华民族的史诗，青年一代有理想、有担当、不迷惘，国家就有力量，民族就有希望。历尽艰难的中华民族此刻比历史上任何时期都更接近伟大复兴的目标，让我们站在信仰之巅，扛起时代在肩，追逐中国梦，拥抱中国梦。

附录

附录一 《三国演义》关羽经典片段节选

01. 桃园三结义

　　且说张角一军，前犯幽州界分。幽州太守刘焉，乃江夏竟陵人氏，汉鲁恭王之后也；当时闻得贼兵将至，召校尉邹靖计议。靖曰："贼兵众，我兵寡，明公宜作速招军应敌。"刘焉然其说，随即出榜招募义兵。榜文行到涿县，引出涿县中一个英雄。那人不甚好读书；性宽和，寡言语，喜怒不形于色；素有大志，专好结交天下豪杰；生得身长七尺五寸，两耳垂肩，双手过膝，目能自顾其耳，面如冠玉，唇若涂脂；中山靖王刘胜之后，汉景帝阁下玄孙：姓刘，名备，字玄德。昔刘胜之子刘贞，汉武时封涿鹿亭侯，后坐酎金失侯，因此遗这一枝在涿县。玄德祖刘雄，父刘弘。弘曾举孝廉，亦尝作吏，早丧。玄德幼孤，事母至孝；家贫，贩屦织席为业。家住本县楼桑村。其家之东南，有一大桑树，高五丈余，遥望之，童童如车盖。相者云："此家必出贵人。"玄德幼时，与乡中小儿戏于树下，曰："我为天子，当乘此车盖。"叔父刘元起奇其言，曰："此儿非常人也！"因见玄德家贫，常资给之。年十五岁，母使游学，尝师事郑玄、卢植，与

公孙瓒等为友。及刘焉发榜招军时，玄德年已二十八岁矣。

当日见了榜文，慨然长叹。随后一人厉声言曰："大丈夫不与国家出力，何故长叹？"玄德回视其人：身长八尺，豹头环眼，燕颔虎须，声若巨雷，势如奔马。玄德见他形貌异常，问其姓名。其人曰："某姓张，名飞，字翼德。世居涿郡，颇有庄田，卖酒屠猪，专好结交天下豪杰。恰才见公看榜而叹，故此相问。"玄德曰："我本汉室宗亲，姓刘，名备。今闻黄巾倡乱，有志欲破贼安民；恨力不能，故长叹耳。"飞曰："吾颇有资财，当招募乡勇，与公同举大事，如何？"玄德甚喜，遂与同入村店中饮酒。正饮间，见一大汉，推着一辆车子，到店门首歇了；入店坐下，便唤酒保："快斟酒来吃，我待赶入城去投军。"玄德看其人：身长九尺，髯长二尺；面如重枣，唇若涂脂；丹凤眼，卧蚕眉：相貌堂堂，威风凛凛。玄德就邀他同坐，叩其姓名。其人曰："吾姓关，名羽，字长生，后改云长，河东解良人也。因本处势豪，倚势凌人，被吾杀了；逃难江湖，五六年矣。今闻此处招军破贼，特来应募。"玄德遂以己志告之。云长大喜。同到张飞庄上，共议大事。

飞曰："吾庄后有一桃园，花开正盛；明日当于园中祭告天地，我三人结为兄弟，协力同心，然后可图大事。"玄德、云长齐声应曰："如此甚好。"次日，于桃园中，备下乌牛白马祭礼等项，三人焚香再拜而说誓曰："念刘备、关羽、张飞，虽然异姓，既结为兄弟，则同心协力，救困扶危；上报国家，下安黎庶；不求同年同月同日生，只愿同年同月同日死。皇天后土，实鉴此心。背义忘恩，天人共戮！"誓毕，拜玄德为兄，关羽次之，张飞为弟。祭罢天地，复宰牛设酒，聚乡中勇士，得三百余人，就桃园中痛饮一醉。

（节选自《三国演义》第一回 宴桃园豪杰三结义 斩黄巾英雄首立功）

02. 温酒斩华雄

忽探子来报："华雄引铁骑下关，用长竿挑着孙太守赤帻，来寨前大骂搦战。"绍曰："谁敢去战？"袁术背后转出骁将俞涉曰："小将愿往。"绍喜，便著俞涉出马。即时报来："俞涉与华雄战不三合，被华雄斩了。"众大惊。太守韩馥曰："吾有上将潘凤，可斩华雄。"绍急令出战。潘凤手提大斧上马。去不多时，飞马来报："潘凤又被华雄斩了。"众皆失色。绍曰："可惜吾上将颜良、文丑未至！得一人在此，何惧华雄！"言未毕，阶下一人大呼出曰："小将愿往斩华雄头，献于帐下！"众视之，见其人身长九尺，髯长二尺，丹凤眼，卧蚕眉，面如重枣，声如巨钟，立于帐前。绍问何人。公孙瓒曰："此刘玄德之弟关羽也。"

绍问现居何职。瓒曰："跟随刘玄德充马弓手。"帐上袁术大喝曰："汝欺吾众诸侯无大将耶？量一弓手，安敢乱言！与我打出！"曹操急止之曰："公路息怒。此人既出大言，必有勇略；试教出马，如其不胜，责之未迟。"袁绍曰："使一弓手出战，必被华雄所笑。"操曰："此人仪表不俗，华雄安知他是弓手？"关公曰："如不胜，请斩某头。"操教酾热酒一杯，与关公饮了上马。关公曰："酒且斟下，某去便来。"出帐提刀，飞身上马。众诸侯听得关外鼓声大振，喊声大举，如天摧地塌，岳撼山崩，众皆失惊。正欲探听，鸾铃响处，马到中军，云长提华雄之头，掷于地上。——其酒尚温。后人有诗赞之曰：

威镇乾坤第一功，辕门画鼓响咚咚。

云长停盏施英勇，酒尚温时斩华雄。

曹操大喜。只见玄德背后转出张飞，高声大叫："俺哥哥斩了华雄，不就这里杀入关去，活拿董卓，更待何时！"袁术大怒，喝曰："俺大臣尚自谦让，量一县令手下小卒，安敢在此耀武扬威！都与赶出帐去！"曹操曰："得功者赏，何计贵贱乎？"袁术曰："既然公等只重一县令，我当告退。"操曰："岂可因一言而误大事耶？"命公孙瓒且带玄德、关、张回寨。众官皆散。曹操暗使人赍牛酒抚慰三人。

（节选自《三国演义》第五回 发矫诏诸镇应曹公 破关兵三英战吕布）

03. 赚城斩车胄

且说朱灵、路昭回许都见曹操，说玄德留下军马。操怒，欲斩二人。荀彧曰："权归刘备，二人亦无奈何。"操乃赦之。彧又曰："可写书与车胄就内图之。"操从其计，暗使人来见车胄，传曹操钧旨。胄随即请陈登商议此事。登曰："此事极易。今刘备出城招民，不日将还；将军可命军士伏于瓮城边，只作接他，待马到来，一刀斩之；某在城上射住后军，大事济矣。"胄从之。陈登回见父陈珪，备言其事。珪命登先往报知玄德。登领父命，飞马去报，正迎着关、张，报说如此如此。原来关、张先回，玄德在后。张飞听得，便要去厮杀。云长曰："他伏瓮城边待我，去必有失。我有一计，可杀车胄：乘夜扮作曹军到徐州，引车胄出迎，袭而杀之。"飞然其言。那部下军原有曹操旗号，衣甲都同。当夜三更，到城边叫门。城上问是谁，众应是曹丞相差来张文远的

171

人马。报知车胄，胄急请陈登议曰："若不迎接，诚恐有疑；若出迎之，又恐有诈。"胄乃上城回言："黑夜难以分辨，平明了相见。"城下答应："只恐刘备知道，疾快开门！"车胄犹豫未定，城外一片声叫开门。车胄只得披挂上马，引一千军出城；跑过吊桥，大叫："文远何在？"火光中只见云长提刀纵马直迎车胄，大叫曰："匹夫安敢怀诈，欲杀吾兄！"车胄大惊，战未数合，遮拦不住，拨马便回。到吊桥边，城上陈登乱箭射下，车胄绕城而走。云长赶来，手起一刀，砍于马下，割下首级提回，望城上呼曰："反贼车胄，吾已杀之；众等无罪，投降免死！"诸军倒戈投降，军民皆安。

云长将胄头去迎玄德，具言车胄欲害之事，今已斩首。玄德大惊曰："曹操若来，如之奈何？"云长曰："弟与张飞迎之。"玄德懊悔不已，遂入徐州。百姓父老，伏道而接。玄德到府，寻张飞，飞已将车胄全家杀尽。玄德曰："杀了曹操心腹之人，如何肯休？"陈登曰："某有一计，可退曹操。"正是：既把孤身离虎穴，还将妙计息狼烟。

（节选自《三国演义》第二十一回 曹操煮酒论英雄 关公赚城斩车胄）

04. 屯土山约三事

捱到天晓，再欲整顿下山冲突，忽见一人跑马上山来，视之乃张辽也。关公迎谓曰："文远欲来相敌耶？"辽曰："非也。想故人旧日之情，特来相见。"遂弃刀下马，与关公叙礼毕，坐于山顶。公曰："文远莫非说关某乎？"辽曰：

"不然。昔日蒙兄救弟，今日弟安得不救兄？"公曰："然则文远将欲助我乎？"辽曰："亦非也。"公曰："既不助我，来此何干？"辽曰："玄德不知存亡，翼德未知生死。昨夜曹公已破下邳，军民尽无伤害，差人护卫玄德家眷，不许惊忧。如此相待，弟特来报兄。"关公怒曰："此言特说我也。吾今虽处绝地，视死如归。汝当速去，吾即下山迎战。"张辽大笑曰："兄此言岂不为天下笑乎？"公曰："吾仗忠义而死，安得为天下笑？"辽曰："兄今即死，其罪有三。"公曰："汝且说我那三罪？"辽曰："当初刘使君与兄结义之时，誓同生死；今使君方败，而兄即战死，倘使君复出，欲求兄相助，而不可复得，岂不负当年之盟誓乎？其罪一也。刘使君以家眷付托于兄，兄今战死，二夫人无所依赖，负却使君依托之重。其罪二也。兄武艺超群，兼通经史，不思共使君匡扶汉室，徒欲赴汤蹈火，以成匹夫之勇，安得为义？其罪三也。兄有此三罪，弟不得不告。"

公沉吟曰："汝说我有三罪，欲我如何？"辽曰："今四面皆曹公之兵，兄若不降，则必死；徒死无益，不若且降曹公；却打听刘使君音信，如知何处，即往投之。一者可以保二夫人，二者不背桃园之约，三者可留有用之身：有此三便，兄宜详之。"公曰："兄言三便，吾有三约。若丞相能从，我即当卸甲；如其不允，吾宁受三罪而死。"辽曰："丞相宽洪大量，何所不容。愿闻三事。"公曰："一者，吾与皇叔设誓，共扶汉室，吾今只降汉帝，不降曹操；二者，二嫂处请给皇叔俸禄养赡，一应上下人等，皆不许到门；三者，但知刘皇叔去向，不管千里万里，便当辞去：三者缺一，断不肯降。望文远急急回报。"张辽应诺，遂上马，回见曹操，先说降汉不降曹之事。操笑曰："吾为汉相，汉即吾也。此可从之。"辽又言："二夫人欲请皇叔俸给，并上下人等不许到门。"操曰："吾于皇叔俸内，更加倍与之。至于严禁内外，乃是家法，又何疑焉！"辽又曰："但知玄德信息，虽远必往。"操摇首曰："然则吾养云长何用？此事却难从。"辽曰："岂不闻豫让'众人国士'之论乎？刘玄德待云长不过恩厚耳。丞相更施厚恩以结其心，何忧云长之不服也？"操曰："文远之言甚当，吾愿从此三事。"

张辽再往山上回报关公。关公曰："虽然如此，暂请丞相退军，容我入城见二嫂，告知其事，然后投降。"张辽再回，以此言报曹操。操即传令，退军三十里。荀彧曰："不可，恐有诈。"操曰："云长义士，必不失信。"遂引军退。关公引兵入下邳，见人民安妥不动，竟到府中，来见二嫂。甘、糜二夫人听得关公到来，急出迎之。公拜于阶下曰："使二嫂受惊，某之罪也。"二夫人曰："皇叔今在何处？"公曰："不知去向。"二夫人曰："二叔今将若何？"公曰："关某出城死战，被困土山，张辽劝我投降，我以三事相约。曹操已皆允从，故特退兵，放我入城。我不曾得嫂嫂主意，未敢擅便。"二夫人问："那三事？"关公将上项三事，备述一遍。甘夫人曰："昨日曹军入城，我等皆以为必死；谁想毫发不动，一军不敢入门。叔叔既已领诺，何必问我二人？——只恐日后曹操不容叔叔去寻皇叔。"公曰："嫂嫂放心，关某自有主张。"二夫人曰："叔叔自家裁处，凡事不必问俺女流。"

关公辞退，遂引数十骑来见曹操。操自出辕门相接。关公下马入拜，操慌忙答礼。关公曰："败兵之将，深荷不杀之恩。"操曰："素慕云长忠义，今日幸得相见，足慰平生之望。"关公曰："文远代禀三事，蒙丞相应允，谅不食言。"操曰："吾言既出，安敢失信。"关公曰："关某若知皇叔所在，虽蹈水火、必往从之。——此时恐不及拜辞，伏乞见原。"操曰："玄德若在，必从公去；但恐乱军中亡矣。公且宽心，尚容缉听。"关公拜谢。

（节选自《三国演义》第二十五回 屯土山关公约三事 救白马曹操解重围）

05. 斩颜良、诛文丑

操见连斩二将，心中忧闷。程昱曰："某举一人可敌颜良。"操问是谁。昱曰："非关公不可。"操曰："吾恐他立了功便去。"昱曰："刘备若在，必投袁绍。今若使云长破袁绍之兵，绍必疑刘备而杀之矣。备既死，云长又安往乎？"操大喜，遂差人去请关公。关公即入辞二嫂。二嫂曰："叔今此去，可打听皇叔消息。"

关公领诺而出，提青龙刀，上赤兔马，引从者数人，直至白马来见曹操。操叙说："颜良连诛二将，勇不可当，特请云长商议。"关公曰："容某观之。"操置酒相待。忽报颜良搦战。操引关公上土山观看。操与关公坐，诸将环立。曹操指山下颜良排的阵势，旗帜鲜明，枪刀森布，严整有威，乃谓关公曰："河北人马，如此雄壮！"关公曰："以吾观之，如土鸡瓦犬耳！"操又指曰："麾盖之下，绣袍金甲，持刀立马者，乃颜良也。"关公举目一望，谓操曰："吾观颜良，如插标卖首耳！"操曰："未可轻视。"关公起身曰："某虽不才，愿去万军中取其首级，来献丞相。"张辽曰："军中无戏言，云长不可忽也。"关公奋然上马，倒提青龙刀，跑下山来，凤目圆睁，蚕眉直竖，直冲彼阵。河北军如波开浪裂，关公径奔颜良。颜良正在麾盖下，见关公冲来，方欲问时，关公赤兔马快，早已跑到面前；颜良措手不及，被云长手起一刀，刺于马下。忽地下马，割了颜良首级，拴于马项之下，飞身上马，提刀出阵，如入无人之境。河北兵将大惊，不战自乱。曹军乘势攻击，死者不可胜数；马匹器械，抢夺极多。关公纵马上山，众将尽皆称贺。公献首级于操前。操曰："将军真神人也！"关公曰："某何足道哉！吾弟张翼德于百万军中取上将之头，如探囊取物耳。"操大惊，回顾左右曰："今后如遇张翼德，不可轻敌。"令写于衣袍襟底以记之。

（节选自《三国演义》第二十五回 屯土山关公约三事 救白马曹操解重围）

文丑军既得粮草车仗，又来抢马。军士不依队伍，自相杂乱。曹操却令军将一齐下土阜击之，文丑军大乱。曹兵围裹将来，文丑挺身独战，军士自相践踏。文丑止遏不住，只得拨回马走。操在土阜上指曰："文丑为河北名将，谁可擒之？"张辽、徐晃飞马齐出，大叫："文丑休走！"文丑回头见二将赶上，遂按住铁枪，拈弓搭箭，正射张辽。徐晃大叫："贼将休放箭！"张辽低头急躲，一箭射中头盔，将簪缨射去。辽奋力再赶，坐下战马，又被文丑一箭射中面颊。那马跪倒前蹄，张辽落地。文丑回马复来，徐晃急轮大斧，截住厮杀。只见文丑后面军马齐到，晃料敌不过，拨马而回，文丑沿河赶来。忽见十余骑马，旗号翩翻，一将当头提刀飞马而来，乃关云长也，大喝："贼将休走！"与文丑交马。战不三合，文丑心怯，拨马绕河而走。关公马快，赶上文丑，脑后一刀，将文丑斩下马来。曹操在土阜上，见关公砍了文丑，大驱人马掩杀。河北军大半落水，粮草马匹仍被曹操夺回。

（节选自《三国演义》第二十六回 袁本初败兵折将 关云长挂印封金）

06. 挂印封金

且说曹操见云长斩了颜良，倍加钦敬，表奏朝廷，封云长为汉寿亭侯，铸印送关公。忽报袁绍又使大将文丑渡黄河，已据延津之上。操乃先使人移徙居民于西河，然后自领兵迎之；传下将令：以后军为前军，以前军为后军；粮草先行，军兵在后。吕虔曰："粮草在先，军兵在后，何意也？"操曰："粮草在后，多被剽掠，故令在前。"虔曰："倘遇敌军劫去，如之奈何？"操曰："且待敌军到时，却又理会。"虔心疑未决。操令粮食辎重沿河堑至延津。操在后军，听得前军发喊，急教人看时，报说："河北大将文丑兵至，我军皆弃粮草，四散奔走。后军又远，将如之何？"操以鞭指南阜曰："此可暂避。"人马急奔土阜。操令军士皆解衣卸甲少歇，尽放其马。文丑军掩至。众将曰："贼至矣！可急收马匹，退回白马！"荀攸急止之曰："此正可以饵敌，何故反退？"操急以目视荀攸而笑。攸知其意，不复言……

云长引数骑东冲西突。正杀之间，刘玄德领三万军随后到。前面哨马探知，报与玄德云："今番又是红面长髯的斩了文丑。"玄德慌忙骤马来看，隔河望见一簇人马，往来如飞，旗上写着"汉寿亭侯关云长"七字。玄德暗谢天地曰："原来吾弟果然在曹操处！"欲待招呼相见，被曹兵大队拥来，只得收兵回去。袁绍接应至官渡，下定寨栅。郭图、审配入见袁绍，说："今番又是关某杀了文丑，刘备佯推不知。"袁绍大怒，骂曰："大耳贼！焉敢如此！"少顷，玄德至，绍令推出斩之。玄德曰："某有何罪？"绍曰："你故使汝弟又坏我一员大将，如何无罪？"玄德曰："容伸一言而死：曹操素忌备，今知备在明公处，恐备助公，故特使云长诛杀二将。公知必怒。此借公之手以杀刘备也。愿明公思之。"袁绍曰："玄德之言是也。汝等几使我受害贤之名。"喝退左右，请玄德上帐而坐。玄德谢曰："荷明公宽大之恩，无可补报，欲令一心腹人持密书去见云长，使知刘备消息，彼必星夜来到，辅佐明公，共诛曹操，以报颜良、文丑之仇，若何？"袁绍大喜曰："吾得云长，胜颜良、文丑十倍也。"玄德修下书札，未有人送去。绍令退军武阳，连营数十里，按兵不动。操乃使夏侯惇领兵守住官渡隘口，自己班师回许都，大宴众官，贺云长之功。因谓吕虔曰："昔日吾以粮草在前者，乃饵敌之计也。惟荀公达知吾心耳。"众皆叹服。正饮宴间，忽报："汝南有黄巾刘辟、龚都，甚是猖獗。曹洪累战不利，乞遣兵救之。"云长闻言，进曰："关某愿施犬马之劳，破汝南贼寇。"操曰："云长建立大功，未曾重酬，岂可复劳征进？"公曰："关某久闲，必生疾病。愿再一行。"曹操壮之，点兵五万，使于禁、乐进为副将，次日便行。荀彧密谓操曰："云长常有归刘之心，倘知消息必去，不可频令出征。"操曰："今次收功，吾不复教临敌矣。"

且说云长领兵将近汝南，扎住营寨。当夜营外拿了两个细作人来。云长视之，内中认得一人，乃孙乾也。关公叱退左右，问乾曰："公自溃散之后，一向踪迹不闻，今何为在此处？"乾曰："某自逃难，飘泊汝南，幸得刘辟收留。——今将军为何在曹操处？未识甘、糜二夫人无恙否？"关公因将上项事细说一遍。乾曰："近闻玄德公在袁绍处，欲往投之，未得其便。今刘、龚二人归顺袁绍，相助攻曹。天幸得将军到此，因特令小军引路，教某为细作，来报将军。来日二人当虚败一阵，公可速引二夫人投袁绍处，与玄德公相见。"关公曰："既兄在袁绍处，吾必星夜而往。但恨吾斩绍二将，恐今事变矣。"乾曰："吾当先往探彼虚实，再来报将军。"公曰："吾见兄长一面，虽万死不辞。今回许昌，便辞曹操也。"当夜密送孙乾去了。次日，关公引兵出，龚都披挂出阵。关公曰："汝等何故背反朝廷？"都曰："汝乃背主之人，何反责我？"关公曰："我何为背主？"都曰："刘玄德在袁本初处，汝却从曹操，何也？"关公更不打话，拍马舞刀向前。龚都便走，关公赶上。都回身告关公曰："故主之恩，不可忘也。公当速进，我让汝南。"关公会意，驱军掩杀。刘、龚二人佯输诈败，四散去了。云长夺得州县，安民已定，班师回许昌。曹操出郭迎接，赏劳军士。

宴罢，云长回家，参拜二嫂于门外。甘夫人曰："叔叔两番出军，可知皇叔音信否？"公答曰："未也。"关公退，二夫人于门内痛哭曰："想皇叔休矣！二叔恐我姊妹烦恼，故隐而不言。"正哭间，有一随行老军，听得哭声不绝，于门外告曰："夫人休哭，主人现在河北袁绍处。"夫人曰："汝何由知之？"军曰："跟关将军出征，有人在阵上说来。"夫人急召云长责之曰："皇叔未尝负汝，汝今受曹操之恩，顿忘旧日之义，不以实情告我，何也？"关公顿首曰："兄今委实在河北。未敢教嫂嫂知者，恐有泄漏也。事须缓图，不可欲速。"甘夫人曰："叔宜上紧。"公退，寻思去计，坐立不安。

原来于禁探知刘备在河北，报与曹操。操令张辽来探关公意。关公正闷坐，张辽入贺曰："闻兄在阵上知玄德音信，特来贺喜。"关公曰："故主虽在，未得一见，何喜之有！"辽曰："兄与玄德交，比弟与兄交何如？"公曰："我与兄，朋友之交也；我与玄德，是朋友而兄弟、兄弟而主臣者也：岂可共论乎？"辽曰："今玄德在河北，兄往从否？"关公曰："昔日之言，安肯背之！文远须为我致意丞相。"张辽将关公之言，回告曹操。操曰："吾自有计留之。"

且说关公正寻思间，忽报有故人相访。及请入，却不相识。关公问曰："公何人也？"答曰："某乃袁绍部下南阳陈震也。"关公大惊，急退左右，问曰："先生此来，必有所为？"震出书一缄，递与关公。公视之，乃玄德书也。其略云：

> 备与足下，自桃园缔盟，誓以同死。今何中道相违，割恩断义？君必欲取功名、图富贵，愿献备首级以成全功。书不尽言，死待来命。

关公看书毕，大哭曰："某非不欲寻兄，奈不知所在也。安肯图富贵而背旧盟乎？"震曰："玄德望公甚切，公既不背旧盟，宜速往见。"关公曰："人生天地间，无终始者，非君子也。吾来时明白，去时不可不明白。吾今作书，烦公先达知兄长，容某辞却曹操，奉二嫂来相见。"震曰："倘曹操不允，为之奈何？"公曰："吾宁死，岂肯久留于此！"震曰："公速作回书，免致刘使君悬望。"关公写书答云：

　　窃闻义不负心，忠不顾死。羽自幼读书，粗知礼义，观羊角哀、左伯桃之事，未尝不三叹而流涕也。前守下邳。内无积粟，外听援兵；欲即效死，奈有二嫂之重，未敢断首捐躯，致负所托；故尔暂且羁身，冀图后会。近至汝南，方知兄信；即当面辞曹公，奉二嫂归。羽但怀异心，神人共戮。披肝沥胆，笔楮难穷。瞻拜有期，伏惟照鉴。

　　陈震得书自回。关公入内告知二嫂，随即至相府，拜辞曹操。操知来意，乃悬回避牌于门。关公怏怏而回，命旧日跟随人役，收拾车马，早晚伺候；分付宅中，所有原赐之物，尽皆留下，分毫不可带去。次日再往相府辞谢，门首又挂回避牌。关公一连去了数次，皆不得见。乃往张辽家相探，欲言其事。辽亦托疾不出。关公思曰："此曹丞相不容我去之意。我去志已决，岂可复留！"即写书一封，辞谢曹操。书略曰：

　　羽少事皇叔，誓同生死；皇天后土，实闻斯言。前者下邳失守，所请三事，已蒙恩诺。今探知故主现在袁绍军中，回思昔日之盟，岂容违背？新恩虽厚，旧义难忘。兹特奉书告辞，伏惟照察。其有余恩未报，愿以俟之异日。

　　写毕，封固，差人去相府投递；一面将累次所受金银，一一封置库中，悬汉寿亭侯印于堂上，请二夫人上车。关公上赤兔马，手提青龙刀，率领旧日跟随人役，护送车仗，径出北门。门吏挡之。关公怒目横刀，大喝一声，门吏皆退避。关公既出门，谓从者曰："汝等护送车仗先行，但有追赶者，吾自当之，勿得惊动二位夫人。"从者推车，望官道进发。

却说曹操正论关公之事未定，左右报关公呈书。操即看毕，大惊曰："云长去矣！"忽北门守将飞报："关公夺门而去，车仗鞍马二十余人，皆望北行。"又关公宅中人来报说："关公尽封所赐金银等物。美女十人，另居内室。其汉寿亭侯印悬于堂上。丞相所拨人役，皆不带去，只带原跟从人，及随身行李，出北门去了。"众皆愕然。

（节选自《三国演义》第二十六回 袁本初败兵折将 关云长挂印封金）

07. 千里走单骑

却说曹操部下诸将中，自张辽而外，只有徐晃与云长交厚，其余亦皆敬服；独蔡阳不服关公，故今日闻其去，欲往追之。操曰："不忘故主，来去明白，真丈夫也。汝等皆当效之。"遂叱退蔡阳，不令去赶。程昱曰："丞相待关某甚厚，今彼不辞而去，乱言片楮，冒渎钧威，其罪大矣。若纵之使归袁绍，是与虎添翼也。不若追而杀之，以绝后患。"操曰："吾昔已许之，岂可失信！彼各为其主，勿追也。"因谓张辽曰："云长封金挂印，财贿不以动其心，爵禄不以移其志，此等人吾深敬之。想他去此不远，我一发结识他做个人情。汝可先去请住他，待我与他送行，更以路费征袍赠之，使为后日记念。"张辽领命，单骑先往。曹操引数十骑随后而来。

却说云长所骑赤兔马，日行千里，本是赶不上；因欲护送车仗，不敢纵马，按辔徐行。忽听背后有人大叫："云长且慢行！"回头视之，见张辽拍马而至。关公教车仗从人，只管望大路紧行；自己勒住赤兔马，按定青龙刀，问曰："文远莫非欲追我回乎？"辽曰："非也。丞相知兄远行，欲来相送，特先使我请住台驾，别无他意。"关公曰："便是丞相铁骑来，吾愿决一死战！"遂立马于桥上望之。见曹操引数十骑，飞奔前来，背后乃是许褚、徐晃、于禁、李典之辈。操见关公横刀立马于桥上，令诸将勒住马匹，左右排开。关公见众人手中皆无军器，方始放心。操曰："云长行何太速？"关公于马上欠身答曰："关某前曾禀过丞相。今故主在河北，不由某不急去。累次造府，不得参见，故拜书告辞，封金挂印，纳还丞相。望丞相勿忘昔日之言。"操曰："吾欲取信于天下，安肯有负前言。恐将军途中乏用，特具路资相送。"一将便从马上托过黄金一盘。关公曰："累蒙恩赐，尚有余资。留此黄金以赏将士。"操曰："特以少酬大功于万一，何必推辞？"关公曰："区区微劳，何足挂齿。"操笑曰："云长天下义士，恨吾福薄，不得相留。锦袍一领，略表寸心。"令一将下马，双手捧袍过来。云长恐有他变，不敢下马，用青龙刀尖挑锦袍披于身上，勒马回头称谢曰："蒙丞相赐袍，异日更得相会。"遂下桥望北而去。许褚曰："此人无礼太甚，何不擒之？"操曰："彼一人一骑，吾数十余人，安得不疑？吾言既出，不可追也。"曹操自引众将回城，于路叹想云长不已。

不说曹操自回。且说关公来赶车仗。约行三十里，却只不见。云长心慌，纵马四下寻之。忽见山头一人，高叫："关将军且住！"云长举目视之，只见一少年，黄巾锦衣，持枪跨马，马项下悬着首级一颗，引百余步卒，飞奔前来。

公问曰："汝何人也？"少年弃枪下马，拜伏于地。云长恐是诈，勒马持刀问曰："壮士，愿通姓名。"答曰："吾本襄阳人，姓廖，名化，字元俭。因世乱流落江湖，聚众五百余人，劫掠为生。恰才同伴杜远下山巡哨，误将两夫人劫掠上山。吾问从者，知是大汉刘皇叔夫人，且闻将军护送在此，吾即欲送下山来。杜远出言不逊，被某杀之。今献头与将军请罪。"关公曰："二夫人何在？"化曰："现在山中。"关公教急取下山。不移时，百余人簇拥车仗前来。关公下马停刀，叉手于车前问候曰："二嫂受惊否？"二夫人曰："若非廖将军保全，已被杜远所辱。"关公问左右曰："廖化怎生救夫人？"左右曰："杜远劫上山去，就要与廖化各分一人为妻。廖化问起根由，好生拜敬；杜远不从，已被廖化杀了。"关公听言，乃拜谢廖化。廖化欲以部下人送关公。关公寻思此人终是黄巾余党，未可作伴，乃谢却之。廖化又拜送金帛，关公亦不受。廖化拜别，自引人伴投山谷中去了。

云长将曹操赠袍事，告知二嫂，催促车仗前行。至天晚，投一村庄安歇。庄主出迎，须发皆白，问曰："将军姓甚名谁？"关公施礼曰："吾乃刘玄德之弟关某也。"老人曰："莫非斩颜良、文丑的关公否？"公曰："便是。"老人大喜，便请入庄。关公曰："车上还有二位夫人。"老人便唤妻女出迎。二夫人至草堂上，关公叉手立于二夫人之侧。老人请公坐，公曰"尊嫂在上，安敢就坐！"老人乃令妻女请二夫人入内室款待，自于草堂款待关公。关公问老人姓名。老人曰："吾姓胡，名华。桓帝时曾为议郎，致仕归乡。今有小儿胡班，在荥阳太守王植部下为从事。将军若从此处经过，某有一书寄与小儿。"关公允诺。

次日早膳毕，请二嫂上车，取了胡华书信，相别而行，取路投洛阳来。前至一关，名东岭关。把关将姓孔，名秀，引五百军兵在岭上把守。当日关公押车仗上岭，军士报知孔秀，秀出关来迎。关公下马，与孔秀施礼。秀曰："将军何往？"公曰："某辞丞相，特往河北寻兄。"秀曰："河北袁绍，正是丞相对头。将军此去，必有丞相文凭？"公曰："因行期慌迫，不曾讨得。"秀曰："既无文凭，待我差人禀过丞相，方可放行。"关公曰："待去禀时，须误了我行程。"秀曰："法度所拘，不得不如此。"关公曰："汝不容我过关乎？"秀曰："汝要过去，留下老小为质。"关公大怒，举刀就杀孔秀。秀退入关去，鸣鼓聚军，披挂上马，杀下关来，大喝曰："汝敢过去么！"关公约退车仗，纵马提刀，竟不打话，直取孔秀。秀挺枪来迎。两马相交，只一合，钢刀起处，孔秀尸横马下。众军便走。关公曰："军士休走。吾杀孔秀，不得已也，与汝等无干。借汝众军之口，传语曹丞相，言孔秀欲害我，我故杀之。"众军俱拜于马前。

关公即请二夫人车仗出关，望洛阳进发。早有军士报知洛阳太守韩福。韩福急聚众将商议。牙将孟坦曰："既无丞相文凭，即系私行；若不阻挡，必有罪责。"韩福曰："关公勇猛，颜良、文丑俱为所杀。今不可力敌，只须设计擒之。"孟坦曰："吾有一计：先将鹿角拦定关口，待他到时，小将引兵和他交锋，佯败诱他来追，公可用暗箭射之。若关某坠马，即擒解许都，必得重赏。"商议停当，人报关公车仗已到。韩福弯弓插箭，引一千人马，排列关口，问："来者何人？"关公马上欠身言曰："吾汉寿亭侯关某，敢借过路。"韩福曰："有曹丞相文凭否？"关公曰："事冗不曾讨得。"韩福曰："吾奉承相钧命，镇守此地，专一盘诘往来奸细。若无文凭，即系逃窜。"关公怒曰："东岭孔秀，已被吾杀。汝亦欲寻死耶？"韩福曰："谁人与我擒之？"孟坦出马，轮双刀来取关公。关公约退车仗，拍马来迎。孟坦战不三合，拨回马便走。关公赶来。孟坦只指望引诱关公，不想关公马快，早已赶上，只一刀，砍为两段。关公勒马回来，韩福闪在门首，尽力放了一箭，正射中关公左臂。公用口拔出箭，血流不住，飞马径奔韩福，冲散众军，韩福急走不迭，关公手起刀落，带

184

头连肩，斩于马下；杀散众军，保护车仗。

关公割帛束住箭伤，于路恐人暗算，不敢久住，连夜投汜水关来。把关将乃并州人氏，姓卞，名喜，善使流星锤；原是黄巾余党，后投曹操，拨来守关。当下闻知关公将到，寻思一计：就关前镇国寺中，埋伏下刀斧手二百余人，诱关公至寺，约击盏为号，欲图相害。安排已定，出关迎接关公。公见卞喜来迎，便下马相见。喜曰："将军名震天下，谁不敬仰！今归皇叔，足见忠义！"关公诉说斩孔秀、韩福之事。卞喜曰："将军杀之是也。某见丞相，代禀衷曲。"关公甚喜，同上马过了汜水关，到镇国寺前下马。众僧鸣钟出迎。原来那镇国寺乃汉明帝御前香火院，本寺有僧三十余人。内有一僧，却是关公同乡人，法名普净。当下普净已知其意，向前与关公问讯，曰："将军离蒲东几年矣？"关公曰："将及二十年矣。"普净曰："还认得贫僧否？"公曰："离乡多年，不能相识。"普净曰："贫僧家与将军家只隔一条河。"卞喜见普净叙出乡里之情，恐有走泄，乃叱之曰："吾欲请将军赴宴，汝僧人何得多言！"关公曰："不然。乡人相遇，安得不叙旧情耶？"普净请关公方丈待茶。关公曰："二位夫人在车上，可先献茶。"普净教取茶先奉夫人，然后请关公入方丈。普净以手举所佩戒刀，以目视关公。公会意，命左右持刀紧随。卞喜请关公于法堂筵席。关公曰："卞君请关某，是好意，还是歹意？"卞喜未及回言，关公早望见壁衣中有刀斧手，乃大喝卞喜曰："吾以汝为好人，安敢如此！"卞喜知事泄，大叫："左右下手！"左右方欲动手，皆被关公拔剑砍之。卞喜下堂绕廊而走，关公弃剑执大刀来赶。卞喜暗取飞锤掷打关公。关公用刀隔开锤，赶将入去，一刀劈卞喜为两段。随即回身来看二嫂，早有军人围住，见关公来，四下奔走。关公赶散，谢普净曰："若非吾师，已被此贼害矣。"普净曰："贫僧此处难容，收拾衣钵，亦往他处云游也。后会有期，将军保重。"关公称谢，护送车仗，往荥阳进发。

荥阳太守王植，却与韩福是两亲家；闻得关公杀了韩福，商议欲暗害关公，乃使人守住关口。待关公到时，王植出关，喜笑相迎。关公诉说寻兄之事。植曰："将军于路驱驰，夫人车上劳困，且请入城，馆驿中暂歇一宵，来日登途未迟。"关公见王植意甚殷勤，遂请二嫂入城。馆驿中皆铺陈了当。王植请公赴宴，公辞不往；植使人送筵席至馆驿。关公因于路辛苦，请二嫂晚膳毕，就正房歇定；令从者各自安歇，饱喂马匹。关公亦解甲憩息。

却说王植密唤从事胡班听令曰："关某背丞相而逃，又于路杀太守并守关将校，死罪不轻！此人武勇难敌。汝今晚点一千军围住馆驿，一人一个火把，待三更时分，一齐放火；不问是谁，尽皆烧死！吾亦自引军接应。"胡班领命，便点起军士，密将干柴引火之物，搬于馆驿门首，约时举事。胡班寻思："我久闻关云长之名，不识如何模样，试往窥之。"乃至驿中，问驿吏曰："关将军在何处？"答曰："正厅上观书者是也。"胡班潜至厅前，见关公左手绰髯，于灯下凭几看书。班见了，失声叹曰："真天人也！"公问何人，胡班入拜曰："荥阳太守部下从事胡班。"关公曰："莫非许都城外胡华之子否？"班曰："然也。"公唤从者于行李中取书付班。班看毕，叹曰："险些误杀忠良！"遂密告曰："王植心怀不仁，欲害将军，暗令人四面围住馆驿，约于三更放火。今某当先去开了城门，将军急收拾出城。"关公大惊，忙披挂提刀上马，请二嫂上车，尽出馆驿，果见军士各执火把听候。关公急来到城边，只见城门已开。关公催车仗急急出城。胡班还去放火。关公行不到数里，背后火把照耀，人马赶来。当先王植大叫："关某休走！"关公勒马，大骂："匹夫！我与你无仇，如何令人放火烧我？"王植拍马挺枪，径奔关公，被关公拦腰一刀，砍为两段。人马都赶散。关公催车仗速行，于路感胡班不已。

行至滑州界首，有人报与刘延。延引数十骑，出郭而迎。关公马上欠身而言曰："太守别来无恙！"延曰："公今欲何往？"公曰："辞了丞相，去寻家兄。"延曰："玄德在袁绍处，绍乃丞相仇人，如何容公去？"公曰："昔日曾言定来。"延曰："今黄河渡口关隘，夏侯惇部将秦琪据守，恐不容将军过渡。"公曰："太守应付船只，若何？"延曰："船只虽有，不敢应付。"公曰："我前者诛颜良、文丑，亦曾与足下解厄。今日求一渡船而不与，何也？"延曰："只恐夏侯惇知之，必然罪我。"关公知刘延无用之人，遂自催车仗前进。到黄河渡口，秦琪引军出问："来者何人？"关公曰："汉寿亭侯关某也。"琪曰："今欲何往？"关公曰："欲投河北去寻兄长刘玄德，敬来借渡。"琪曰："丞相公文何在？"公曰："吾不受丞相节制，有甚公文！"琪曰："吾奉夏侯将军将令，守把关隘，你便插翅，也飞不过去！"关公大怒曰："你知我于路斩戮拦截者乎？"琪曰："你只杀得无名下将，敢杀我么？"关公怒曰："汝比颜良、文丑若何？"秦琪大怒，纵马提刀，直取关公。二马相交，只一合，关公刀起，秦琪头落。关公曰："当吾者已死，余人不必惊走。速备船只，送我渡河。"军士急撑舟傍岸。关公请二嫂上船渡河。渡过黄河，便是袁绍地方。关公所历关隘五处，斩将六员。后人有诗叹曰：

挂印封金辞汉相，寻兄遥望远途还。马骑赤兔行千里，刀偃青龙出五关。忠义慨然冲宇宙，英雄从此震江山。独行斩将应无敌，今古留题翰墨间。

（节选自《三国演义》第二十七回 美髯公千里走单骑 汉寿侯五关斩六将）

08. 古城相会

周仓跟着关公，往汝南进发。行了数日，遥见一座山城。公问土人："此何处也？"土人曰："此名古城。数月前有一将军，姓张，名飞，引数十骑到此，将县官逐去，占住古城，招军买马，积草屯粮。今聚有三五千人马，四远无人敢敌。"关公喜曰："吾弟自徐州失散，一向不知下落，谁想却在此！"乃令孙乾先入城通报，教来迎接二嫂。

却说张飞在芒砀山中，住了月余，因出外探听玄德消息，偶过古城，入县借粮；县官不肯，飞怒，因就逐去县官，夺了县印，占住城池，权且安身。当日孙乾领关公命，入城见飞。施礼毕，具言："玄德离了袁绍处，投汝南去了。今云长直从许都送二位夫人至此，请将军出迎。"张飞听罢，更不回言，随即披挂持矛上马，引一千余人，径出北门。孙乾惊讶，又不敢问，只得随出城来。关公望见张飞到来，喜不自胜，付刀与周仓接了，拍马来迎。只见张飞圆睁环眼，倒竖虎须，吼声如雷，挥矛向关公便搠。关公大惊，连忙闪过，便叫："贤弟何故如此？岂忘了桃园结义耶？"飞喝曰："你既无义，有何面目来与我相见！"关公曰："我如何无义？"飞曰："你背了兄长，降了曹操，封侯赐爵。今又来赚我！我今与你拼个死活！"关公曰："你原来不知！——我也难说。现放着二位嫂嫂在此，贤弟请自问。"二夫人听得，揭帘而呼曰："三叔何故如此？"飞曰："嫂嫂住着。且看我杀了负义的人，然后请嫂嫂入城。"甘夫人曰："二叔因不知你等下落，故暂时栖身曹氏。今知你哥哥在汝南，特不避险阻，送我们到此。三叔休错见了。"糜夫人曰："二叔向在许都，原出于无奈。"飞曰："嫂嫂休要被他瞒过了！忠臣宁死而不辱。大丈夫岂有事二主之理！"关公曰："贤弟休屈了我。"孙乾曰："云长特来寻将军。"飞喝曰："如何你也胡说！他那里有好心，必是来捉我！"关公曰："我若捉你，须带军马来。"飞把手指曰："兀的不是军马来也！"

关公回顾，果见尘埃起处，一彪人马来到。风吹旗号，正是曹军。张飞大怒曰："今还敢支吾么？"挺丈八蛇矛便搠将来。关公急止之曰："贤弟且住。你看我斩此来将，以表我真心。"飞曰："你果有真心，我这里三通鼓罢，便要你斩来将！"关公应诺。须臾，曹军至。为首一将，乃是蔡阳，挺刀纵马大喝曰："你杀吾外甥秦琪，却原来逃在此！吾奉丞相命，特来拿你！"关公更不打话，举刀便砍。张飞亲自擂鼓。只见一通鼓未尽，关公刀起处，蔡阳头已落地。众军士俱走。关公活捉执认旗的小卒过来，问取来由。小卒告说："蔡阳闻将军杀了他外甥，十分忿怒，要来河北与将军交战。丞相不肯，因差他往汝南攻刘辟。不想在这里遇着将军。"关公闻言，教去张飞前告说其事。飞将关公在许都时事细问小卒；小卒从头至尾，说了一遍，飞方才信。

正说间，忽城中军士来报："城南门外有十数骑来的甚紧，不知是甚人。"张飞心中疑虑，便转出南门看时，果见十数骑轻弓短箭而来。见了张飞，滚鞍下马。视之，乃糜竺、糜芳也。飞亦下马相见。竺曰："自徐州失散，我兄弟二人逃难回乡。使人远近打听，知云长降了曹操，主公在于河北；又闻简雍亦投河北去了。只不知将军在此。昨于路上遇见一伙客人，说有一姓张的将军，如此模样，今据古城。我兄弟度量必是将军，故来寻访。幸得相见！"飞曰："云长兄与孙乾送二嫂方到，已知哥哥下落。"二糜大喜，同来见关公，并参见二夫人。飞遂迎请二嫂入城。至衙中坐定，二夫人诉说关公历过之事，张飞方才大哭，参拜云长。二糜亦俱伤感。张飞亦自诉别后之事，一面设宴贺喜。

次日，张飞欲与关公同赴汝南见玄德。关公曰："贤弟可保护二嫂，暂住此城，待我与孙乾先去探听兄长消息。"飞允诺。关公与孙乾引数骑奔汝南来。刘辟、龚都接着，关公便问："皇叔何在？"刘辟曰："皇叔到此住了数日，为见军少，复往河北袁本初处商议去了。"关公怏怏不乐。孙乾曰："不必忧虑。再苦一番驱驰，仍往河北去报知皇叔，同至古城便了。"关公依言，辞了刘辟、龚都，回至古城，与张飞说知此事。张飞便欲同至河北。关公曰："有此一城，便是我等安身之处，未可轻弃。我还与孙乾同往袁绍处，寻见兄长，来此相会。贤弟可坚守此城。"飞曰："兄斩他颜良、文丑，如何去得？"关公曰："不妨。我到彼当见机而变。"遂唤周仓问曰："卧牛山裴元绍处，共有多少人马？"仓曰："约有四五百。"关公曰："我今抄近路去寻兄长。汝可往卧牛山招此一枝人马，从大路上接来。"仓领命而去。

关公与孙乾只带二十余骑投河北来，将至界首，乾曰："将军未可轻入，只在此间暂歇。待某先入见皇叔，别作商议。"关公依言，先打发孙乾去了。遥望前村有一所庄院，便与从人到彼投宿。庄内一老翁携杖而出，与关公施礼。公具以实告。老翁曰："某亦姓关，名定。久闻大名，幸得瞻谒。"遂命二子出见，款留关公，并从人俱留于庄内。

且说孙乾匹马入冀州见玄德，具言前事。玄德曰："简雍亦在此间，可暗请来同议。"少顷，简雍至，与孙乾相见毕，共议脱身之计。雍曰："主公明日见袁绍，只说要往荆州，说刘表共破曹操，便可乘机而去。"玄德曰："此计大妙！但公能随我去否？"雍曰："某亦自有脱身之计。"商议已定。次日，玄德入见袁绍，告曰："刘景升镇守荆襄九郡，兵精粮足，宜与相约，共攻曹操。"绍曰："吾尝遣使约之，奈彼未肯相从。"玄德曰："此人是备同宗，备往说之，必无推阻。"绍曰："若得刘表，胜刘辟多矣。"

遂命玄德行。绍又曰："近闻关云长已离了曹操，欲来河北，吾当杀之，以雪颜良、文丑之恨！"玄德曰："明公前欲用之，吾故召之。今何又欲杀之耶？且颜良、文丑比之二鹿耳，云长乃一虎也：失二鹿而得一虎，何恨之有？"绍笑曰："吾实爱之，故戏言耳。公可再使人召之，令其速来。"玄德曰："即遣孙乾往召之可也。"绍大喜从之。玄德出，简雍进曰："玄德此去，必不回矣。某愿与偕往：一则同说刘表，二则监住玄德。"绍然其言，便命简雍与玄德同行。郭图谏绍曰："刘备前去说刘辟，未见成事；今又使与简雍同往荆州，必不返矣。"绍曰："汝勿多疑，简雍自有见识。"郭图嗟呀而出。

却说玄德先命孙乾出城，回报关公；一面与简雍辞了袁绍，上马出城。行至界首，孙乾接着，同往关定庄上。关公迎门接拜，执手啼哭不止。关定领二子拜于草堂之前。玄德问其姓名。关公曰："此人与弟同姓，有二子：长子关宁，学文；次子关平，学武。"关定曰："今愚意欲遣次子跟随关将军，未识肯容纳否？"玄德曰："年几何矣？"定曰："十八岁矣。"玄德曰："既蒙长者厚意，吾弟尚未有子，今即以贤郎为子，若何？"关定大喜，便命关平拜关公为父，呼玄德为伯父。玄德恐袁绍追之，急收拾起行。关平随着关公，一齐起身。关定送了一程自回。

关公教取路往卧牛山来。正行间，忽见周仓引数十人带伤而来。关公引他见了玄德。问其何故受伤，仓曰："某未至卧牛山之前，先有一将单骑而来，与裴元绍交锋，只一合，刺死裴元绍，尽数招降人伴，占住山寨。仓到彼招诱人伴时，止有这几个过来，余者俱惧怕，不敢擅离。仓不忿，与那将交战，被他连胜数次，身中三枪。——因此来报主公。"玄德曰："此人怎生模样？姓甚名谁？"仓曰："极其雄壮，不知姓名。"于是关公纵马当先，玄德在后，径投卧牛山来。周仓在山下叫骂，只见那将全副披挂，持枪骤马，引众下山。玄德早挥鞭出马大叫曰："来者莫非子龙否？"那将见了玄德，滚鞍下马，拜伏道旁。——原来果然是赵子龙。玄德、关公俱下马相见，问其何由至此。云曰："云自别使君，不想公孙瓒不听人言，以致兵败自焚，袁绍屡次招云，云想绍亦非用人之人，因此未往。后欲至徐州投使君，又闻徐州失守，云长已归曹操，使君又在袁绍处。云几番欲来相投，只恐袁绍见怪。四海飘零，无容身之地。前偶过此处，适遇裴元绍下山来欲夺吾马，云因杀之，借此安身。近闻翼德在古城，欲往投之，未知真实。今幸得遇使君！"玄德大喜，诉说从前之事。关公亦诉前事。玄德曰："吾初见子龙，便有留恋不舍之情。今幸得相遇！"云曰："云奔走四方，择主而事，未有如使君者。今得相随，大称平生。虽肝脑涂地，无恨矣。"当日就烧毁山寨，率领人众，尽随玄德前赴古城。

张飞、糜竺、糜芳迎接入城，各相拜诉。二夫人具言云长之事，玄德感叹不已。于是杀牛宰马，先拜谢天地，然后遍劳诸军。玄德见兄弟重聚，将佐无缺，又新得了赵云，关公又得了关平、周仓二人，欢喜无限，连饮数日。后人有诗赞之曰：

当时手足似瓜分，信断音稀杳不闻。今日君臣重聚义，正如龙虎会风云。

时玄德、关、张、赵云、孙乾、简雍、糜竺、糜芳、关平、周仓部领马步军校共四五千人。玄德欲弃了古城去守汝南，恰好刘辟、龚都差人来请。于是遂起军往汝南驻扎，招军买马，徐图征进，不在话下。

（节选自《三国演义》第二十八回 斩蔡阳兄弟释疑 会古城主臣聚义）

09. 华容道义释曹操

操见前军停马不进，问是何故。回报曰："前面山僻路小，因早晨下雨，坑堑内积水不流，泥陷马蹄，不能前进。"操大怒，叱曰："军旅逢山开路，遇水叠桥，岂有泥泞不堪行之理！"传下号令，教老弱中伤军士在后慢行，强壮者担土束柴，搬草运芦，填塞道路，务要即时行动，如违令者斩。众军只得都下马，就路旁砍伐竹木，填塞山路。操恐后军来赶，令张辽、许褚、徐晃引百骑执刀在手，但迟慢者便斩之。此时军已饿乏，众皆倒地，操喝令人马践踏而行，死者不可胜数。号哭之声，于路不绝。操怒曰："生死有命，何哭之有！如再哭者立斩！"三停人马：一停落后，一停填了沟壑，一停跟随曹操。过了险峻，路稍平坦。操回顾止有三百余骑随后，并无衣甲袍铠整齐者。操催速行。众将曰："马尽乏矣，只好少歇。"操曰："赶到荆州将息未迟。"又行不到数里，操在马上扬鞭大笑。众将问："丞相何又大笑？"操曰："人皆言周瑜、诸葛亮足智多谋，以吾观之，到底是无能之辈。若使此处伏一旅之师，吾等皆束手受缚矣。"

言未毕，一声炮响，两边五百校刀手摆开，为首大将关云长，提青龙刀，跨赤兔马，截住去路。操军见了，亡魂丧胆，面面相觑。操曰："既到此处，只得决一死战！"众将曰："人纵然不怯，马力已乏，安能复战？"程昱曰："某素知云长傲上而不忍下，欺强而不凌弱；恩怨分明，信义素著。丞相旧日有恩于彼，今只亲自告之，可脱此难。"操从其说，即纵马向前，欠身谓云长曰：

"将军别来无恙!"云长亦欠身答曰:"关某奉军师将令,等候丞相多时。"操曰:"曹操兵败势危,到此无路,望将军以昔日之情为重。"云长曰:"昔日关某虽蒙丞相厚恩,然已斩颜良,诛文丑,解白马之围,以奉报矣。今日之事,岂敢以私废公?"操曰:"五关斩将之时,还能记否?大丈夫以信义为重。将军深明《春秋》,岂不知庾公之斯追子濯孺子之事乎?"云长是个义重如山之人,想起当日曹操许多恩义,与后来五关斩将之事,如何不动心?又见曹军惶惶,皆欲垂泪,一发心中不忍。于是把马头勒回,谓众军曰:"四散摆开。"这个分明是放曹操的意思。操见云长回马,便和众将一齐冲将过去。云长回身时,曹操已与众将过去了。云长大喝一声,众军皆下马,哭拜于地。云长愈加不忍。正犹豫间,张辽纵马而至。云长见了,又动故旧之情,长叹一声,并皆放去。后人有诗曰:

曹瞒兵败走华容,正与关公狭路逢。只为当初恩义重,放开金锁走蛟龙。

(节选自《三国演义》第五十回 诸葛亮智算华容 关云长义释曹操)

10. 关公战长沙

玄德亲至武陵安民毕,驰书报云长,言翼德、子龙各得一郡。云长乃回书上请曰:"闻长沙尚未取,如兄长不以弟为不才,教关某干这件功劳甚好。"玄德大喜,遂教张飞星夜去替云长守荆州,令云长来取长沙。云长既至,入见玄德、孔明。孔明曰："子龙取桂阳，翼德取武陵，都是三千军去。今长沙太守韩玄，固不足道。只是他有一员大将，乃南阳人，姓黄，名忠，字汉升；是刘表帐下中郎将，与刘表之侄刘磐共守长沙，后事韩玄，虽今年近六旬，却有万夫不当之勇，不可轻敌。云长去，必须多带军马。"云长曰："军师何故长别人锐气，灭自己威风？量一老卒，何足道哉！关某不须用三千军，只消本部下五百名校刀手，决定斩黄忠、韩玄之首，献来麾下。"玄德苦挡。云长不依，只领五百校刀手而去。孔明谓玄德曰："云长轻敌黄忠，只恐有失。主公当往接应。"玄德从之，随后引兵望长沙进发。

却说长沙太守韩玄，平生性急，轻于杀戮，众皆恶之。是时听知云长军到，便唤老将黄忠商议。忠曰："不须主公忧虑。凭某这口刀，这张弓，一千个来，一千个死！"原来黄忠能开二石力之弓，百发百中。言未毕，阶下一人应声而出曰："不须老将军出战，只就某手中定活捉关某。"韩玄视之，乃管军校尉杨龄。韩玄大喜，遂令杨龄引军一千，飞奔出城。约行五十里，望见尘头起处，云长军马早到。杨龄挺枪出马，立于阵前骂战。云长大怒，更不打话，飞马舞刀，直取杨龄。龄挺枪来迎。不三合，云长手起刀落，砍杨龄于马下。追杀败兵，直至城下。韩玄闻之大惊，便教黄忠出马。玄自来城上观看。忠提刀纵马，引五百骑兵飞过吊桥。云长见一老将出马，知是黄忠，把五百校刀手一字摆开，横刀立马而问曰："来将莫非黄忠否？"忠曰："既知我名，焉敢犯我境！"云长曰："特来取汝首级！"言罢，两马交锋。斗一百余合，不分胜负。韩玄恐黄忠有失，鸣金收军。黄忠收军入城。云长也退军，离城十里下寨，心中暗忖："老将黄忠，名不虚传：斗一百合，全无破绽。来日必用拖刀计，背砍赢之。"

次日早饭毕，又来城下搦战。韩玄坐在城上，教黄忠出马。忠引数百骑杀过吊桥，再与云长交马。又斗五六十合，胜负不分，两军齐声喝采。鼓声正急时，云长拨马便走。黄忠赶来。云长方欲用刀砍去，忽听得脑后一声响；急回

头看时，见黄忠被战马前失，掀在地下。云长急回马，双手举刀猛喝曰："我
且饶你性命！快换马来厮杀！"黄忠急提起马蹄，飞身上马，奔入城中。玄惊
问之。忠曰："此马久不上阵，故有此失。"玄曰："汝箭百发百中，何不射
之？"忠曰："来日再战，必然诈败，诱到吊桥边射之。"玄以自己所乘一匹
青马与黄忠。忠拜谢而退，寻思："难得云长如此义气！他不忍杀害我，我又
安忍射他？若不射，又恐违了将令。"是夜踌躇未定。次日天晓，人报云长搦
战。忠领兵出城。云长两日战黄忠不下，十分焦躁，抖擞威风，与忠交马。战
不到三十余合，忠诈败，云长赶来。忠想昨日不杀之恩，不忍便射，带住刀，
把弓虚拽弦响，云长急闪，却不见箭；云长又赶，忠又虚拽，云长急闪，又无
箭；只道黄忠不会射，放心赶来。将近吊桥，黄忠在桥上搭箭开弓，弦响箭到，
正射在云长盔缨根上。前面军齐声喊起。云长吃了一惊，带箭回寨，方知黄忠
有百步穿杨之能，今日只射盔缨，正是报昨日不杀之恩也。云长领兵而退。

　　黄忠回到城上来见韩玄，玄便喝左右捉下黄忠。忠叫曰："无罪！"玄大
怒曰："我看了三日，汝敢欺我！汝前日不力战，必有私心；昨日马失，他不
杀汝，必有关通；今日两番虚拽弓弦，第三箭却止射他盔缨，如何不是外通内
连？若不斩汝，必为后患！"喝令刀斧手推下城门外斩之。众将欲告，玄曰：
"但告免黄忠者，便是同情！"刚推到门外，恰欲举刀，忽然一将挥刀杀入，
砍死刀手，救起黄忠，大叫曰："黄汉升乃长沙之保障，今杀汉升，是杀长沙
百姓也！韩玄残暴不仁，轻贤慢士，当众共殛之！愿随我者便来！"众视其人，
面如重枣，目若朗星，乃义阳人魏延也。——自襄阳赶刘玄德不着，来投韩玄；
玄怪其傲慢少礼，不肯重用，故屈沉于此。当日救下黄忠，教百姓同杀韩玄，
袒臂一呼，相从者数百余人。黄忠拦当不住。魏延直杀上城头，一刀砍韩玄为
两段，提头上马，引百姓出城，投拜云长。云长大喜，遂入城。安抚已毕，请
黄忠相见；忠托病不出。云长即使人去请玄德、孔明。

却说玄德自云长来取长沙，与孔明随后催促人马接应。正行间，青旗倒卷，一鸦自北南飞，连叫三声而去。玄德曰："此应何祸福？"孔明就马上袖占一课，曰："长沙郡已得，又主得大将。午时后定见分晓。"少顷。见一小校飞报前来，说："关将军已得长沙郡，降将黄忠、魏延。崙等主公到彼。"玄德大喜，遂入长沙。云长接入厅上，具言黄忠之事。玄德乃亲往黄忠家相请，忠方出降，求葬韩玄尸首于长沙之东。后人有诗赞黄忠曰：

将军气概与天参，白发犹然困汉南。至死甘心无怨望，临降低首尚怀惭。宝刀灿雪彰神勇，铁骑临风忆战酣。千古高名应不泯，长随孤月照湘潭。

玄德待黄忠甚厚。云长引魏延来见，孔明喝令刀斧手推下斩之。玄德惊问孔明曰："魏延乃有功无罪之人，军师何故欲杀之？"孔明曰："食其禄而杀其主，是不忠也；居其土而献其地，是不义也。吾观魏延脑后有反骨，久后必反，故先斩之，以绝祸根。"玄德曰："若斩此人，恐降者人人自危。望军师恕之。"孔明指魏延曰："吾今饶汝性命。汝可尽忠报主，勿生异心，若生异心，我好歹取汝首级。"魏延喏喏连声而退。黄忠荐刘表侄刘磐——现在攸县闲居，玄德取回，教掌长沙郡。四郡已平，玄德班师回荆州，改油江口为公安。自此钱粮广盛，贤士归之；将军马四散屯于隘口。

（节选自《三国演义》第五十三回 关云长义释黄汉升 孙仲谋大战张文远）

11. 单刀赴会

　　瑾不得已，只得回东吴见孙权，具言前事。孙权大怒曰："子瑜此去，反覆奔走，莫非皆是诸葛亮之计？"瑾曰："非也。吾弟亦哭告玄德，方许将三郡先还，又无奈云长恃顽不肯，"孙权曰："既刘备有先还三郡之言，便可差官前去长沙、零陵、桂阳三郡赴任，且看如何。"瑾曰："主公所言极善。"权乃令瑾取回老小，一面差官往三郡赴任。不一日，三郡差去官吏，尽被逐回，告孙权曰："关云长不肯相容，连夜赶逐回吴。迟后者便要杀。"孙权大怒，差人召鲁肃责之曰："子敬昔为刘备作保，借吾荆州；今刘备已得西川，不肯归还，子敬岂得坐视？"肃曰："肃已思得一计，正欲告主公。"权问："何计？"肃曰："今屯兵于陆口，使人请关云长赴会。若云长肯来，以善言说之；如其不从，伏下刀斧手杀之。如彼不肯来，随即进兵，与决胜负，夺取荆州便了。"孙权曰："正合吾意。可即行之。"阚泽进曰："不可。关云长乃世之虎将，非等闲可及。恐事不谐，反遭其害。"孙权怒曰："若如此，荆州何日可得！"便命鲁肃速行此计。肃乃辞孙权，至陆口，召吕蒙、甘宁商议——设宴于陆口寨外临江亭上，修下请书，选帐下能言快语一人为使，登舟渡江。江口关平问了，遂引使人入荆州，叩见云长，具道鲁肃相邀赴会之意，呈上请书。云长看书毕，谓来人曰："既子敬相请，我明日便来赴宴。汝可先回。"

　　使者辞去。关平曰："鲁肃相邀，必无好意；父亲何故许之？"云长笑曰："吾岂不知耶？此是诸葛瑾回报孙权，说吾不肯还三郡，故令鲁肃屯兵陆口，邀我赴会，便索荆州。吾若不往，道吾怯矣。吾来日独驾小舟，只用亲随十余人，单刀赴会，看鲁肃如何近我！"平谏曰："父亲奈何以万金之躯，亲蹈虎狼之穴？恐非所以重伯父之寄托也。"云长曰："吾于千枪万刃之中，矢石交攻之际，匹马纵横，如入无人之境；岂忧江东群鼠乎！"马良亦谏曰："鲁肃虽有长者之风，但今事急，不容不生异心。将军不可轻往。"云长曰："昔战国时赵人蔺相如，无缚鸡之力，于渑池会上，觑秦国君臣如无物；况吾曾学万人敌者乎！既已许诺，不可失信。"良曰："纵将军去，亦当有准备。"云长曰："只教吾儿选快船十只，藏善水军五百，于江上等候。看吾认旗起处，便过江来。"平领命自去准备。

却说使者回报鲁肃，说云长慨然应允，来日准到。肃与吕蒙商议："此来若何？"蒙曰："彼带军马来，某与甘宁各人领一军伏于岸侧，放砲为号，准备厮杀；如无军来，只于庭后伏刀斧手五十人，就筵间杀之。"计会已定。次日，肃令人于岸口遥望。辰时后，见江面上一只船来，梢公水手只数人，一面红旗，风中招飐，显出一个大"关"字来。船渐近岸，见云长青巾绿袍，坐于船上；傍边周仓捧着大刀；八九个关西大汉，各跨腰刀一口。鲁肃惊疑，接入庭内。叙礼毕，入席饮酒，举杯相劝，不敢仰视。云长谈笑自若。

酒至半酣，肃曰："有一言诉与君侯，幸垂听焉：昔日令兄皇叔，使肃于吾主之前，保借荆州暂住，约于取川之后归还。今西川已得，而荆州未还，得毋失信乎？"云长曰："此国家之事，筵间不必论之。"肃曰："吾主只区区江东之地，而肯以荆州相借者，为念君侯等兵败远来，无以为资故也。今已得益州，则荆州自应见还；乃皇叔但肯先割三郡，而君侯又不从，恐于理上说不去。"云长曰："乌林之役，左将军亲冒矢石，戮力破敌，岂得徒劳而无尺土相资？今足下复来索地耶？"肃曰："不然。君侯始与皇叔同败于长坂，计穷力竭，将欲远窜，吾主矜念皇叔身无处所，不爱土地，使有所托足，以图后功；而皇叔愆德隳好，已得西川，又占荆州，贪而背义，恐为天下所耻笑。惟君侯察之。"云长曰："此皆吾兄之事，非某所宜与也。"肃曰："某闻君侯与皇叔桃园结义，誓同生死。皇叔即君侯也，何得推托乎？"云长未及回答，周仓在阶下厉声言曰："天下土地，惟有德者居之。岂独是汝东吴当有耶！"云长变色而起，夺周仓所捧大刀，立于庭中，目视周仓而叱曰："此国家之事，汝何敢多言！可速去！"仓会意，先到岸口，把红旗一招。关平船如箭发，奔过江东来。云长右手提刀，左手挽住鲁肃手，佯推醉曰："公今请吾赴宴，莫提起荆州之事。吾今已醉，恐伤故旧之情。他日令人请公到荆州赴会，另作商议。"鲁肃魂不附体，被云长扯至江边。吕蒙、甘宁各引本部军欲出，见云长手提大刀，亲握鲁肃，恐肃被伤，遂不敢动。云长到船边，却才放手，早立于船首，与鲁肃作别。肃如痴似呆，看关公船已乘风而去。后人有诗赞关公曰：

藐视吴臣若小儿，单刀赴会敢平欺。当年一段英雄气，尤胜相如在渑池。

云长自回荆州。

（节选自《三国演义》第六十六回 关云长单刀赴会 伏皇后为国捐生）

12. 攻拔襄阳

费诗方出王旨，令云长领兵取樊城。云长领命，即时便差傅士仁、糜芳二人为先锋，先引一军于荆州城外屯扎；一面设宴城中，款待费诗。饮至二更，忽报城外寨中火起。云长急披挂上马，出城看时，乃是傅士仁、糜芳饮酒，帐后遗火，烧着火砲，满营撼动，把军器粮草，尽皆烧毁。云长引兵救扑，至四更方才火灭。云长入城，召傅士仁、糜芳责之曰："吾令汝二人作先锋，不曾出师，先将许多军器粮草烧毁，火砲打死本部军人：如此误事，要你二人何用！"叱令斩之。费诗告曰："未曾出师，先斩大将，于军不利。可暂免其罪。"云长怒气不息，叱二人曰："吾不看费司马之面，必斩汝二人之首！"乃唤武士各杖四十，摘去先锋印绶，罚糜芳守南郡，傅士仁守公安；且曰："若吾得胜回来之日，稍有差池，二罪俱罚！"二人满面羞惭，喏喏而去。云长便令廖化为先锋，关平为副将，自总中军，马良、伊籍为参谋，一同征进。先是，有胡华之子胡班，到荆州来投降关公；公念其旧日相救之情，甚爱之；今随费诗入川，见汉中王受爵。费诗辞别关公，带了胡班，自回蜀中去了。

　　且说关公是日祭了"帅"字大旗，假寐于帐中。忽见一猪，其大如牛，浑身黑色，奔入帐中，径咬云长之足。云长大怒，急拔剑斩之，声如裂帛。霎然惊觉，乃是一梦。便觉左足隐隐疼痛，心中大疑。唤关平至，以梦告之。平对曰："猪亦有龙象。龙附足，乃升腾之意，不必疑忌。"云长聚多官于帐下，告以梦兆。或言吉祥者，或言不祥者，众论不一。云长曰："吾大丈夫年近六旬，即死何憾！"正言间，蜀使至，传汉中王旨，拜云长为前将军，假节钺，都督荆襄九郡事。云长受命讫，众官拜贺曰："此足见猪龙之瑞也。"于是云长坦然不疑，遂起兵奔襄阳大路而来。

　　曹仁正在城中，忽报云长自领兵来。仁大惊，欲坚守不出，副将翟元曰："今魏王令将军约会东吴取荆州；今彼自来，是送死也，何故避之？"参谋满宠谏曰："吾素知云长勇而有谋，未可轻敌。不如坚守，乃为上策。"骁将夏侯存曰："此书生之言耳。岂不闻'水来土掩，将至兵迎'？我军以逸待劳，自可取胜。"曹仁从其言，令满宠守樊城，自领兵来迎云长。云长知曹兵来，唤关平、廖化二将，受计而往。与曹兵两阵对圆，廖化出马搦战。翟元出迎。二将战不多时，化诈败，拨马便走，翟元从后追杀，荆州兵退二十里。次日，又来搦战。夏侯存、翟元一齐出迎，荆州兵又败，又追杀二十余里。忽听得背后喊声大震，鼓角齐鸣。曹仁急命前军速回，背后关平、廖化杀来，曹兵大乱。曹仁知是中计，先掣一军飞奔襄阳；离城数里，前面绣旗招飐，云长勒马横刀，拦住去路。曹仁胆战心惊，不敢交锋，望襄阳斜路而走。云长不赶。须臾，夏侯存军至，见了云长，大怒，便与云长交锋，只一合，被云长砍死。翟元便走，被关平赶上，一刀斩之。乘势追杀，曹兵大半死于襄江之中。曹仁退守樊城。

云长得了襄阳，赏军抚民。随军司马王甫曰："将军一鼓而下襄阳，曹兵虽然丧胆，然以愚意论之：今东吴吕蒙屯兵陆口，常有吞并荆州之意；倘率兵径取荆州，如之奈何？"云长曰："吾亦念及此。汝便可提调此事：去沿江上下，或二十里，或三十里，选高阜处置一烽火台，每台用五十军守之；倘吴兵渡江，夜则明火，昼则举烟为号。吾当亲往击之。"王甫曰："糜芳、傅士仁守二隘口，恐不竭力；必须再得一人以总督荆州。"云长曰："吾已差治中潘濬守之，有何虑焉？"甫曰："潘濬平生多忌而好利，不可任用。可差军前都督粮料官赵累代之。赵累为人忠诚廉直。若用此人，万无一失。"云长曰："吾素知潘濬为人。今既差定，不必更改。赵累现掌粮料，亦是重事。汝勿多疑，只与我筑烽火台去。"王甫怏怏拜辞而行。云长令关平准备船只渡襄江，攻打樊城。

却说曹仁折了二将，退守樊城，谓满宠曰："不听公言，兵败将亡，失却襄阳，如之奈何？"宠曰："云长虎将，足智多谋，不可轻敌，只宜坚守。"正言间，人报云长渡江而来，攻打樊城。仁大惊。宠曰："只宜坚守。"部将吕常奋然曰："某乞兵数千，愿当来军于襄江之内。"宠谏曰："不可。"吕常怒曰："据汝等文官之言，只宜坚守，何能退敌？岂不闻兵法云：'军半渡可击。'今云长军半渡襄江，何不击之？若兵临城下，将至壕边，急难抵当矣。"仁即与兵二千，令吕常出樊城迎战。吕常来至江口，只见前面绣旗开处，云长横刀出马。吕常却欲来迎，后面众军见云长神威凛凛，不战先走，吕常喝止不住。云长混杀过来，曹兵大败，马步军折其大半，残败军奔入樊城。曹仁急差人求救，使命星夜至长安，将书呈上曹操，言："云长破了襄阳，现围樊城甚急。望拨大将前来救援。"曹操指班部内一人而言曰："汝可去解樊城之围。"其人应声而出。众视之，乃于禁也。禁曰："某求一将作先锋，领兵同去。"操又问众人曰："谁敢作先锋？"一人奋然出曰："某愿施犬马之劳，生擒关某，献于麾下。"操观之大喜。正是：未见东吴来伺隙，先看北魏又添兵。

（节选自《三国演义》第七十三回 玄德进位汉中王 云长攻拔襄阳郡）

13. 水淹七军

却说关平见关公箭疮已合，甚是喜悦。忽听得于禁移七军于樊城之北下寨，未知其谋，即报知关公。公遂上马，引数骑上高阜处望之，见樊城城上旗号不整，军士慌乱；城北十里山谷之内，屯着军马，又见襄江水势甚急，看了半晌，唤向导官问曰："樊城北十里山谷，是何地名？"对曰："罾口川也。"关公喜曰："于禁必为我擒矣。"将士问曰："将军何以知之？"关公曰："'鱼'入'罾口'，岂能久乎？"诸将未信。公回本寨。时值八月秋天，骤雨数日。公令人预备船筏，收拾水具。关平问曰："陆地相持，何用水具？"公曰："非汝所知也。——于禁七军不屯于广易之地，而聚于罾口川险隘之处；方今秋雨连绵，襄江之水必然泛涨；吾已差人堰住各处水口，待水发时，乘高就船，放水一淹，樊城、罾口川之兵皆为鱼鳖矣。"关平拜服。

却说魏军屯于罾口川，连日大雨不止，督将成何来见于禁曰："大军屯于川口，地势甚低；虽有土山，离营稍远。即今秋雨连绵，军士艰辛。近有人报说荆州兵移于高阜处，又于汉水口预备战筏；倘江水泛涨，我军危矣：宜早为计。"于禁叱曰："匹夫惑吾军心耶！再有多言者斩之！"成何羞惭而退，却来见庞德，说此事。德曰："汝所见甚当。于将军不肯移兵，吾明日自移军屯于他处。"

计议方定，是夜风雨大作。庞德坐于帐中，只听得万马争奔，征鼙震地。德大惊，急出帐上马看时，四面八方，大水骤至；七军乱窜，随波逐浪者，不计其数。平地水深丈余，于禁、庞德与诸将各登小山避水。比及平明，关公及众将皆摇旗鼓噪，乘大船而来。于禁见四下无路，左右止有五六十人，料不能逃，口称"愿降"。关公令尽去衣甲，拘收入船，然后来擒庞德。时庞德并二董及成何，与步卒五百人，皆无衣甲，立在堤上。见关公来，庞德全无惧怯，奋然前来接战。关公将船四面围定，军士一齐放箭，射死魏兵大半。董衡、董超见势已危，乃告庞德曰："军士折伤大半，四下无路，不如投降。"庞德大怒曰："吾受魏王厚恩，岂肯屈节于人！"遂亲斩董衡、董超于前，厉声曰："再说降者，以此二人为例！"于是众皆奋力御敌。自平明战至日中，勇力倍增。关公催四面急攻，矢石如雨。德令军士用短兵接战。德回顾成何曰："吾闻'勇将不怯死以苟免，壮士不毁节而求生'。今日乃我死日也。汝可努力死战。"成何依令向前，被关公一箭射落水中。众军皆降，止有庞德一人力战。正遇荆州数十人，驾小船近堤来，德提刀飞身一跃，早上小船，立杀十余人，余皆弃船赴水逃命。庞德一手提刀，一手使短棹，欲向樊城而走。只见上流头，一将撑大筏而至，将小船撞翻，庞德落于水中。船上那将跳下水去，生擒庞德上船。众视之，擒庞德者，乃周仓也。仓素知水性，又在荆州住了数年，愈加惯熟；更兼力大，因此擒了庞德。于禁所领七军，皆死于水中。其会水者料无去路，亦皆投降。后人有诗曰：

夜半征鼙响震天，襄樊平地作深渊。关公神算谁能及，华夏威名万古传。

（节选自《三国演义》第七十四回 庞令明抬榇决死战 关云长放水淹七军）

14. 刮骨疗毒

却说曹仁见关公落马，即引兵冲出城来；被关平一阵杀回，救关公归寨，拔出臂箭。原来箭头有药，毒已入骨，右臂青肿，不能运动。关平慌与众将商议曰："父亲若损此臂，安能出敌？不如暂回荆州调理。"于是与众将入帐见关公。公问曰："汝等来有何事？"众对曰："某等因见君侯右臂损伤，恐临敌致怒，冲突不便。众议可暂班师回荆州调理。"公怒曰："吾取樊城，只在目前；取了樊城，即当长驱大进，径到许都，剿灭操贼，以安汉室。岂可因小疮而误大事？汝等敢慢吾军心耶！"平等默然而退。

众将见公不肯退兵，疮又不瘥，只得四方访问名医。忽一日，有人从江东驾小舟而来，直至寨前。小校引见关平。平视其人：方巾阔服，臂挽青囊；自言姓名："乃沛国谯郡人，姓华，名佗，字元化。因闻关将军乃天下英雄，今中毒箭，特来医治。"平曰："莫非昔日医东吴周泰者乎？"佗曰："然。"平大喜，即与众将同引华佗入帐见关公。时关公本是臂疼，恐慢军心，无可消遣，正与马良弈棋；闻有医者至，即召入。礼毕，赐坐。茶罢，佗请臂视之。公袒下衣袍，伸臂令佗看视。佗曰："此乃弩箭所伤，其中有乌头之药，直透入骨；若不早治，此臂无用矣。"公曰："用何物治之？"佗曰："某自有治法。——但恐君侯惧耳。"公笑曰："吾视死如归，有何惧哉？"佗曰："当于静处立一标柱，上钉大环，请君侯将臂穿于环中，以绳系之，然后以被蒙其首。吾用尖刀割开皮肉，直至于骨，刮去骨上箭毒，用药敷之，以线缝其口，方可无事。——但恐君侯惧耳。"公笑曰："如此，容易！何用柱环？"令设酒席相待。

公饮数杯酒毕，一面仍与马良弈棋，伸臂令佗割之。佗取尖刀在手，令一小校捧一大盆于臂下接血。佗曰："某便下手，君侯勿惊。"公曰："任汝医治，吾岂比世间俗子，惧痛者耶！"佗乃下刀，割开皮肉，直至于骨，骨上已青；佗用刀刮骨，悉悉有声。帐上帐下见者，皆掩面失色。公饮酒食肉，谈笑弈棋，全无痛苦之色。

须臾，血流盈盆。佗刮尽其毒，敷上药，以线缝之。公大笑而起，谓众将曰："此臂伸舒如故，并无痛矣。先生真神医也！"佗曰："某为医一生，未尝见此。君侯真天神也！"后人有诗曰：

治病须分内外科，世间妙艺苦无多。神威罕及惟关将，圣手能医说华佗。

关公箭疮既愈，设席款谢华佗。佗曰："君侯箭疮虽治，然须爱护。切勿怒气伤触。过百日后，平复如旧矣。"关公以金百两酬之。佗曰："某闻君侯高义，特来医治，岂望报乎！"坚辞不受，留药一帖，以敷疮口，辞别而去。

（节选自《三国演义》第七十五回 关云长刮骨疗毒 吕子明白衣渡江）

15. 败走麦城

　　且说关公在麦城，计点马步军兵，止剩三百余人；粮草又尽。是夜，城外吴兵招唤各军姓名，越城而去者甚多。救兵又不见到。心中无计，谓王甫曰："吾悔昔日不用公言！今日危急，将复何如？"甫哭告曰："今日之事，虽子牙复生，亦无计可施也。"赵累曰："上庸救兵不至，乃刘封、孟达按兵不动之故。何不弃此孤城，奔入西川，再整兵来，以图恢复？"公曰："吾亦欲如此。"遂上城观之。见北门外敌军不多，因问本城居民："此去往北，地势若何？"答曰："此去皆是山僻小路，可通西川。"公曰："今夜可走此路。"王甫谏曰："小路有埋伏，可走大路。"公曰："虽有埋伏，吾何惧哉！"即下令：马步官军，严整装束，准备出城。甫哭曰："君侯于路，小心保重！某与部卒百余人，死据此城；城虽破，身不降也！专望君侯速来救援！"

　　公亦与泣别。遂留周仓与王甫同守麦城，关公自与关平、赵累引残卒二百余人，突出北门。关公横刀前进，行至初更以后，约走二十余里，只见山凹处，金鼓齐鸣，喊声大震，一彪军到，为首大将朱然，骤马挺枪叫曰："云长休走！趁早投降，免得一死！"公大怒，拍马轮刀来战。朱然便走，公乘势追杀。一棒鼓响，四下伏兵皆起。公不敢战，望临沮小路而走，朱然率兵掩杀。关公所随之兵，渐渐稀少。走不得四五里，前面喊声又震，火光大起，潘璋骤马舞刀杀来。公大怒，轮刀相迎；只三合，潘璋败走。公不敢恋战，急望山路而走。背后关平赶来，报说赵累已死于乱军中。关公不胜悲惶，遂令关平断后，公自在前开路，随行止剩得十余人。行至决石，两下是山，山边皆芦苇败草，树木丛杂。时已五更将尽。正走之间，一声喊起，两下伏兵尽出，长钩套索，一齐并举，先把关公坐下马绊倒。关公翻身落马，被潘璋部将马忠所获。关平知父被擒，火速来救；背后潘璋、朱然率兵齐至，把关平四下围住。平孤身独战，力尽亦被执。至天明，孙权闻关公父子已被擒获，大喜，聚众将于帐中。

少时，马忠簇拥关公至前。权曰："孤久慕将军盛德，欲结秦、晋之好，何相弃耶？公平昔自以为天下无敌，今日何由被吾所擒？将军今日还服孙权否？"关公厉声骂曰："碧眼小儿，紫髯鼠辈！吾与刘皇叔桃园结义，誓扶汉室，岂与汝叛汉之贼为伍耶！我今误中奸计，有死而已，何必多言！"权回顾众官曰："云长世之豪杰，孤深爱之。今欲以礼相待，劝使归降，何如？"主簿左咸曰："不可。昔曹操得此人时，封侯赐爵，三日一小宴，五日一大宴，上马一提金，下马一提银：如此恩礼，毕竟留之不住，听其斩关杀将而去，致使今日反为所逼，几欲迁都以避其锋。今主公既已擒之，若不即除，恐贻后患。"孙权沉吟半晌，曰："斯言是也。"遂命推出。于是关公父子皆遇害。时建安二十四年冬十二月也。关公亡年五十八岁。后人有诗叹曰："汉末才无敌，云长独出群：神威能奋武，儒雅更知文。天日心如镜，《春秋》义薄云。昭然垂万古，不止冠三分。"又有诗曰：

人杰惟追古解良，士民争拜汉云长。桃园一日兄和弟，俎豆千秋帝与王。气挟风雷无匹敌，志垂日月有光芒。至今庙貌盈天下，古木寒鸦几夕阳。

关公既殁，坐下赤兔马被马忠所获，献与孙权。权即赐马忠骑坐。其马数日不食草料而死。

却说王甫在麦城中，骨颤肉惊，乃问周仓曰："昨夜梦见主公浑身血污，立于前；急问之，忽然惊觉。不知主何吉凶？"正说间，忽报吴兵在城下，将关公父子首级招安。王甫、周仓大惊，急登城视之，果关公父子首级也。王甫大叫一声，堕城而死。周仓自刎而亡。于是麦城亦属东吴。

（节选自《三国演义》第七十七回 玉泉山关公显圣 洛阳城曹操感神）

16. 关公显圣

却说关公一魂不散，荡荡悠悠，直至一处：乃荆门州当阳县一座山，名为玉泉山。山上有一老僧，法名普净，原是汜水关镇国寺中长老；后因云游天下，来到此处，见山明水秀，就此结草为庵，每日坐禅参道；身边只有一小行者，化饭度日。是夜月白风清，三更已后，普净正在庵中默坐，忽闻空中有人大呼曰："还我头来！"普净仰面谛视，只见空中一人，骑赤兔马，提青龙刀，左有一白面将军、右有一黑脸虬髯之人相随，一齐按落云头，至玉泉山顶。普净认得是关公，遂以手中麈尾击其户曰："云长安在？"关公英魂顿悟，即下马乘风落于庵前，叉手问曰："吾师何人？愿求法号。"普净曰："老僧普净，昔日汜水关前镇国寺中，曾与君侯相会，今日岂遂忘之耶？"公曰："向蒙相救，铭感不忘。今某已遇祸而死，愿求清诲，指点迷途。"普净曰："昔非今是，一切休论；后果前因，彼此不爽。今将军为吕蒙所害，大呼'还我头来'，然则颜良、文丑、五关六将等众人之头，又将向谁索耶？"于是关公恍然大悟，稽首皈依而去。后往往于玉泉山显圣护民，乡人感其德，就于山顶上建庙，四时致祭。后人题一联于其庙云：

赤面秉赤心、骑赤兔追风，驰驱时、无忘赤帝。

青灯观青史、仗青龙偃月，隐微处、不愧青天。

（节选自《三国演义》第七十七回 玉泉山关公显圣 洛阳城曹操感神）

附录二 40集电视连续剧《忠义千秋》剧本节选

作者：陆树惠 陆树铭

第二十八集

神游太虚空暇想，梦交英雄千百回。
从没指望您爱俺，荣幸守望您一生。

1.刘备私宅 日 内

刘备：军师说得对，打仗还得靠二弟云长他们！

诸葛亮：自然，亮不糊涂！

（私宅外隐约传来嘈杂的呼喊声）

刘备：（突然激动起来）这糜竺、糜芳我真是不忍心处治他们。

（诸葛亮掏出糜竺的诬告信帛）

刘备：（看过信帛）哦，就是云长跟枝子的事？

诸葛亮：（点头）还蛊惑云长在曹营投敌变节……

刘备：瞎扯！他不是还跟着我么？打仗还得靠他，我都让他三分，更不要说我们是兄弟，这个改变不了，谁也改变不了。

诸葛亮：主公都让着云长三分，亮自然不需提醒。

刘备：（摔摔打打地）你说？这都是些什么说法，怎么个曹营有疑点？云长跟枝子的事情我最清楚，这孩子算起来都该叫我舅舅了，当初是我允诺留下的，这些嚼舌头的文官，我去遣散了这些鸟人！

诸葛亮：呵呵，慢，慢，呵呵……

刘备：不能让他们再搅和下去！

诸葛亮：不急，主公……（话外有话地）为君之道当平衡各方利害，他们彼此牵掣，我当高枕无忧……不要小看文官，亮本身也是谋士……

刘备：（不解地）你的意思……

（诸葛亮高深莫测的神态）

2. 刘备私宅大堂外　日　外

（糜竺一干人骂骂咧咧地从地上爬起来，汇集在一起走去）

3. 刘备私宅　日　内

刘备：（看着窗外大堂）他们又要作甚？

诸葛亮：（瞟一眼窗外）让他们发泄，自然有人出面。

刘备：你这又是哪一出？

诸葛亮：呵呵……

4. 糜竺、糜芳私宅　夜　内

（七八个官员义愤地聚集在糜竺、糜芳身边）

糜竺：（义愤填膺声泪俱下状）说俺是皇叔的舅子，在关云长手下就是一个粮草官！他关云长斩华雄、诛颜良文丑是有名声，可那是为了自己的前程，在座诸位哪个是混过来的？为了皇叔不也是南征北战历尽艰辛？为何就白白地就搭上了性命？一个孩子都不能为我们抵命，咱们的还是命？弟兄们，此事不平不能平复了我心，不讨回公道誓不为人！

众官员齐呼：对，不讨回公道誓不为人！

5. 关云长私宅 夜 内

（关云长疲惫怠地下马，走进室内，张飞早就等候在此）

张飞：（言辞不冷不热地）俺的哥哥回来了？找到了？呵呵，让你找到也不是你儿子了，俺家张苞也无影无踪！

（关云长怒气未消地卸下佩刀）

张飞：（"呼"的冲上前来）你真拎不清？借这个机会正好整治一下糜竺、糜芳呐！军师也挡着，大哥也睁眼闭眼，你跟你的儿子非要过意不去？

关云长：（义正词严）就事论事，关兴违反军纪在先！

张飞：（激动）关兴，关兴，你咋没想到这事还有俺家张苞呢！

关云长：坑是坑，凹是凹，谁犯的罪都跑不了！

张飞：你，你！

6. 糜竺、糜芳私宅 夜 内

糜竺：关云长这个人你们可不清楚，六亲不认疾恶如仇，你想再缩回去，那等于自掘坟墓，咱们趁此机会扳倒他绝了后患！

众官员：（怀疑地迟疑地看着糜竺）扳倒关云长？

糜竺：咋？他不是一贯正派吗，且看主公如何处置。

（众官员半信半疑）

7. 关云长私宅 夜 内

张飞：（火真的上来了）枝子要走了，你怎么也得去看一看，跟咱们这么多年，风里雨里不说，对你着实不差！

关云长：（截断张飞的话）她那是一厢情愿！

张飞：你！你！唉！关兴是你的亲儿子你就不追究了！

关云长：假如是亲儿子，我早斩了他了！

张飞：哼！你这个不近人情的家伙！你等着糜竺他们断了你的后路吧！

关云长：怎么可以这样说话？糜竺不是大哥的舅子吗？

张飞：唉，你，你，你就自己整自己吧！

（窗外黑影一闪，糜竺的随从消失在夜幕中）

（关云长思索着突然神情也沮丧起来）

8. 糜竺、糜芳私宅 夜 内

（糜竺的随从跳进跟糜竺耳语着）

糜竺：他仁慈？你知道甚？（低沉地呵斥）退下去！烂在你心里，从此不要说！

（随从惧怕地退下——）

官员甲：（嘟囔）我翻来覆去地想，扳倒关云长？绝对不可能，到头来咱们自讨没趣……

糜竺：（色厉内荏地） 扳！一定要扳！明早大门口请愿，谁也不能临阵退缩！他有兄弟咱们也是兄弟，兄弟我承诺完事有诸位的财发有诸位的官当！

（糜竺带领一干人出了私宅）

（官员甲哆嗦着脱离了队伍，开溜）

（糜芳拽住一个官员交待着，官员甲跑出）

9.妓院 夜 内

（官员闯进院门，指手画脚地教唆着鸨儿）

10.客栈 清晨 外、内

（赤兔马在客栈门口"咴咴"叫着，焦躁不安）

（看将军被惊动，探头观看）

（关云长与张飞在房间里揪住张苞）

关云长：青钍剑为何带毒！说！

张苞：（支吾着）卖……卖水果的摊主弄的，金铋弓与青钍剑曾经从俺俩手里丢了两天，俺俩怕二叔跟俺爹生气，不敢禀报，玩命地找……再找回来的时候就这个样子了……

关云长、张飞：啊！

关云长：在何处丢的？

张苞：市井中的酒肆喝酒的当口……

关云长：何处找回？

张苞：（结结巴巴）市……市井中的……鸨院内……

张飞：（大怒）什么？啊！（一巴掌扇向张苞）

关云长：（怒喝）还有何种隐情？！

张苞：（惧怕地）已经误杀了三个鸨儿……

（张飞又一巴掌扇向张苞）

张苞：青钍剑两次都是自己飞起来伤人，真的不是关兴的事……

关云长：你们先走，我去找这个孽障！

张苞：不用去找了，二叔，他肯定去自首了，还有，不知为什么青钍剑飞来舞去就是离不开关兴的手，他都糊涂了。俺们俩吃了水果摊的果子也狠命地肚子疼……

 张飞：该！

 关云长：走，你跟我去作证！（支派侍卫们）你们继续去搜！（押张苞走去）

11. 客栈另一房间 清晨 内

（肴将军眼看关云长与张飞押解着张苞离开）

 肴将军：这就是成功吗？（暴怒）我不要，不要！

12. 老夫家 日 内

（关兴怀抱着青钍剑依然昏迷在床榻，老夫使劲儿想掰开关兴的手，掰不开）

 老夫老妇人：（神经质般念叨）孙儿，孙儿，这不是我的孙子，不，不，不，这是我的孙子。（禁不住抱住关兴）

 （门外传来侍卫搜索的呼喝声，渐渐呼喝声远去）

 （老夫松了一口气）

 关兴：（突然推开青钍剑挣扎着从床榻上爬起）老爹，快叫那些官兵，叫他们找一个叫张苞的来……（虚弱地又昏迷过去）

13 刘备府邸大门口 日 外

（糜竺、糜芳一干人齐刷刷地跪在门前，引来百姓关注）

 （肴将军混藏其中）

14. 刘备私宅 日 内

 刘备：（隔窗看着大门口的糜竺、糜芳气愤地）你们又来了，你看着办吧！

诸葛亮：呵呵，人命关天呐……（沉默、观察着）

刘备：他们这是想造反呐……

诸葛亮：几个谋士造了甚反？来，你这样……（突然拽住刘备就走）或许熏陶一员大将，来，跟我来！（奔出）

刘备：（趔趄跟随）唉，这又是哪一招？

（诸葛亮紧拽着刘备登上阁楼，居高临下地将府邸内外看了个清楚）

15. 市井　日　外

（大队的侍卫挨家挨户搜索着）

侍卫：（虚张声势地）谁是关兴，自己出来！关兴！

16. 枝子的私宅　日　内

（床榻上放着枝子的包袱，张氏眼看着枝子梳妆完毕，端详着枝子年轻漂亮的脸庞，忍不住地将其搂住）

枝子：怎地今天府邸静悄悄？

张氏：（边收拾内宅边安慰）你啥也不要管，有三婶呢！等着等着，俺一定替你说话。

枝子：三婶，俺已经不指望了，但是俺怎么觉得心里乱扑通，没人折腾关将军跟俺那点事了？三婶你告诉俺！

张氏：（"腾"地转身）叫你不要管么，男人的事情男人管，咱女人管不了啊。唉，说是关兴伤人，俺看还是对着二叔来的。

枝子：哦……果然……

张氏：（揪过枝子）你给俺答应，就是走，也得让他关云长送你走！送你光光鲜鲜地回家！

枝子：（目光游离）算了，女人早晚是这一天，俺想了一晚上了，俺彻夜难眠，俺庆幸俺那天的决定，俺看见将军对俺那深深的一礼，俺知足……俺现在就是想再看一眼将军……（禁不住眼泪流出，呜咽着）将军啊……将军青龙舞苍天，山前山后旌旗扬，俺本想化一缕风，随时能绕着那战旗飘，岂知将军根本无那般想法……

（张氏紧张地看着痴呆呆的枝子，疑惑地伸手在枝子眼前晃着，枝子目光如柔水）

张氏：（惊恐地）你可不要想别的啊，千万要想得开……

枝子：俺为他学的剑术，俺为他练的武艺……俺为他学的做菜饭，俺想伺候他一辈子，俺想陪他耄耋之年鬓须白，亭榭柳荫戏曾孙……全没用了。想想俺真是傻得要命，那时俺才多大呀……桃园前一眼看中的就是将军……

17.【闪回】

涿州城门桃园　日　外

（年轻时的关云长威风凛凛走来，枝子羞答答地迎着关云长嫣然一笑，刘、关、张对天作揖结拜）

（枝子仰慕的眼神停留在关云长身上）

18.枝子私宅　日　内

枝子：（泪水涌出）从那时，俺风里雨里没有怨气，俺女扮男装跟着他在战场上冲啊，打啊，你知道的三婶，哪知道将军就是铁石心肠，眼看着现在我赚着他的讨厌了……

张氏：就是，是的了，这些年全耽搁给他了，明知道你要走还是不来送，枝子姑娘，你别往窄处想，二叔会来的。

枝子：算了三婶，他忙！

张氏：多想让你成了姐妹，咱们妯娌……

枝子：转告皇叔、二叔、三叔，再没机会给他们做饭了。二叔最愿意吃面条……俺知道他喜欢吃俺做的面，背地里俺听他说过，可他从来没当面夸过俺，这是为何啊？（突然呜咽）这么多年，他就是碰了俺一指头也算摸，没有哇，正眼看俺几眼的工夫都可数，就这样竟让俺空想了这些年的日子！俺心不甘啊！为啥人们竟然还让俺俩担这样的名声！（伤心欲绝）三婶！

（张氏亦伤心悲愤泪水涟涟）

（府邸大门方向隐约传来呼喊声，人们跑过的脚步声，枝子浑身一震，张氏阻挡不住地，枝子早就一跳出门口）

19. 府邸大门内 日 外

（眼看糜竺等官员们突破大门防卫，呼啦啦地看热闹的百姓也跟随起着哄，肴将军混杂其中，向刘备私宅涌去）

官员们：（七高八落地喊着）人命关天，杀人偿命，交出关兴，关云长请罪！出来，出来！

（枝子目光炯炯，急切地看着张氏，张氏点头默认，枝子突然转身跟随请愿的人群而去）

张氏：（揪住枝子）你给俺回去，你去了越弄越乱，走，听话回来！

（枝子义无反顾地离去）

20. 刘备私宅 日 外

（人群将私宅围了个水泄不通，侍卫紧紧护卫着私宅门口，肴将军冷眼旁观着，官员们临阵胆怯畏缩不敢出声）

（糜竺兄弟狠毒的目光扫视着官员们）

（官员们用哆嗦的声音喊着）人命关天，杀人偿命，交出关兴，关云长请罪！出来，出来！

（几个官员往外溜着，糜芳掏出佩剑抵在官员的腰后）

（官员们战战兢兢地）

21. 刘备私宅旁边的阁楼　日　内

（刘备眼看着糜竺、糜芳，惊讶地瞪大眼睛，诸葛亮胸有成竹地拍拍按捺不住的刘备）

（远看着市井方向，关云长等人走过来，诸葛亮悠闲地摇起羽毛扇子）

22. 刘备私宅前　日　外

（枝子心急如焚跟随着众人往前涌着，张氏满脸愁容紧跟枝子而来）

23. 市井　日　外

（关云长与张飞押解着张苞，身后被一群鸨儿纠缠着，赤兔马"咴咴"叫着）

鸨儿们：（哭天抹泪）玩就玩吧，要了妹妹的命，还俺妹妹的命，还命啊……

（鸨母看一眼张飞，紧盯着关云长）

鸨母：（悄悄对张飞）恁这个将军俊美……

（张飞装作不认识鸨母的样子，关云长看在眼里，压制着怒火）

23. 刘备私宅旁边的阁楼　日　内

（刘备压制不住怒火欲往阁楼下奔，又被诸葛亮拽住）

24. 刘备私宅门前　日　外

（糜竺、糜芳威逼着官员在门前跪成一片，侍卫们刀剑出鞘，急速地调整队形，更紧密地护在私宅门口）

（看将军趁机往前涌着，枝子挤开看将军站到前头，张氏挤进人群与枝子并肩）

25. 刘备私宅旁边的阁楼　日　内

诸葛亮：（故作玄虚地）他们这是真要造反呐！

刘备：（学着诸葛亮反讥）几个谋士造得了甚反？

诸葛亮：（一怔，看着阁楼下）呵呵，几个谋士倒是好说，舞刀弄枪的可是难说呢……

（刘备一副懒得再听的神态）

26. 刘备府邸大门口　日　外

（关云长骑赤兔马带领一行人来到大门前）

门口侍卫：（赶紧迎上前来禀报）关将军，你快躲一躲，那么多人冲着你来的，说是向主公请愿，索要关兴呢，要你出面请罪，你快走！还有鸹院的也来索命！（眼看鸹儿就在眼前，目瞪口呆）

（关云长一脸正气地下马，张飞暗示张苞逃跑，赤兔马尾随叼住关云长的战袍，关云长心地坦然，赤兔马突然挣脱侍卫撒欢儿奔出，关云长被簇拥着涌进大门）

（赤兔马收蹄逶迤盘旋，"吷吷"嘶鸣，流泪）

（张苞趁机逃脱）

27.刘备私宅旁边的阁楼 日 内

诸葛亮：看看，看看！

（刘备伸长脖颈）

28.刘备私宅门前 日 外

（关云长一脚跨上台阶，目光如炬，台阶下突然鸦雀无声，糜竺、糜芳等官员将头颅埋低，枝子深情地仰视着关云长）

（张飞摇头晃脑坐山观景，眼睛看着室前树上乌鸦）

（看将军慌忙遮盖住自己的头脸）

29.市井 日 外

（张苞躲闪着，慌不择路地奔跑，拐角处被老夫捞住）

老夫：（低沉地）你叫张苞?

张苞：你?

（老夫也不言语，扯着张苞进屋）

30.老夫家 日 内

（张苞发现躺在床榻上的关兴，扑上前去）

张苞：兴哥，快起来，乱了，完全乱套了！

（关兴微微睁开眼睛推出青釭剑）

张苞：（小心翼翼地接过青釭剑，一把攥住）兴哥，刀锋带毒啊！

关兴：咱俩遭人暗算了……

张苞：糜竺、糜芳聚众索命，二叔已经挡住了他们。

关兴：金铋弓呢?

张苞：已经上缴。

关兴：皇叔军师为何不管？

张苞：皇叔军师不知去向……

关兴：唉，扶我起来……（突然摔倒，昏迷）

张苞：（惊呼）兴哥，兴哥……

（关兴不省人事）

31. 刘备私宅门前　日　外

（树梢上的几只乌鸦突然啪啦啦地飞起，凌空盘旋，人群叽叽喳喳议论）

（张飞冷眼旁观，抄起一块石子随手朝空中掷去，眼看一只乌鸦扑啦啦地落在了台阶上，台阶下的人们突然鸦雀无声，糜竺、糜芳等官员将头颅埋低，枝子深情地仰视着关云长）

关云长：你们这是在作甚？兴师动众聚众闹事！人命关天肯定得有交待，相信上有主公、军师独不信任我关某？曹操磨刀霍霍把个长江都搅和黄了，江东东吴畏敌如虎不战欲降，我跟主公、军师寝食难安，你们这是不懂事啊！曹操此次如果得手，大家真的都回家种地去呢！还有这些精力搞这些？糜竺、糜芳，带头给我散了！

（众官员迷惑瞪眼看着关云长，糜竺暗地狠劲地抵住了官员的脊梁）

32. 刘备私宅旁边的阁楼　日　内

（诸葛亮与刘备听到关云长所言，面面相觑）

33. 刘备私宅门前　日　外

糜竺：（边抵着官员的脊梁低头起哄）你少来这一套，我们领教了！

关云长：（热血奔涌，抱拳作揖）同僚们，乡亲们，关某管教无方，致使孩儿误伤官员性命，关某给大伙请罪了！

鸨母：（嘶喊）还杀了我三个女儿！

张苞：（高喊）谁杀了你女儿，她们是自己碰到刀上的！

官员们：（被糜竺抵住，无奈嘟嚷着：主公，军师，军师做主……

糜竺：（低头添油加醋地高喊）不能偏袒了关云长哦……（暗中推搡着另一个官员甲）

官员甲：（哆嗦着，嘶喊）你跪下，跪下，给死去的人赔罪！

鸨母：（趁势紧跟着喊）跪下，跪下！

（枝子想阻止关云长，被看将军挤到一边）

（关云长傲然挺立，仰天大笑）

张飞：（轻蔑地上前捡起乌鸦）不是好鸟！（"嗖"地扔出场外）

鸨母：你骂谁是鸟，你才是！（扑上台阶扯住张飞）让你儿子偿命！这事没完！不对，是你儿子，关云长的儿子！（反手又扯住关云长）

（关云长与张飞不忍下手相视苦笑着）

（枝子飞身上台阶扯倒鸨母，台阶上拉扯成一团）

糜芳：（高喊）就是这个女人，就是她跟关云长在曹营就一起睡过！

关云长：（旋风一样出手揪住了糜芳）说这样的话要负责任的！（扔糜芳个嘴啃泥）

糜竺：（狗急跳墙般跃起，撒泼）我跟你们拼了！

糜芳：（爬起大喊大叫）又要死人喽……

（众人惊慌失措）

关云长：（一手一个揪住糜竺、糜芳）不看大哥的面子早杀了你们！

糜竺、糜芳：你杀了我们吧！你们杀了我哥俩吧！（糜芳的头往张飞的怀里拱着）活着也是受你们的压迫，活着也是一天介委屈！杀啊你！杀啊你们！

（撒泼捶打）

（关云长与张飞一一接住相对苦笑着，并不还手）

34. 刘备私宅旁边的阁楼　日　内

（刘备观之鼻子气歪了，诸葛亮顾不上刘备奔跑着下了阁楼）

35. 刘备私宅门前　日　外

（几个鸨儿趁机又扯住关云长，关云长羞于动手，任其捶打）

糜竺、糜芳：你杀啊，关云长！

（枝子欲助关云长，却被糜芳扯住腰身）

枝子：（使出功夫推开糜芳，仗义地跳上台阶，挡在关云长面前大喊）你

们显然是想害人了！（搀扶住关云长）

（张飞气恼地拍打着被弄皱的衣冠，发泄地又飞出一石，竟然落下二鸟。

二鸟落在看将军身旁，张飞弯腰欲捡落鸟，看将军故意踩住落鸟，张飞抬头正

欲观看）

（化了妆的看将军弯腰将落鸟捡起递给张飞，转身往外走，张飞疑惑地上

前，看将军"嘿嘿"笑着，张飞左右端详）

（鸨儿们继续围攻着关云长）

枝子：（仗义地挡在官员长前边）你们这是为何啊？

（关云长不好意思地推躲着枝子）

糜竺：（高喊）看，他俩当着这么多人还是这样恶心……暗里岂不是早有

勾当！

（关云长挥手对糜竺就是一巴掌，眼看糜竺嘴巴飞出门牙）

诸葛亮：（气喘吁吁跳上台阶）反了你们！都给我住手！

刘备：（腿发软地跑到，大喝）反了，反了！他娘的！

糜竺：（回身"扑通"对着刘备跪地）姐夫，你成全了我们，姐姐反正已经死了，你也不屑要我这个弟弟了……

糜芳：军师，你把心搁正了，我们不想活了！

关云长：（怒喝）人命关天，事出有因，关兴违纪，但不至于抵命，青钍剑、金铋弓竟然带毒，军师会责令查清，关某已经为死的人赔罪了！还想为何？脏口吐秽难不成是加害关某！嗯？

糜竺：（赖皮般趴在地上）事实俱在不容你狡辩，官家犯法当与民同诛！你家关兴违令就得偿命！还有鸨院三条命，合计就是命五条！五条抵一条，鸨儿的命也是命！

刘备：（对诸葛亮调侃）还继续吗，军师？

诸葛亮：哦，哦……

刘备：（威严地转身）糜竺、糜芳下去了！散了！真弄的兴师动众？散！

糜竺：（忽地站起）为何！皇叔，姐夫！军师，诸葛先生！同为汉朝的江山奔波，不能厚此薄彼，同样义不顾死、忠心护主，为什么变节投降反为英雄？谁不晓礼仪仁孝，道德门风，不婚不娶岂可同衾同房？我们要的就是你们主持个公道！

（众人先惊愕，继而难为情地扭头别脸，关云长脸红脖子粗地，枝子痛不欲生）

刘备：（怒喝）信口雌黄，胡言乱语！押他下去，杖责五十！

侍卫：（上前制伏糜竺兄弟）走！

糜竺：（歇斯底里挣脱）姐夫！（挣脱侍卫羁绊，跳到关云长面前）既然是男盗女娼，就不要装出一副冰清玉洁的样子！已经是屈膝投降就不要欺世盗名、冠冕堂皇！汉朝颓倾，虚伪称道，尔比齐襄公荒淫通妹过之不及，糜家兄弟仗义执言，拨乱反正、正本清源！

（鸨儿们贪婪地看着关云长）

关云长：（惨淡冷笑）好一个无赖啊，竟然也知道这样的理！

诸葛亮：（摇着羽毛扇）呵呵，看来确实蓄谋已久，竟然还知道齐襄公荒淫通妹……你们这是陷害忠良呢！

刘备：（嘶喊）带下去！

（众人议论纷纷）

枝子：（大喊）站住，不能让他们这样走了！皇叔、军师，枝子斗胆说几句话……

众人：（七嘴八舌）伤风败俗的女人，快下去，不要说了！

（枝子突然"嗖"地抽出了关云长的佩剑，众人愣神儿，剑锋横掠过七嘴八舌的人群，糜竺、糜芳矮了半截）

枝子：（柳眉竖起）俺告诉你们甚是良知！甚是真心！

枝子：（面对众人一个飞旋，酒醉般舞起佩剑）俺确实爱慕关将军，今天跟你们实说了吧，但那是一厢情愿呐！俺仰慕将军学舞剑，渴望与将军朝朝暮暮，俺神游太虚空暇想，梦遇英雄千百回，而现实是将军不曾跟俺有那回事，怎地能空口无凭涂乱黑，当面都不曾夸过俺，哪怕俺做的面条飘清香？每当路遇侧脸过，关将军那是害羞呐，那还能睡了一晚上？哪怕曾碰过俺一指头，俺九泉之下也心醉，俺不知道齐襄公通妹是啥典故，却知道虞姬乌江别霸王，将军身兼重任前程远，岂容这乌七八糟的乱抹黑……（激动，泣泪）将军……给您找麻烦了，这是俺的真心话……

（枝子剑舞妙处突然拿佩剑对准了自己脖项）

张氏：（撕心裂肺地惊呼）枝子！不要……

227

关云长：（惊呼）枝子！

（诸葛亮默然）

枝子：（看一眼诸葛亮，放下佩剑，对关云长嫣然一笑）将军……俺跟了您这多年，第一次听你这叫俺……将军！

关云长：（感动地）枝子，不至于此，放下佩剑，慢慢说。

枝子：（做一个万福）将军！保重！皇叔，军师，恕枝子无礼啦……

刘备：唉，娃们，有我在，不要着慌……

糜竺：（垂死挣扎，呼叫）这事没有，曹营变节是真啊！

枝子：（厉声怒喝）住口！（剑封糜竺的喉咙）眼看曹营那点事，翻来覆去说了多少回？曹营美女千千万，曹营金银万万千，曹操给将军封的官，亭侯大印金灿灿，将军不知道去享富贵，非跟着皇叔辛苦？你说！

糜竺：（哆嗦着）是，是……

枝子：（舒袖抽回佩剑）你们真卑鄙！皇叔军师大伙们！俺不站出来说明白，将军一辈子难正名，光说不做不丈夫，义正辞严正视听，俺堵了他们的嘴吧了！

关云长：（欲上前）枝子！

刘备：娃，娃，枝子，枝子！本来就是我跟军师编派的一个小试探，想借此熏陶一员大将，不想你倒是来真格的……

张飞：（揪住肴将军跑来）哎，慢着，慢着，傻丫头！是曹营的肴将军操纵的青钕剑！他已经承认，承认，没事了！（肴将军昂首阔步，却窥视着侍卫的佩剑）

枝子：（不闻张飞所言却目光游离紧盯住刘备）你说甚皇叔？

刘备：（感觉失言，慌忙解释）我没说甚，没说甚！这多年我们爱你还不够呐，劝你不要想不开！

枝子：（字字顿挫）诸葛军师，俺也知道你的良苦用心！你放宽心！张罗俺嫁给关将军是试探，将俺许配给军师的侄子是激将军！俺只是替关将军不平！枝子不会写字，事体还是能断分明，你们从没把俺当人看，枝子白白跟了你们这些年……

关云长：（怨尤不已）大哥，军师，咋能这样……枝子！

枝子：（将佩剑紧紧贴紧脖颈）反正关将军也不会娶俺了……

张氏：枝子，唉……（突然想起，抓住关云长）二哥，你快说，你娶了枝子，快说！

关云长：（支吾）枝子，有话好说快放下佩剑，关某已经爱过一个女人，咋能再爱你？

张氏：咳！

张飞：嗨！

枝子：俺知道，从没指望您爱俺，但荣幸守望您一生！

（枝子对着脖子就是一抹，倒地）

（众人一片哗然，瞬时散开）

关云长：（疯狂揽住枝子）枝子！这是为何？为何啊！

枝子：（嘴角流血，血染衣衫，手指颤颤抚摸着关云长的脸颊和长髯）将军，多年羞于难开口，今天俺算是告诉您了……

关云长：（昂首挺胸别脸揽住枝子）枝子哇……（满场鸦雀无声）

枝子：（放纵地揽住关云长的脖项，亲吻着，喃喃）可晓得将军？俺豆蔻初开春相思，相思归相思，其实害怕与将军会呢。（头一歪，死去）

（关云长抱住枝子，仰望长天，泪水如雨）

（众人敬重加钦佩地围拢上来）

（众人惋惜加愧疚地散了开去）

（肴将军慌不择路地奔逃，回头看，擦着眼泪）

（诸葛亮背着手惴惴不安，刘备背手跺脚顿足地）

（糜竺、糜芳低头丧气地被侍卫看押着）

（张飞突然想起肴将军，四处寻找）

关云长：啊，呀呀呀……

36.【虚幻】云雾中　日　外

（关云长怒发冲冠纵马奔驰，左右开弓斩了糜竺、糜芳，那些跟风的官员鸟兽散）

（云雾顿开见青天，青天落下倾盆雨）

（枝子飘然而至，风情万种般缠绕着关云长，替关云长擦干净佩剑上的血，收剑入鞘）

枝子：嘻嘻……俺终于伴将军走一回……俺摸着将军的长髯了……嘿嘿……哈哈……

（关云长眼看枝子的衣带缠绕着关云长飘然而起，难舍难分跟随而去）

（关云长看到糜竺、糜芳毫发无伤摇摇晃晃地站立起来，刘备与诸葛亮漠然神色）

（关云长挣脱开枝子）

37.【虚幻】草原　日　外

（关云长涨红着脸，秉刀策马追赶着糜竺、糜芳）

（枝子笑吟吟地不语）

糜竺、糜芳：（策马躲在刘备与诸葛亮身后，告饶状）且慢，且慢！关将军从来秉公处事，就算官员是误伤关兴违纪在先，我俩无过！

关云长：（威逼住糜竺）刀锋之毒来自何方？

糜竺：那你得问曹营的肴将军，你们曾经有交往！

关云长：你！

糜竺：呵呵，枝子为你正名不假，对你有怨气也是真，自刎用的是你的佩剑！

（刘备、诸葛亮不置可否）

（关云长羞愧难当挥刀砍不下去）

枝子：再不要跟他们纠缠，将军！

（枝子飘然而起牵引关云长骑赤兔马向着天边而去）

（刘备意欲阻拦，被诸葛亮伸手拦住）

38.【虚幻】

万丈悬崖 落日余晖 外

（枝子含情脉脉牵引关云长而行，关云长恍恍惚惚犹豫不决）

（关云长突然滚落下马，凝目挥刀斩断衣带……眼看枝子乘风而去，关云长扑向崖边）

（赤兔马"咴咴"嘶鸣）

39.【虚幻】

高山峻岭 晚霞 外

（晚风吹起一抹晚霞）

（关云长面向苍天单腿跪地，作揖相送）

关云长：（长啸）你是为我而死的……枝子！我竟然不能给你伸张冤屈，枝子！（凄然泪下）我关云长何曾不是与你梦里相逢千百回……枝子！但是，我不能哇，枝子！（呜咽）

40.【虚幻】

草原上 日 外

（诸葛亮、刘备热泪盈眶面向苍天深深作揖）

（糜竺、糜芳眼观此情暗自庆幸）

（张飞怒火冲天，乘马执矛对糜竺、糜芳就刺，糜竺、糜芳躲在诸葛亮身后，刘备视而不见，张飞跺脚顿足）

41.关云长私宅 夜 内

（关云长闭门谢客）

42.关云长私宅 夜 内

（刘备、张飞、赵云、张氏等心情沉重地围在门口）

（糜竺、糜芳躲避在远处窥视着人们）

（张飞焦躁难耐对刘备不满，刘备视而不见）

（诸葛亮心情沉重远远站着）

42.关云长私宅 夜 内

（关云长手握佩剑再一次看着刿过枝子的剑锋，吻着剑锋，猛地佩剑入鞘，低头痛哭流涕）

刘备画外音：（埋怨）我说这是玩火！欲火冲天，欲火要命！

诸葛亮画外音：（愧疚）云长得罪哇，我也没想弄成这样！

张氏画外音：（伤心欲绝）你们都是些甚男人啊！

43.【闪回】

茅屋　日　内

（刘、关、张围坐在一起，枝子端一碗面条犹豫了一下，还是放在关云长面前，关云长故意啃着冷馍不肯吃面，枝子扭身退出。刘备将面条往关云长面前一推，关云长感觉枝子已经离开，悄悄地吃了一口面，咂着味道不由点头称赞，不忘回头看着门口，刘备与张飞视而不见）

（茅屋外，枝子笑着离开）

44.【闪回】

庭院　日　外

（刘备将枝子推进庭院自己躲进屋内，枝子秉剑对关云长而去）

（枝子紧逼关云长跳上石阶，对准关云长腰际就是一剑，却刺空，关云长慌忙回身接住枝子，枝子香汗扑鼻，娇喘吁吁，顺势倒在关云长怀里，痴痴地看着关云长，关云长躲闪枝子的目光）

45.关云长私宅　夜　内

（刘备迈腿进门，关云长擦干眼泪不理睬，刘备不知所措）

（张飞视而不见刘备，刘备尴尬）

（张飞看关云长依然悲伤，目光鄙视，嘟囔着摔打门扉）

张飞：多好的一个女人，也……

关云长：（扭身抓住张飞，热泪夺眶）三弟，我……（疯狂地捶打自己）我哇……

张飞：（默默抱住关云长）二哥，你亏欠这个女人，你不得消停！

关云长：（懊悔哭喊出声）是啊，我这是怎么了？我为何就不能娶了她，我什么男人？！

（张飞流泪）

关云长：她从小就跟着咱们走南闯北地服侍咱们，她对我有意思我心知啊……我为什么就不能给她一个笑脸，躲着，藏着，揪着，搁着！我糊涂！我啬啬哇！（突然想起张飞与鸨母的关系）三弟！你跟那些鸨儿……？

张飞：（理直气壮地）没有啊，甚鸨儿！

关云长：（退缩回来）我是什么人啊！

张飞：（狠狠地）你他娘的怪人！？

关云长：（脸红脖子粗）我不是怪人！不能，不能哇，尽管我跟春晓没有过门却已经有意于她！既然有意于她当生死不渝,怎能再想枝子？哪怕她年轻、漂亮、贤惠？更不可能娶了她啊！枝子哇……

（张飞目瞪口呆，继而轻蔑地看着关云长）

关云长：（疑惑地）二哥所为不对吗？

（张飞瞪起豹子眼挥臂欲打空中停住手，甩手猛然推开关云长，气呼呼地走出私宅）

刘备：（汗颜）咳！

46. 关云长私宅门口　日　外

（门口围聚的人围上来）

张飞：（回身对着门内大喊）你就是糊涂，二哥！糊涂！不食人间烟火！闪开，闪开……

（人群呼啦啦地闪开，张飞却懊恼地蹲在地上）

张飞：枝子……

围聚的人：张将军，息怒啊……

（张飞突然站起转身冲进关云长私宅，围聚的人惊慌不已）

47.关云长私宅 日内

张飞：（揶揄的口气）娘的！枝子为你甘愿等了一辈子，如今这么惊天动地一死，天下男人都不能纳妾了！呵呵……（拍着关云长的肩膀）二哥……刀锋带毒之事不能不了了之，留守江陵照料好自己了！

（张飞奔出）

（关云长踉跄拔出佩剑，狠狠挥起对着案头挥去却突然停在半空，缓缓揽入怀中）

关云长：（疑惑）我不对吗？我是对的哇……（叹）多好的一个女人……但不是我的女人啊，枝子，见谅！

（关云长庄重地将佩剑紧封，挂在墙头 ）

48.老夫家 夜 内

（关兴昏睡在床榻上，突然翻身而起呕吐）

老妇：（帮关兴捶打着脊背）醒了，孙子，孙子啊！

（老妇抱住关兴，老夫闻声赶来，关切地看着关兴）

关兴：（迫不及待地）张苞回来没？他怎么没把这把剑拿走？

老夫：来过一次。

老妇：（忘情地又抱住关兴，抚摸着）我的孙儿，你可醒了……

（关兴任老妇抚摸）

老夫：（推搡开老妇）你是关将军的公子吧，兵士到处在找你……府邸已经闹了一天了，又死了一个人，你们大营中的人，一个女的，听说叫枝子……

关兴：（惊）啥，枝子！？

老夫：看见的人说，像个男人那样对脖子就这么一抹……

关兴：（使劲地睁开双眼，喃喃）把它给我拿过来，拿过来！

（老夫拿不动青钰剑，青钰剑倒地）

关兴：（惊呼）小心！（挣扎着爬下床榻，气喘吁吁地抱住青钰剑）老爹，你让我走，我必须回去！（虚弱地又昏迷过去）

（老夫不知所措欲奔出门，老妇拖住老夫）

老妇：（声嘶力竭呼喊）你不能出去，你不能叫那些兵来！他是我的孙子，我不能让他再去打仗，你听见了没有，你个老东西！

（老夫泪流）

老妇：（抱住关兴唠叨）孙子，可怜的孩子……

49. 赵云私宅　日　内

赵云：（递给张飞茶水）好刚烈的女人，领教！张将军，不知道该不该这样说，关将军气度不大……

张飞：（顿的茶水四溅）关将军气度不大？军师气度更不大！都是他算计闹的！糜竺、糜芳俩狗日地也跟着撺惑！

赵云：我观军师不喜欢关将军。

张飞：（粗鲁地）俺们是他喜欢的？俺还不喜欢他呢！

（云惊慌地看着窗外）

50. 诸葛亮私宅　日　内

（刘备捋须、搓拳坐卧不安，愧惜、叹惋地）

（诸葛亮满脸羞愧僵硬地摇动着羽毛扇）

刘备：（不满）这，这不是偷鸡不成蚀把米吗？这，这是在预料之中吗？

空搭上枝子的性命？

诸葛亮：（硬撑着面子争辩）预料之外……预料之外归预料之外，为了云长的前程，我们必须这么做，这也是在情理之中啊

刘备：（愤怒地）还情理之中？

诸葛亮：（感叹）嗨，都说英雄难过美人关，但是云长拒奢侈，远淫逸，忠贞不二，不近乎人情却为世人敬佩！千年不再有，亘古第一人哇！好啊！就此发展下去，莫大个华夏真的能开辟一片新的天地。

刘备：（负气地）你算了，这样的天地刘备不要，我的二弟也不会要！早知道是这样的结局怎么逼着他也让他娶了枝子！（伤感地）枝子……我刘备怎么跟她爷爷交代……

诸葛亮：（由衷赞叹）这是云长向往的。

刘备：这是你安排的！

诸葛亮：（伤心地）主公如此言，亮无言以对……

刘备：军师啊，备只是心疼……心疼！

诸葛亮：你说过，为了三国鼎立的大业……

刘备：（依然伤心不已）枝子，云长……

51. 关云长私宅　夜　内

刘备：（歉疚地）二弟，你嫂子就这两个弟弟，嫂子临死交待不要难为他的弟弟……你担待，担待……

关云长：（不想回答还是忍不住地）担待？　他们最终会害了我们的大事的可知？大哥！

刘备：唉，唉……怎么会，不会……

52. 老夫家 日 内

（关兴挣扎着悄悄挪开老夫妇的胳膊从床榻爬起，操起青钍剑欲奔，返身给老夫妇俩跪地磕头，悄掩了房门奔出）

（张苞在门外暗处向关平吹着口哨，关兴奔张苞而去）

53. 市井僻静处 日 外

关兴：（急不可耐地）枝子死了？

张苞：（躲闪着）是，是……还是糜竺兄弟闹的事情！军师暗中怂恿，大伯不管不顾……（见关兴凝聚眉头）你义父难过之极，府邸上下都没想到的结局，顾不上你了……

关兴：我得回去，事情由我而起。

张苞：由你而起也有我的份啊，再别往里掺和，此事军师多少还是网开一面已经平息了众议，加之我爹已经从肴将军那里证实，青钍剑、金铋弓带毒，凌空伤人却是不解之谜，也许正像军师所说就是一件不祥之物……

关兴：那青钍剑如何处置？

张苞：深山老林扔了就是，金铋弓已经封存……

（关兴犹豫着）

张苞：给我！

（关兴拒绝了张苞锁住青钍剑剑鞘挎在身上）

张苞：（忧郁地）不是你横挑鼻子竖挑眼的，二叔说不定娶了枝子。

关兴：胡说！ 唉……娘哇！

54. 府邸大门口 日 外

（关兴与张苞挎青钍剑来到大门口，眼看张飞策马奔进大门）

（关兴张口欲喊，被张苞掩住嘴）

（张苞带领关兴绕道僻静处飞身跳上高墙，跳进府邸，奔去）

55．夏口府邸大门口 日 外

（关云长肩背佩剑整装待发，刘备携甘夫人、张飞、张氏、众官员送行，众人不忍看视关云长背着佩剑）

56．夏口府邸内高处凉亭 日 外

（诸葛亮整装待发伫立眼望前方）

57．夏口府邸大门口 日 外

（张飞与张氏一脸漠然）

（关云长突兀地给张氏作揖，张氏满脸不高兴地转身回避，被张飞一把揪住，张氏乖乖回转身，抽泣着回礼）

（关云长漠然巡视着周围送行的官员，不见诸葛亮）

刘备：（遮掩）哦，哦，此次守卫江陵二弟终于可以独当一面了，万事躬亲辛苦了啊！

（关云长仰头看着高处凉亭内的诸葛亮）

刘备：军师也在准备江东之行，加之新近身体不适，歇息呢，让我代送云长。

（关云长满脸庄重转身上马）

张飞：二哥，保重！

刘备：（不放心地）你可要沉住气哦，关兴回来了，我会照顾他的！

关云长：你军法处置了他了事！

（关云长奔出，关平赶紧跟进）

（众官员赞叹不已）

58.夏口府邸高处凉亭　日　外

（诸葛亮居高临下看着刘备送关云长离开府邸，摇身回转，忐忑心情不能自制）

诸葛亮：但愿你能理解我，云长！

（诸葛亮走下高处，刘备迎着走来，二人相视无言）

59.夏口府邸大门口　日　外

（刘备、张飞、赵云、简雍、孙乾、糜竺、糜芳送诸葛亮出行）

刘备：望军师江东之行马到成功，备在此静候佳音。

诸葛亮：主公，亮还有一事嘱咐，亮不在军中期间，主公恐怕还是不能自己主事，万事望能跟亮打一个招呼。

刘备：那是自然，备乐得高枕无忧。

诸葛亮：（着急地）那可使不得，使不得，亮不是这个意思。此乃亮的权宜之计，江东江北不能分身，说服孙权联合抗曹亮又不得不去，此次决战关系重大，一举实现咱们三国鼎立的愿望，主公切记审慎操作，千万不可意气用事。

刘备：可以，备记住了。

诸葛亮：（不放心地）任何一件事啊！

刘备：（有些不耐烦）任何事情等军师处置。

诸葛亮：那好，保重！

（诸葛亮与刘备分别）

（看诸葛亮走远，张飞不满地转身先回了府邸，刘备脸阴沉着，其余人不敢言语地跟进）

（眼看张飞跨马挺矛奔驰而来，众目睽睽下呼啦而过，又呼啦奔回，歪鼻子瞪眼对刘备欲言又止）

张飞：（埋怨地）咳！

（张飞策马出了大门）

60. 府邸中厅　日　内

（刘备虎着脸）

（张飞大咧咧地返回，对刘备拱手作揖）

张飞：（揶揄地）大哥，俺刚才茅厕出恭，给你禀报　（转身离开又转回）赶紧给军师说一声看怎地处置？

（张飞转身离开，官员忍俊不禁不敢多语）

61. 府邸中厅外　日　外

（关兴与张苞躲开哨兵靠近中厅，闻听中厅内人声，关兴示意张苞仔细听）

62. 府邸中厅　日

（刘备还没有发作，糜竺追上一步）

糜竺：他张将军是甚意思，儿子跟着关兴闹，他也跟着闹吗？他这是好赖不知，白把他留在了姐夫身边。姐夫，这样不成，这不是别人没乱，自己内部先乱了吗！

（孙乾、简雍都看着刘备的反应）

张飞：（"腾"地奔回）你在说谁？谁乱，把俺留在谁的身边？你越发成气候了，你诬陷俺二哥，逼得枝子自杀还没找你算账！滚开！

（刘备愤怒地起身出了大堂，大家一时愣神儿）

张飞：（气呼呼地）俺可不是俺二哥，不受你们这些鸟人的气！你糜家兄弟不信就他娘的试试，看谁的皮肉结实！

（糜竺识趣地不敢再说）

（张飞气呼呼地离开 ）

63. 府邸中厅外 日 外

（关兴闻听中厅谈话不禁皱紧眉头，翘脚观察中厅内不见关云长的身影，见刘备、张飞出了大堂）

张苞：（悄声牢骚）俺爹看不惯大伯迁就糜竺兄弟闹几次了，俺娘埋怨俺爹管闲事也闹，爹一烦就喝酒，喝完就醉，俺娘见俺爹喝醉更闹，他们一闹，俺也闹心。

（关兴心事重重地离开）

（行进间，张苞突然拉住关兴示意闻听，只听）

64. 刘备私宅 夜 内

刘备：这不是这么重要的任务交给你了吗？为什么你姐不在了就另眼相待，你也是一把年纪的人了，分不清个内外……去，把这个事情做好，早去早回，顺便讨回军师的意见。

糜竺：什么事情都得经过军师，不是张将军不愿意，我也不愿意。

刘备：（突然发火）我愿意！你们都得听我的！赶快去，早去早回！

（糜竺悻悻退下）

刘备：（看糜竺走远）来人，叫张将军来！

65. 刘备私宅外 夜 外

（关兴茫然走向府邸大门，张苞赶紧跟随着）

66.府邸大门口　夜　外

（关兴径直向大门口走去，张苞赶紧拉关兴走向偏道）

67.府邸后门　夜　外

（张苞引导关兴潜出府邸　）

68.酒肆　夜　内

（刘备与张飞觥筹交错）

刘备：（佯装喝醉）三弟，不管是谁帮咱们做事还是咱们说了算，你能否沉着一点？

张飞：（醉，哭音）这还要做什么事情？这接二连三的事情没有一件是顺心的，哪像以前你一呼俺跟二哥多痛快，这人五人六的规矩，弄得咱兄弟都生分了。

刘备：啥生分，咱们兄弟三个永远都在一起，同生同死呢！

张飞：（疑惑）还是这样吗……大哥？

刘备：当然，能变吗？还有大事要做呢！

（张苞与关兴远远地躲在一边偷听着刘备与张飞的谈话）

（关兴很是失望的表情）

张飞：（仰头一碗酒，醉醺醺地，突然伤感）俺想二哥了……俺想枝子！多好的一个姑娘，多好的一个女人，跟着咱们净吃苦了，怪二哥！他真是把自己装扮得百毒不侵？唉，二哥，你没享受过女人，多好的女人，脖子那么一抹，就死了……枝子……

（张飞醉倒，刘备叹气）

（侍从上前架起张飞，张飞突然醒来）

张飞：大哥，自从来了军师，害得咱哥仁好久没在这样的地方喝酒了，俺听说，江陵不是非得二哥去守，派子龙去……

刘备：（挥手招呼人）抬回去！

（关兴闻言跳起，被张苞死命拉住）

70.酒肆外　夜　外

（刘备回头留恋地看着酒肆）

71.酒肆　夜　内

张苞：哎，你还看什么呢？

（关兴隔窗看见刘备留恋的神态，黯然）

张苞：听说，东吴那帮人想投降曹操，军师已经到江东去说服他们去了，关照大伯凡事招呼不能擅自行动。

（关兴突然拿起酒杯一饮而尽，被呛得咳嗽起来）

（张苞惊得赶紧看着酒肆外刘备远去的身影，回身紧抱住青釭剑）

张苞：其实……他们议论……军师派干爹去江陵……江陵那个地方有什么守的……

（关兴猛地操起青釭剑，冲出酒肆）

（张苞急忙地付了酒钱跟出）

72. 酒肆外　夜　外

（张苞已经不见关兴的身影）

73. 江陵府邸中厅　日　内

（地图放在一边，关云长端着饭碗凝神看着墙上挂着的佩剑）

（窗外，秋风瑟瑟，突然响起枝子爽朗的笑声）

（关云长回过神来，马蹄声起枝子笑声随之远去，关云长心神不定继续操起地图看视着）

74. 江陵府邸中厅外庭院　日　外

（周仓抱青龙刀侍立在外，关平蹑脚往中厅走来）　（关平探头看着中厅内关云长的动静）

关平：（悄悄拽住周仓）一场大战难免，单单义父赋闲一边！（不禁探头再看中厅内关云长）

（关云长放下地图，遥望江边，慢慢起势，练着内功）

关平：唉……

（马嘶鸣声，关兴挎青钍剑大步流星跨进庭院）

周仓：（激动地）回来了，你可回来了！

关平：兄弟！

（关平抱住关兴，暗示关兴躲避关云长）

（关兴推开关平走进中厅，关平一脸惊讶）

75. 江陵府邸中厅　日　内

（眼看关兴跪倒在地，关平、周仓跟着走入）

（关云长不动声色地依然练着内功）

76. 刘备府邸中厅 夜 内

（众官员神色紧张地侍立在刘备周围）

糜竺：（跪地言辞慌乱）面对江东十八大夫三十六谋士唇枪舌剑，军师临危不乱侃侃而谈，已经说服孙权联合抗曹，糜竺此行大开眼界……（慢慢爬起）舌战群儒呐！

（众官员齐目刘备等待发话，刘备满脸兴奋）

糜竺：周瑜声称联合抗曹值得庆贺，邀请主公赶去赴会，这是邀请文书……（递上文书）

（刘备微微一惊，接过文书）

张飞：（跳出）俺陪大哥走一趟吧！

赵云：（跨出一步）子龙愿意前往！

谋士甲：军师临行说了呢，万事不得自作主张……

（刘备转而沮丧，众官员面面相觑）

谋士甲：张将军与赵将军各有防务，关将军又远在江陵……怎么去？

谋士丙：邀请已下，于情于理主公该去！

谋士甲：说得简单！即使东吴同意与我们联合抗曹，我相信邀请主公前去也是别有用心，我知道东吴大都督周瑜本来气量狭小，必然嫉妒军师联合抗曹的策略，再问一下糜竺先生可是周瑜出谋划策邀请主公？

糜竺：（点头）是周瑜。

谋士甲：那就对了，如此我们不得不提防，假如是军师已经身陷囹圄不能脱身，糜竺没有捎回军师的口信就是例证，不敢排除他们对军师是否包藏祸心，主公再去，祸上加灾……

谋士丙：那倒也是啊，但是，这一切都是揣测，如不成行，怕了他们不成？唉，难办……有了！调关将军回来陪主公前行肯定无恙。

（刘备突然激动地抓起令牌）

众官员：（议论纷纷）是啊……关将军护佑主公安全无恙。

谋士甲：不行！军师有交待，听军师的……

谋士丙：住口！那就是说什么事情都得听军师的了？军师不在我们都成了傀儡？

（张飞赞赏地看着）

谋士丙：（越发来劲地）军师，军师！如此这般把我们主公摆在哪里？我们还是不是主公的队伍？

（刘备抓住令牌的手缓缓放下）

（张飞见状，咳嗽一声，有情绪地坐下）

（赵云摩拳擦掌，转而抑制着自己）

刘备：（悠闲地站立起来）各地防务务必持紧，大战在即不得松懈，好了，散了吧。

（众官员散去，张飞、赵云还想请求）

刘备：（狡黠地忽闪着眼睛）咱不去，咱不去找这个麻烦，军师有言在先，二位兄弟请回……

（张飞、赵云失望地走开）

77.江陵府邸中厅 日 内

（关兴已经被几个侍卫绑住，几个侍卫手持军杖虎视眈眈）

（关云长饶有兴致审视着青钍剑）

关兴：（大声呼喊）义父，军师前脚派您驻守江陵，后脚已经去了江东，派你守无用之地，其实就是不信任您，您再忠诚都没用，您再立功都是"建树"，因为您进过曹营是有过失的！

（关云长并不理睬，青钜剑却突然脱手飞舞，关平、周仓惊愕间，关云长凌空跳起接住青钜剑，收起）

（关云长示意侍卫押下关兴）

关兴：（大声呼喊）您为何不回答我的话，您这是默认了？您相信了我的话吧，我亲耳听见他们在议论！只是瞒着着您罢了！明眼人一看就知道，现在实际是把您架空，他们要让您无用武之地，早知道这样，当初真不如跟了曹操……

（关云长突然操过军杖狠劲地抽着关兴）

（侍卫受惊赶紧阻拦，关平、周仓惊慌失措）

关兴：（猛地挣脱关云长的羁绊）义父哇，您怎么就这么忍着？他们为了调离您，白白拽上个不相干的女人为您枉死，曹营那点事明显就是故意渲染，您不是没有觉察，也不是没有怨言，您在等什么？

（关云长愣愣地看着关兴 ）

关兴：（嘴角殷血，眼睛冒火）自从我娘让我跟了您，义父，我观察您周围那些小人了，这一次是我闯祸，反倒发现他们早就有预谋啊……

关云长：你个精灵……

关兴：他们见不得您威风八面，这是嫉妒，恨不得将您踩在脚下！他们听不得您的逆耳忠言，这是虚弱，因为他们就想藏着掖着藏污纳垢，藏羞窝奸！您是他们眼中钉，肉中刺，所以，您一旦出事，他们肯定落井下石！他们让您有本事使不上，让您有能力无处施展，您要出头全要凭着毅力，干不好还不行，一旦疏忽脏水泼您一脸，您就要忍辱负重，就是凭着您的能力打下江山，您也不一定坐得江山！

（关平、周仓欲阻拦被关兴甩开）

关兴：我看您看《春秋》、阅《史记》，您怎么不明白冤死的英才万千？我观察您的处世，您完全没有心计，您只会打仗，光打仗怎么能拿下天下？我不能看您委屈下去，我要为您抗争。我不会学习您，您也不用教育我，我必定好狠斗勇，我要让他们低下头来！爹，您是我的义父，按说我身上没有您的血统，也没有必要非要听您的教导，但是，你为了我娘不惜错过别的女人，就凭这一点我佩服您，您是一个顶天立地的男子汉，你打吧！

关云长：（张口语塞）好，说得好，还引经据典，说得好！

（关云长突然眩晕，关平、周仓慌作一团扶助关云长）

关平、周仓等人：义父！将军！

周仓：（慌乱地）唉，这孩子……

关平：青钝剑伤人不怪关兴……义父不要生气……

关云长：（摇晃着稳住，决绝地）放了他，让他走吧！

关兴：让我走？我往何处去？我娘让您收留我的！

关云长：（有气无力地）走吧……

关兴：（"扑通"跪下）父亲，我说这些是让您清醒的，我都叫您父亲了！

关云长：你斤斤计较，不知道含蓄，读一点书满脑子却都是心计，不知道仁义才能无畏，更不晓得道德才能服人，满腹牢骚，全是为自己，你不是我儿子了！ 你估计是这山望着那山高的人，弄不好你真得投降了曹操！

关兴：父亲！您误解兴儿！

周仓：关将军，孩子幼稚还可以锤炼。

关云长：休得叫我父亲！看你娘的面子，趁着你还没走到那一步的时候，走吧！

周仓：这，这……

关云长：别在这丢人现眼，赶快走！

关兴：（理直气壮地）让俺娘怎么看您，您跟俺娘怎么交待？我也是关家的后代啊！（见关云长拂袖出了中厅）父亲……您六亲不认！

关平：关兴！

关兴：（跳起追上关云长"扑通"跪下）父亲，您还不相信我刚才说的话？他们支派开您，就是怕您再有作为呐！

（关云长拂袖而去）

关兴：（声嘶力竭地）父亲，父亲哇……白白叫了你！

（关兴愤怒地站起奔出，关平忙不迭地上前劝阻）

探子：报，江夏大营通报，军师已经说服江东一起抗曹，江东周瑜邀主公也去江东共商大业！

（关平慌忙接了文书）

（关云长闻之一震，接过文书）

附录三　陆树铭纪事

电影

1986 年，《湘西剿匪记》扮演刘大柱。

1988 年，《古今大战秦俑情》扮演秦始皇。

1996 年，《大话西游》扮演牛魔王。

微电影

2015 年，《老街春风》扮演修表匠刘师傅。

2015 年，《一壶老酒》扮演大毒枭察猜，同时担任艺术总监。

话剧

1988 年，西安话剧院《苍凉青春》扮演二万子。

1989 年，西安话剧院《大潮中的旋涡》扮演李板正。

1995 年，中国青年艺术剧院《在这个家庭里》扮演黄师傅。

1999 年，西安话剧院《轩辕黄帝》扮演轩辕。

2009 年，铁路文工团《钟馗》扮演钟馗，代表中国文化部赴韩国演出。

电视剧

1983 年，陕西电视台《大漠中的男人》扮演男一号李虎。

1983 年，宁夏电视台《未粉刷完的墙壁》扮演自行车教练。

1990 年，中央电视台《三国演义》扮演关羽。

1993 年，三国影人影视公司《孙武》扮演伍子胥。

1999 年，中央电视台《汉武大帝》扮演李广。

2000 年，辽宁电视台《谷穗黄了》扮演范打头。

2004 年，西安电视台《阻击罪恶》扮演安柯。

2010 年，《香山奇缘》扮演妙庄王，并担任执行制片。

2014 年，内蒙古电视台《游牧京都》扮演北龙。

2015 年，山东卫视《大刀记》扮演王生河。

作词作曲

2013年，创作歌曲《一壶老酒》《生死百年》《最美四月天》《咱们大老陕》。其中，《一壶老酒》荣获中国艺术家协会年度最佳金曲奖。

编剧

2006年，40集古装电视连续剧《忠义千秋》。

2014年，30集电视连续剧《半个月亮爬上来》。

其他

2008年，代表中国代表团前往雅典取奥运火种，8月代表山西运城参加火炬接力。参加汶川抗震救灾义演。

2013年，创办内蒙古关帝酒业股份有限公司。

2013年5月，成立北京世纪维昭文化传播有限公司，出任董事长兼艺术总监。

2014 年，发起成立"全民悦读"公众平台。

2014 年，举办"公祭关公诞辰 1852 年大典"。

2014 年，跟随中国文联老艺术家代表团前往大兴安岭部队慰问演出。

2015 年，荣获"第三届全球华人关公奖十大坐标人物"。

扫码解锁

☆作者创作谈
☆角色光影展
☆忠义关云长
☆三国风云史

后记

我的关公缘

在过去如飞的日子里，从少年步入社会，而后中年，转眼人生最美的一段年华逝去。我从没有写书的想法，更无心写一部煌煌万言的回忆录。直到今年春节，小兄弟王大路给我打电话拜年，说到1994版《三国演义》20年间已经重播了上千次，回头望去，百感交集。一个人一生能够扮演好一个角色，已是幸事。和那么多优秀的导演、演员、艺术家共同来完成关羽这个角色，更是弥足珍贵。

恰逢东方出版社约稿，希望由我来讲讲这位在中国历史上有着极其重要地位的第一神明，不失为一件好事。每个人都有自己的家庭、事业、人生经历，也有着自己的成功与失败，这些只是过程，无须表白过多。但如果是以关公文化为主题，以弘扬关公精神为中心，能让青少年们理解关羽这个人物在中国传统文化中的地位，我还是很乐意的。如果能让读者从我的讲述中得到些启迪，或是能够让关公精神在现实生活中继续延续下去，让爱国、爱家、尊长护幼的风气得到继承与发扬，那将更是让我欣慰的。一来把多年的关公情结与大家分享，二来写写自己还算传奇的人生经历，所以欣然应允。

岁月恍惚，上个世纪90年代初，在人生最黄金的年龄，我有幸遇到这样一个机会，中央电视台要拍摄中国四大古典名著之一的《三国演义》，在遴选三十余名演员后选中了我，这个角色正是中国人乃至华夏子孙家喻户晓的人物——关公，作为演员我是幸运的。

记得总导演王扶林曾经对我说过，关羽这个角色将伴我终生，20年、30年后观众还会记得我。当时的我并没有深刻的体会，如今，20余年过去了，关公确实在现实中影响了我，伴随着我。让我记忆深刻的依旧是三四年间艰苦的拍摄时光，戏里戏外的兄弟情谊，马上马下的疆场厮杀，风里雨里的走戏串场，更有那天天吃不完的速食面与盒饭，眼前的一切似乎还笼罩在那一层层迷漫的沙土中……

更为巧合的是，2015年是我人生的第五十九个年头，中国人讲这是跨入了耳顺之年，《我遇关公》这本书的出版，也算是对我过去几十年一路风雨走过来的一个小结。在几十年中，我的人生有那么多的故事，有那么多帮助过我的人，不能不说一声"谢谢"；我也曾遇见过一些冷眼相视，甚至落井下石的人，我更应该对他们说：相逢一笑泯恩仇。

最后，我还要真诚地感谢人民东方出版传媒公司的许剑秋总编、张莹女士的最初到访；感谢一直在为我的新书忙前忙后的好朋友王靖女士和王大路先生；感谢执笔的东方出版社的王莉莉女士，她与我的多次深谈，让我的讲述更加完整真实地呈现给读者。谢谢，你们辛苦了！

陆树铭

2015年夏

图书在版编目（CIP）数据

我遇关公/陆树铭著. — 北京：东方出版社, 2015.7

ISBN 978-7-5060-8365-2

Ⅰ.①我… Ⅱ.①陆… Ⅲ.①陆树铭 – 自传 Ⅳ.①K825.78

中国版本图书馆CIP数据核字(2015)第180372号

我遇关公
（WO YU GUANGONG）

- -

作　　者：陆树铭

责任编辑：王莉莉

出　　版：东方出版社

发　　行：人民东方出版传媒有限公司

地　　址：北京市东城区朝阳门内大街 166 号

邮　　编：100010

印　　刷：小森印刷（北京）有限公司

版　　次：2016 年 1 月 第 1 版

印　　次：2023 年 1 月 第 5 次印刷

开　　本：710 毫米 ×1000 毫米 1/16

印　　张：17.5 插页：16

字　　数：175 千字

书　　号：ISBN 978-7-5060-8365-2

定　　价：49.80 元

发行电话：（010）85924663 85924644 85924641

- -

版权所有，违者必究 本书观点并不代表本社立场

如有印装质量问题，我社负责调换，请拨打电话：（010）85924602 85924603